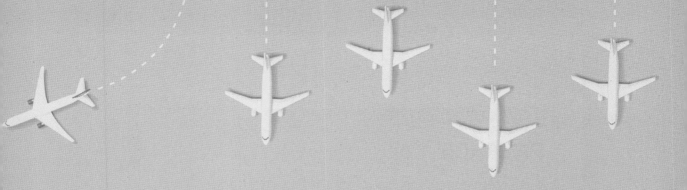

TOPAS SELL CONNECT & SABRE & GALILEO

항공예약 실무

PREFACE

　항공업의 발전은 저가항공사의 출범으로 더욱 활성화 되어 많은 사람들이 항공기를 이용하고 있다. 이에 항공사에서 요구되는 인력은 항공인으로서의 자질을 구비한 인재를 요구하게 되었다. 현재 많은 항공, 관광과 관련 학과들이 이에 맞는 맞춤식 교육을 실시하고 있으며 항공실무의 가장 기본이 되는 전산예약시스템(CRS: Computerized Reservation System)의 사용법은 항공, 관광전공의 기본 교과목으로 자리매김하고 있다. 이에 본 책에서는 처음 항공업을 접하는 기초 과정을 다룸으로써 보다 쉽게 항공업무를 접할 수 있게 설계하였다. 또한 현장에서 사용하고 있는 전산예약시스템인 TOPAS, SABRE, GALILEO의 기초 예약과정을 집필하면서 무엇보다 현장에서 요구되는 Air Reservation Certification을 취득할 수 있게 구성하여 각 단락마다 그에 맞는 연습문제 풀이를 할 수 있게 하였으며 마지막 장에는 종합문제 풀이를 통해 누구나 Certification을 취득할 수 있게 구성하였다.

본 저자는 20여년을 항공업과 여행업에 근무하면서 쌓아온 노하우를 통해 후배 양성에 조금이라도 도움을 주고자 이 책을 발행하게 되었다. 항공여행에서의 예약과 발권은 컴퓨터가 없으면 진행할 수 없는 업무이다. 물론 다른 업무 또한 컴퓨터의 중요성은 말할 필요가 없겠지만, 항공에서의 전산예약시스템(CRS: Computerized Reservation System)의 필요성은 전 세계를 하나의 업무 영역으로 갖게 함으로써 승객의 여행을 돕고 있다. 이러한 중요한 역할을 하고 있는 전산예약시스템(CRS: Computerized Reservation System)을 사용할 수 있다는 증명서인 자격증 취득은 관광인으로서의 한 파트인 항공의 기초 지식을 쌓았다는 자격 요건을 갖추었다고 할 것이다. 아무쪼록 이 책을 통해 많은 학생들이 전문 관광인으로서의 자질을 갖추길 기원한다.

CONTENTS

PART 02. SABRE

PART 03. GALILEO

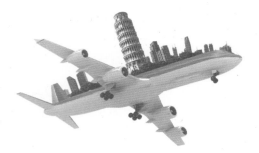

TOPAS SELL CONNECT

1
Chapter

항공예약
업무의 개요

1 항공예약의 개요

1) 항공사의 상품과 예약

(1) 항공사의 상품

항공기를 이용하여 출발지로부터 도착지까지 공간적으로 이동시키는 운송수단을 제공하는 소비자상품으로써 운송서비스가 구현되는 좌석(Seat)을 항공사의 상품이라 한다.

(2) 항공좌석(Seat)의 성격

생산과 동시에 소비되는 무형의 상품으로 재고가 불가능함에 따라 판매되지 못한 좌석으로 인한 손실이 발생하는 일회성, 소멸성의 성격을 갖는다. [좌석등급은 Cabin Class기준 First Class(F), Bussiness Class(C), Economy Class(Y)로 분류된다]

(3) 항공예약(Reservation)

항공사 상품인 좌석은 항공편의 운송과 동시에 소비가 되는 일회성, 소멸성인 특성을 가지고 있으므로 생산과 동시에 상품이 소비되지 않을 경우 항공사의 입장에서는 막대한 손실이 발생하게 된다. 이에 항공 좌석이라는 상품의 손실을 최대한 감소시키기 위해서는 생산과 동시에 소비될 수 있도록 사전에 상품 판매에 대한 예약과 발권의 형태로 소비자와 계약을 진행함으로써 상품 소요량을 예측, 계획할 수 있게 하여 항공사의 수익을 극대화 시킬 수 있다.

2) 항공예약의 역할

(1) 항공좌석의 효율적인 판매

항공사의 상품인 좌석은 무형의 상품으로써 생산과 동시에 소멸되므로 항공기가 출발하는 시점까지 정확하게 수요를 예측하고 판매함으로써 좌석의 효율적인 관리가 이루어진다.

(2) 고객서비스의 제공

고객이 여행에 필요한 호텔·렌터카의 예약, 특별 기내식 요청, 사전 좌석배정, 몸이 불편한 승객을 위한 휠체어 서비스 등 고객의 편의를 위한 서비스를 제공한다.

(3) 여행정보 제공

항공편 뿐만 아니라 여행하고자하는 나라에 대한 VISA, 날씨, 언어 등의 일반적인 여행 정보 등 여행에 필요한 모든 정보를 제공하고 있다.

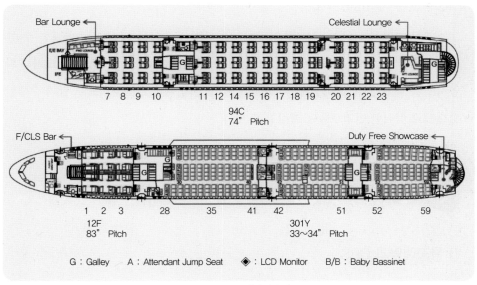

▲ A380 좌석배치도

3) 항공예약의 경로

(1) 직접 예약 경로

해당 항공사에 직접 방문하거나 항공사 홈페이지를 통행 직접 예약할 수 있으며 최근
에는 각 항공사의 온라인 판매 정책의 강화로 각종 할인 등의 혜택이 주어지므로 갈수록
이용객이 증가하는 추세를 보이고 있다.

(2) 간접 예약 경로

① 여행사를 통한 예약

② 총판 대리점(GSA : General Sales Agency)

해당 지역 내에 항공사의 지점이나 영업소가 없는 경우 그 업무를 대행할 제 3자를 지
정하여 역할을 대신 수행하게 하는 경우가 있는데 이것이 총판 대리점이다. 항공사의
역할 일부와 여행사의 역할을 함께 수행하고 있다.

③ 타 항공사를 이용한 예약

승객의 여정이 여러 도시를 경유하는 경우 운항 항공사는 여러 곳이 발생할 수 있다.
이럴 경우 예약을 각 항공사에 따로 해야 하는 번거로움이 발생할 수 있다. 그러나 각 항
공사들은 자사의 CRS를 이용하여 타 항공사 구간의 예약도 부분적으로 함께 수행할 수
있으므로 이러한 번거로움을 해결할 수 있다.

 항공예약과 CRS(Computerized Reservation System)

1) 항공예약과 CRS

최초의 예약업무의 수행은 주로 벽만 한 크기의 보드를 통해 수작업으로 좌석 관리가

진행되었으나, 그 후 항공사는 효율적인 업무진행을 위하여 전산화의 필요성을 느끼게되었다. 이에 예약업무의 전산화를 추진하게 되어 1964년 항공사 최초로 아메리칸항공(AA)이 IBM과 합작하여 SABRE(Semi-Automated Business Reservation Engine)시스템을 개발하여 본격적으로 운용을 시작하였다.

2) CRS의 전개

항공사들은 좌석예약업무를 위해 정보기술의 적용을 지속적으로 확대하였으며, 1976년 SABRE를 여행사 대리점에 설치하기 시작하면서 CRS는 항공사의 업무자동화 기능뿐만 아니라 영업활동의 중요한 도구로써 그 역할이 확대되었다.

국가	CRS 전개	참여 항공사	비고
미국	SABRE	아메리칸항공(AA)	
	PARS	노스웨스트(NW), 트랜스월드(TW)	WOLDSPAN으로 통합
	DATAS 2	델타항공(DL)	
	SYSTEM ONE	콘티넨탈 항공(CO)	
	APOLLO	유나이티드항공 (UA)	
유럽	GALILEO	영국항공(BR), 스위스항공(SR), 알리타리아항공(AZ), 네델란드항공(KL)등 다수 항공사	APOLLO/ GALILEO 합병
	AMADEUS	에어프랑스(AF), 루프탄자(LH), 스칸다나비아(SK), 이베리항공(IB)등 다수 항공사	TOPAS와 제휴
아시아	SABRE	홍콩항공(CX), 싱가포르항공(SQ), 말레이시아항공(MH), 대만항공(CI), 필리핀항공(PR), 가루다항공(GA), 전일본항공(NH)등 다수항공사	
한국	ARTIS	아시아나항공(OZ) 1988년부터 서비스 실시	AMADEUS와 제휴
	TOPAS	대한항공(KE) 1990년부터 서비스 실시	AMADEUS와 제휴

이를 시작으로 유럽 및 아시아 지역 항공사들도 서로 연합하여 새로운 CRS를 개발, 보급함으로써 미국의 거대 CRS에 대비해 자국의 시장을 보호함과 동시에 미국의 'MEGA CRS' 제휴관계도 증대시키게 되었다. 이러한 과정에서 발전된 것이 바로 글로벌 예약시스템인 GDS(Global Distribution System)이다. GDS는 CRS가 발전해 나가는 과정에 탄생된 것으로 GDS의 발전은 여러 항공사가 연합하여 탄생된 경우도 있고, 하나의 CRS 회사가 단독적으로 GDS 사업을 벌이고 있는 경우도 있다.

3) CRS의 중립성과 GDS의 탄생

1970년대부터 여행사에 단말기 형태로 보급되기 시작한 CRS는 원칙적으로 특정 항공사에 유리하도록 화면구성을 할 수 없는 것이 원칙이었다. 이것을 CRS의 중립성 혹은 비 차별성이라고 하는데, 초기의 CRS는 자사 항공사의 업무편의를 위해 만들어졌기 때문에 여행사에 보급되는 CRS까지도 자사 항공편을 위주로 운영하도록 되어있었고 이에 따라 CRS를 갖고 있지 않은 항공사와 자의적인 선택의 기회를 갖지 못하게 된 사용자들이 피해를 입게 되자 1984년 미국의 교통부에서는 이러한 행위들의 불합리성을 인정하여 항공사간의 공정한 경쟁을 보장하고, 소비자를 보호한다는 이유로 CRS 관련법규를 제정, 공포하였다.

여행사는 항공권 판매를 위해 여러 항공사의 CRS를 구비해야 하는 시간적, 물리적 부담을 안고 있었는데 이러한 변화에 따라 기존의 CRS들은 자사 항공권 판매를 위주로 해왔던 기능을 상실하게 되고 여행사에 중립적으로 보급할 수 있는 차별화된 성격의 CRS를 필요로 하게 되고 그것이 현재의 GDS(Global Distribution System) 사업이 시작되었다.

GDS는 CRS를 이용한 다른 형태의 비즈니스 모델이라고 볼 수 있는데 항공사 위주로 개발되고 발전된 것이 CRS라고 한다면 GDS는 여행사와 항공사간의 업무를 연계해주는 중개 역할을 한다고 할 수 있다. GDS는 항공사 CRS의 모든 기능을 구비하고 있으면서 중립성과 독립성을 갖고 있고 항공사가 여행사에게 자사의 CRS를 보급하는 것 대신 GDS를 사용하게 함으로써 필요한 정보제공 및 예약발권 기능을 사용할 수 있도록 하면

서 이러한 것을 가능하게 해주는 GDS에게 사용료를 지불하는 형태이다.

4) CRS/GDS의 기능

- 항공 스케줄, 운항정보 조회, 잔여좌석 상태 조회 및 좌석 예약
- 운항구간의 운임조회 및 항공권 발행
- 예약기록의 중앙 집중 저장 및 관리
- Queue System을 통한 Communication
- 사전좌석 예약
- 호텔·렌터카 정보 조회 및 예약
- 상용고객의 세부 정보 내역 저장 관리
- 대리점의 사무자동화 기능
- 국가별 비자 등 여행관련 정보 조회
- 항공업계 뉴스 및 시스템 소식 조회

5) 예약완성 화면

예약의 기본사항인 이름, 여정(좌석), 연락처를 입력하여 완성한 예약화면이다.

```
--- RLR ---
①RP/SELK1394Z/SELK1394Z   ②AA/GS   ③20MAY18/1320Z   ④RVJJXR
④6583-4940
⑤1.JUNG/TOPASMS(INFHAN/KTMSTR/01JUN19)
⑥2.HAN/JHMISS(CHD/01AUG12)
⑦3  AF 267 Y 01SEP 6 ICNCDG HK2  0905 1400  01SEP  E  AF/RVJJXR
   4  AF 264 Y 10OCT 3 CDGICN HK2  1310 0710  11OCT  E  AF/RVJJXR
```

⑧5 AP SEL 1566-0014 - TOPAS TRAINING UNIVERSITY - A

 6 AP M010-123-3000

⑨7 TK OK20MAY/SELK1394Z

⑩8 SSR INFT AF HK1 HAN/KTMSTR 01JUN19/S3/P1

 9 SSR INFT AF HK1 HAN/KTMSTR 01JUN19/S4/P1

⑪10 SSR CHLD AF HK1 01AUG12/P2

⑫11 OPW SELK1394Z-29MAY:1000/1C7/AF REQUIRES TICKET ON OR BEFORE

                    30MAY:1000/S3-4

 12 OPC SELK1394Z-30MAY:1000/1C8/AF CANCELLATION DUE TO NO

        TICKET/S3-4

① 예약작성 Office ID(Responsible Office)

② Agent Sign / Duty Code

③ 예약 작성 최종 업데이트 날짜와 시각

④ 예약번호

⑤ 승객이름 어른(유아)

⑥ 승객이름 소아

⑦ 여정

⑧ 연락처

⑨ 항공권 발권시한

⑩ 보호자 1번 승객 연결하여 유아의 이름 및 생년월일 자동 전송

⑪ 소아승객 생년월일 자동 전송

⑫ 항공사가 항공권에 관한 발권시한에 대한 내용을 자동 전송(항공사마다 차이가 있음)

2
Chapter

항공예약의 시작

시작 화면

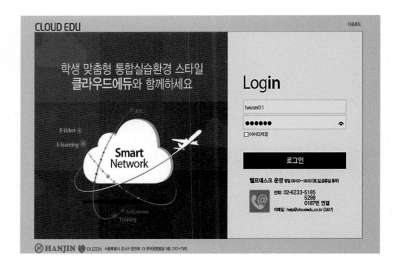

2 로그인

1) 해당 학교에서 부여한 user ID와 password PW 입력한다.

2) 로그인을 click한다.

☞ 토파스 icon을 click한다.

3 초기화면

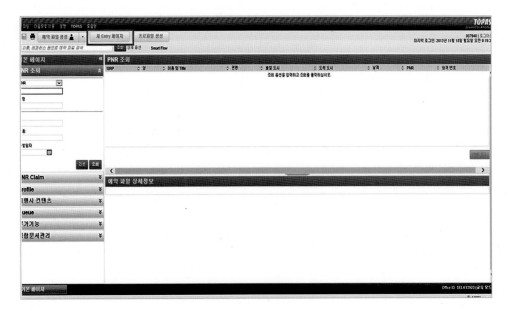

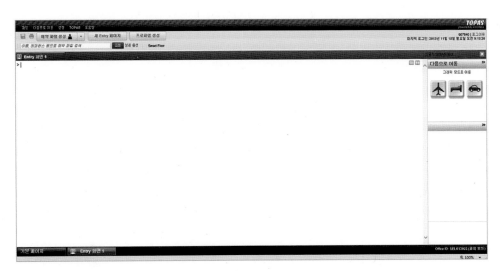

☞ 중간 화면이 자동으로 나타나면서 위와 같은 Entry 화면이 나타난다.

1) ENTRY 화면

```
📇 Entry 화면 1
>  IG

IGNORED
*TRN*


>|
```

☞ 화면설명

화면 표시 부호	설명
>	SOM(Start of Message) 지시어의 시작 위치를 나타내주며 화면의 좌측에 항상 표시되어진다.
|	명칭은 Cursor로 지시어의 위치를 알려주며 한자씩 칠 때마다 뒤로 이동하며 내용의 시작과 끝을 알려준다.

2) KEY BOARD 사용법

KEY BOARD	설명
Enter	Enter기능, 지시어 작업 수행
Pause	현재 조회되어 있는 화면은 위로 이동하면서 현재 화면은 아래 화면으로 이동, 화면의 내용이 Clear되는 기능은 아니다.
Alt + →	이전의 지시어(History) 재 조회기능
Alt + 올라가는 화살표 Alt + 내려가는 화살표	이전의 지시어(History) 재 조회 기능 이후의 지시어 재 조회 기능

참고

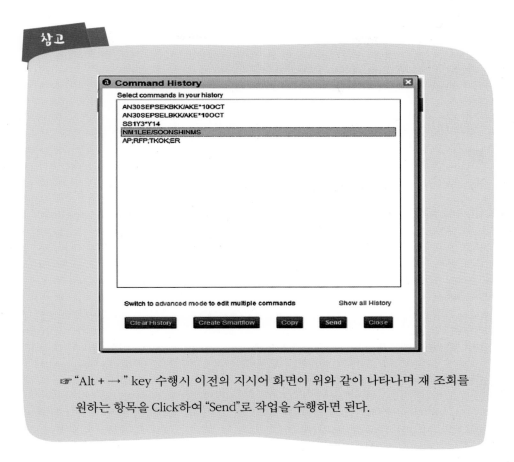

☞ "Alt + → " key 수행시 이전의 지시어 화면이 위와 같이 나타나며 재 조회를 원하는 항목을 Click하여 "Send"로 작업을 수행하면 된다.

3) 특수기호의 종류

특수기호	명칭	설명
*	Astrisk, Astar	지시어 상의 항목을 구분해 주는 기능
–	Hyphen	연속적인 범위 지정
/	Slash	다른 내용 입력 분류기능, Insert(삽입)기능

4) SCROLLING(화면이동)

> FQDSELPAR/D01JUL/AKE

FQDSELPAR/D01JUL/AKE

AA AB AC AF AI AY AZ BA BD   TAX MAY APPLY

BR CA CI CX CZ DE EK ET EW   SURCHG MAY APPLY-CK RULE

EY GF GS HG HU HX HY IB IT

JD JL JU KC KL KQ KU LA LH

NW NZ OK OS OZ PK PR PS QF

QR RJ SK SN SQ SU SV TG TK

TR TZ UA UL UX VA VN VS WY

OE 3U 6X 9W /YY*AA AC AF AK

B0 C6 DY D2 D7 EK E6 FD FN

FR GI GX G5 HV H1 JD JJ J9

KE LA LH LL LQ LS MF OD OZ

PZ QH QZ RB RY R3 R7 R8 SB

SP S3 TB TW UA UN UR U2 VB

VK VY WW W2 W7 XF XJ XL X5

YC YZ ZE Z2 3U 4M 4O 4U 5Q

6Q 7A 7C 9B 9G 9H 9N 9Q

ROE 1223.521210 UP TO 100.00 KRW

>

PAGE 1/ 11

```
SCROLLING IN AMADEUS TICKETING                    MS190

SCROLLING IN AMADEUS CAR RESERVATION              MS232

SCROLLING IN AMADEUS HOTEL RESERVATION            MS274

SCROLLING IN AMADEUS RAIL SEAT MAPS               MS295

SCROLLING IN TIMATIC                              MS316
                                                  >MD
```

☞ 위의 응답화면의 하단 가장 마지막 줄에 PAGE 1/11 혹은 MD 표시가 있을 경우 응답내용이 더 있다는 표시로 다음과 같은 지시어를 통하여 화면을 이동, 응답내용을 확인할 수 있다. (단, 화면에 아무런 표시가 되어 있지 않은 경우도 있다)

```
        VIY A VILLACOUBLAY VELIZY        /FR     -14K

        JDP H ISSY LES MOULINEAUX HP     /FR     -6K

        JPU H LA DEFENSE HELIPORT        /FR     -9K

RAIL-PORT-BUS STATION :

        XEX B AEROGARE DES INV BUS       /FR     -3K

        XTT B ARC DE TRIOMPHE BUS ST     /FR     -4K

*TRN*

    )>
```

☞ 위의 응답화면의 하단 가장 마지막 줄에) >의 표시도 다음 화면이 존재한다는 것을 나타내는 것으로 MD(move down) 지시어를 통해 다음 화면으로 이동이 가능하다.

4 LOG OUT

☞ 화면상단의 우측 상단 박스의 "X" 마크를 Click하거나 바로 밑단의 종료를 Click하면 된다.

3
Chapter

DECODE와
ENCODE

 1 개요

　항공업무를 수행하기 위해서는 먼저 월별코드(Monthly Code)와 IATA(International Air Transport Association)주관 하에 코드화하여 사용하고 있는 도시, 공항의 3-Letter 코드와 항공사의 2-Letter 코드를 알아야한다. 이는 항공업무의 신속성과 정확성을 통해 효과적인 업무수행을 위한 것이다. 이에 코드의 의미를 풀어보는 작업을 DECODE라 하고, 각각의 명칭을 코드화하는 작업을 ENCODE라 한다.

▶▷ **반드시 알아두어야 할 주요 코드**

1) 월별코드(Monthly Code)

	월	코드
1월	JANUARY	JAN
2월	FEBRUARY	FEB
3월	MARCH	MAR
4월	APRIL	APR
5월	MAY	MAY
6월	JUNE	JUN
7월	JULY	JUL
8월	AUGUST	AUG
9월	SEPTEMBER	SEP
10월	OCTOBER	OCT
11월	NOVEMBER	NOV
12월	DECEMBER	DEC

2) 노선별 주요 도시 및 공항 CODE

일반적으로 도시에 공항이 하나만 있을 경우에는 도시코드와 공항코드가 동일하게 사용되어지나 두 개 이상의 공항이 있는 도시일 경우 도시코드와 공항코드는 별도로 존재한다.

● 일본

도시명	도시코드	공항코드	도시명	도시코드	공항코드
TOKYO	TYO	NRT, HND	YONAGO	YGJ	
OSAKA	OSA	KIX, ITM	MIYAZAKI	KMI	
FUKUOKA	FUK		KUMAMOTO	KMJ	
NAGOYA	NGO		SAPPORO	SPK	CTS
HAKODATE	HKD		NIIGATA	KIJ	
HIROSHIMA	HIJ		OKAYAMA	OKJ	
KOMATSU	KMQ		AKITA	AXT	
OKINAWA	OKA		KAGOSHIMA	KOJ	
MATSUYAMA	MYJ		OITA	OIT	
TAKAMATSU	TAK		NAGASAKI	NGS	
FUKUSHIMA	FKS		AOMORI	AOJ	
SENDAI	SDJ		ASAHIKAWA	AKJ	
TOYAMA	TOY				

● 중국

도시명	도시코드	공항코드	도시명	도시코드	공항코드
BEIJING(북경)	BJS	PEK	XIAN(서안)	SIA	XIY
QINGDAO(청도)	TAO		YANJI(연길)	YNJ	

도시명	도시코드	공항코드	도시명	도시코드	공항코드
SHENYANG(심양)	SHE		NAJING(남경)	NKG	
DALIAN(대련)	DLC		HANGXHOU(항주)	HGH	
CHANGCHUN(장춘)	CGQ		SANYA(하이난)	SYX	
SHAGHAI(상해)	SHA	PVG, SHA	JINAN(제남)	TNA	
GUANGZHOU(광조우)	CAN		XIAMEN(하문)	XMN	
HARBIN(하얼빈)	HRB		KUNMING(곤명)	KMG	
TIANJIN(천진)	TSN		WUHAN(무한)	WUH	
YANTAI(연태)	YNT		CHANGSHA(장사)	CSX	
GUILIN(계림)	KWL		SHENZHEN(심천)	SZX	
CHONGQING(중경)	CKG		WEIHAI(위해)	WEH	
CHENGDU(성도)	CTU		HAIKOU(해구)	HAK	

● 동남아

도시명	도시코드	공항코드	도시명	도시코드	공항코드
BANGKOK	BKK		PHUKET	HKT	
HONGKONG	HKG		KAOHSIUNG	KHH	
SINGAPORE	SIN		SUBIC	SFS	
KUALA LUMPUR	KUL		PENANG	PEN	
TAIPEI	TPE		KOTA KINABALU	BKI	
CLARK	CRK		LANGKAWI	LGK	
MANILA	MNL		SIEM REAP	REP	
CEBU	CEB		PHNOM PENH	PNH	
JAKARTA	JKT	CGK	CHIANG MAI	CNX	
HO CHI MINH	SGN		KOH SAMUI	USM	
HANOI	HAN		MACAO	MFM	

● 대양주

도시명	도시코드	공항코드	도시명	도시코드	공항코드
GUAM	GÚM		DARWIN	DRW	
SAIPAN	SPN		AUCKLAND	AKL	
SYDNEY	SYD		CHRISTCHURCH	CHC	
BRISBANE	BNE		CAIRNS	CNS	
ADELAIDE	ADL		WELLINGTON	WLG	
MELBOURNE	MEL		QUEENSTOWN	ZQN	
PERTH	PER		KOROR	ROR	

● 서남아

도시명	도시코드	공항코드	도시명	도시코드	공항코드
MUMBAI	BOM		COLOMBO	CMB	
BANGALORE	BLR		KARACHI	KHI	
DHAKA	DAC		KABUL	KBL	
YANGON	RGN		CHENNAI	MAA	
DELHI	DEL		KATHMANDU	KTM	

● 유럽

도시명	도시코드	공항코드	도시명	도시코드	공항코드
AMSTERDAM	AMS		ATHENS	ATH	
BRUSSELS	BRU	BRU, ZYR	PARIS	PAR	CDG, ORY
COPENHAGEN	CPH		ROME	ROM	FCO
FRANKFURT	FRA		GENEVA	GVA	

도시명	도시코드	공항코드	도시명	도시코드	공항코드
ISTANBUL	IST		LONDON	LON	LHR, LGW
MADRID	MAD		MANCHESTER	MAN	
MILAN	MIL	MXP, LIN	MUNICH	MUC	
STOCKHOLM	STO	ARN	VIENNA	VIE	
ZURICH	ZRH				

● 중동

도시명	도시코드	공항코드	도시명	도시코드	공항코드
ALMATY	ALA		TEL AVIV	TLV	
BAHRAIN	BAH		AMMAN	AMM	
RIYADH	RUH		BEIRUT	BEY	
DUBAI	DXB		CAIRO	CAI	
TEHRAN	THR				

● 미주/캐나다/남미

도시명	도시코드	공항코드	도시명	도시코드	공항코드
LOS ANGELES	LAX		HOUSTON	HOU	IAH, HOU
SAN FRANCISCO	SFO		LAS VEGAS	LAS	
SEATTLE	SEA		VANCOUVER	YVR	
HONOLULU	HNL		CALGARY	YYC	
CHICAGO	CHI	ORD, MDW	TORONTO	YTO	YYZ

도시명	도시코드	공항코드	도시명	도시코드	공항코드
NEW YORK	NYC	JFK, EWR, LGA	MONTREAL	YMQ	YUL
WASHINGTON	WAS	DCA, IAD, BWI	MEXICO CITY	MEX	
ATLANTA	ATL		LIMA	LIM	
DALLAS	DFW		BUENOS AIRES	BUE	EZE
BOSTON	BOS		SANTIAGO	SCL	
MINNEAPOLIS	MSP		SAO PAULO	SAO	GRU

● 아프리카

도시명	도시코드	공항코드	도시명	도시코드	공항코드
ABUJA	ABV		NAIROBI	NBO	
CAPETOWN	CPT		BEIRUT	BEY	
JOHANNESBURG	JNB		LAGOS	LOS	
HARARE	HRE				

● 러시아

도시명	도시코드	공항코드	도시명	도시코드	공항코드
KHABAROVSK	KHV		ULAANBAATAR	ULN	
ST PETERSBURG	LED		VLADIVOSTOK	VVO	
MOSCOW	MOW	SVO, DME	SAKHALINSK	UUS	
TASHKENT	TAS				

3) 주요 항공사 코드

항공사명	항공사코드	항공사명	항공사코드
ASIANA AIRLINES	OZ	KOREAN AIR	KE
AMERICAN AIRLINES	AA	AIR CANADA	AC
AIR INDIA	AI	BRITISH AIRWAYS	BA
BRITISH MIDLAND AIRWAYS LIMITED	BD	AIR CHINA	CA
CONTINENTAL AIRLINES	CO	CATHAY PACIFIC AIRWAYS	CX
DELTA AIR	DL	GARUDA INDONESIA	GA
SPANAIR S.A	JK	JAPAN AIRLINES	JL
LUFTHANSA	LH	POLISH AIRLINES	LO
MALAYSIA AIRLINES	MH	MEXICANA DE AVIACION	MX
ALL NIPPON AIRWAYS	NH	NORTHWEST AIRLINES	NW
AIR NEW ZEALAND	NZ	AUSTRIAN AIRLINES	OS
PHILIPPINE AIRLINES	PR	QANTAS AIRWAYS	QF
VARIG AIRLINES	RG	SCANDINAVIAN AIRLINES	SK
SINGAPORE AIRLINES	SQ	THAI AIRWAYS	TG
UNITED AIRLINES	UA		

참고

• 도시의 앞 3자리가 도시코드인 경우

예 ROME - ROM

도시명	도시코드	도시명	도시코드
MILAN	MIL	LONDON	LON
FRANKFURT	FRA	AMSTERDAM	AMS
ATHENS	ATH	BRUSSELS	BRU
PARIS	PAR	ISTANBUL	IST
MADRID	MAD	MANCHESTER	MAN
STOCKHOLM	STO	VIENNA	VIE
HAMBURG	HAM	CHICAGO	CHI
RIO	RIO DE JANEIRO	LASVEGAS	LAS

• 캐나다에 속한 도시 코드는 Y로 시작한다.

도시명	도시코드	도시명	도시코드
VANCOUVER	YVR	CALGARY	YYC
TORONTO	YTO	MONTREAL	YMQ
OTTAWA	YOW	HALIFAX	YHZ
YWG	WINNIPEG		

• 도시명의 첫 글자와 선택 2자로 구성된 도시코드

도시명	도시코드	도시명	도시코드
BANGKOK	BKK	GENEVA	GVA
DETROIT	DTT	GUAM	GUM
HONOLULU	HNL	MOSCOW	MOW
OKINAWA	OKA	HARBIN	HRB
TEHRAN	THR	SAN FRANCISCO	SFO

② DECODE

도시, 공항, 항공사코드 등을 풀어서 보여주는 것을 Decode라 한다.

	지시어	기능
1	DACPAR	도시코드(PAR) 조회
2	DNSUSCA	주코드(CA) 조회
3	DCFR	국가코드(FR) 조회
4	DNAKE	항공사코드(KE) 조회
5	DNA180	Numeric Code 조회(항공권 시작번호)
6	DNE744	비행기종 코드 조회
7	DNEBOEING	기종 조회

1) 도시코드(City Code) 조회

DACPAR	
1 DAC	Do A Code
2 PAR	조회하고자 하는 도시 code

```
> DACPAR
DACPAR
A:APT  B:BUS  C:CITY  P:PRT  H:HELI  O:OFF-PT  R:RAIL  S:ASSOC TOWN
CITY:
 PAR C  PARIS                      /FR:FRANCE
```

```
LATITUDE:48°51'12"N          LONGITUDE:02°20'56"E

TIME DIFF:CMT +1H            LOCAL TIME IS 0928 ON SUN24MAY20

DAYLIGHT SAVING:29MAR20 AT 0100 TO 25OCT20 AT 0100: +2H

                28MAR21 AT 0100 TO 31OCT21 AT 0100: +2H

AIRPORT-HELIPORT:T

 BVA A BEAUVAIS TITLE                /FR      -69K

 XCR A  CHALONS VATRY                /FR      -135K

 CDG A  CHARLES DE GAULLE            /FR      -22K

 LBG A  LE BOURGET                   /FR      -14K

 ORY A  ORLY                         /FR      -14K

 POX A  PONTOISE CORMEILLES          /FR      -35K

 TNF A  TOUSSUS LE NOBLE             /FR      -20K

 VIY A  VILLACOUBLAY VELIZY          /FR      -14K

 JDP H  ISSY LES MOULINEAUX HP       /FR      -6K

 JPU H  LA DEFENSE HELIPORT          /FR      -9K
```

☞ 도시, 공항, 헬리콥터, 철도 등 PARIS의 모든 Data가 보여진다.

번호	설명
①	A(Airport) 공항코드
②	B(Bus) 버스정류장 코드
③	C(City) 도시코드
④	H(Heliport) 헬리포트장 코드
⑤	PAR C PARIS (PAR 도시코드 PARIS 도시명
⑥	FR/FRANCE 국가코드/국가명

2) 주코드(States Code) 조회

DNSUSCA		
1	DNS	Don't Know State
2	USCA	조회하고자 하는 나라(US)와 주(CA) Code

```
> DNSUSCA
DNSUSCA
US CA CALIFORNIA/UNITED STATES OF AMERICA
*TRN*
```

3) 국가 코드(Nation Code) 조회

DCFR		
1	DC	Do Code
2	FR	조회하고자 하는 국가 code

```
> DCFR
DCFR
FR   FRANCE/EUROPE            TC2
     CORSICA


EUR  EURO                     LOCAL/INTL PUBLISHED


FRA  FRANCE CITIZEN
```

```
FXX   FRANCE METROPOLITAN CITIZEN
ATF   FRENCH SOUTHERN TERRITORIES CITIZEN
```

☞ TC2 : IATA 항공지리상 Traffic Conference 2(Area 2)에 속함을 의미

4) 항공사 코드(Airline Code) 조회

DNAKE		
1	DNA	Don't Know Airline
2	KE	조회하고자 하는 항공사 code

```
> DNAKE
DNAKE
KE/KAL 180 KOREAN AIR
*TRN*
```

☞ KAL : Korean Air의 3-Letter Code

180 : Numeric Code (항공권의 시작 첫 3자리 번호를 의미함)

5) NUMERIC CODE를 이용한 항공사 조회

DNA180

```
> DNA180
DNA180
KE/KAL 180 KOREAN AIR
*TRN*
```

6) 비행기종 코드(Aircraft Code) 조회

DNE744

1	DNE	Don't Know
2	E	Equipment 기종
3	744	조회하고자 하는 기종 번호

```
> DNE744
DNE744
744 W BOEING 747-400                              JET   362-569
*TRN*
```

7) 기종의 종류 조회

DNEBOEING

```
> DNEBOEING
DNEBOEING
D1X W BOEING (DOUGLAS) DC-10-10 FREIGHTER            JET     1-10
D11 W BOEING (DOUGLAS) DC-10/15                      JET     237-374
D1M W BOEING (DOUGLAS) DC-10-30 MIXED CONFIG         JET     1-10
D1C W BOEING (DOUGLAS) DC-10-30/40                   JET     229-357
D1Y W BOEING (DOUGLAS) DC-10-30/40 FREIGHTER         JET     1-10
DC3 N BOEING (DOUGLAS) DC-3                          PIST    18-30
D3F N BOEING (DOUGLAS) DC-3 FREIGHTER                JET     1-10
```

☞ Boeing기 종류가 모두 검색된다.

DECODE 연습 – 도시코드

	도시코드	도시명		도시코드	도시명
1	AMS		2	BKK	
3	PAR		4	SIN	
5	BJS		6	TYO	
7	OSA		8	FRA	
9	IST		10	KUL	
11	MNL		12	LON	
13	LAX		14	SHA	
15	CHI		16	WAS	
17	ZRH		18	YVR	
19	LAS		20	YYZ	
21	SYD		22	ROM	
23	HOU		24	BOS	
25	TPE		26	HKT	
27	HKG		28	SGN	
29	PNH		30	HAN	

3 ENCODE

도시, 공항의 3-Letter code와 항공사의 2-Letter code을 보여주는 것을 Encode라 한다.

	지시어	기능
1	DANCHICAGO	도시코드(CHICAGO) 조회
2	DCFRANCE	국가코드(FRANCE) 조회
3	DNACATHAY PACIFIC	항공사코드(Cathy Pacific) 조회
4	DNSTEXAS	주코드 조회
5	DBNYC	NYC의 Multi Airport조회

1) 도시코드(City Code) 조회

DANCHICAGO		
1	DAN	Do A Name
2	CHICAGO	조회하고자 하는 도시명

```
> DANCHICAGO
DANCHICAGO
A:APT B:BUS C:CITY P:PRT H:HELI O:OFF-PT R:RAIL S:ASSOC TOWN
CHI C  CHICAGO                                        /USIL
    A  RFD - CHICAGO ROCKFORD         -125K           /USIL
    A  DPA - DUPAGE                   -49K            /USIL
    A  PWK - EXECUTIVE                -35K            /USIL
    A  MDW - MIDWAY INTERNATIONAL     -11K            /USIL
```

```
A  ORD - O HARE INTERNATIONAL      -25K          /USIL
R  ZUN - UNION RAILWAY STATION     -3K           /USIL
```

☞ 조회하고자 하는 도시코드와 함께 그 도시에 속한 모든 Airport(공항)이 조회된다.

2) 국가코드(Nation Code)조회

DCFRANCE	
1	DC	Do Code
2	FRANCE	조회하고자 하는 국가명

```
> DCFRANCE
DCFRANCE
FR   FRANCE/EUROPE          TC2
     CORSICA
EUR  EURO                   LOCAL/INTL PUBLISHED
FRA  FRANCE CITIZEN
FXX  FRANCE, METROPOLITAN CITIZEN
```

☞ 국가코드 조회지시어는 Decode와 Encode가 동일하다.

3) 항공사 코드(Airline Code)조회

DNACATHAY PACIFIC	
1	DNA	Don't Know Airline
2	CATHAY PACIFIC	조회하고자 하는 항공사 명

```
> DNACATHAY PACIFIC

DNACATHAY PACIFIC
CX/CPA 160 CATHAY PACIFIC
*TRN*
```

☞ 항공사코드 조회지시어는 Decode와 Encode가 동일하다.

4) 주코드(States Code) 조회

DNSTEXAS		
1	DNS	Don't Know States(주)
2	TEXAS	조회하고자 하는 주명

```
> DNSTEXAS

DNSTEXAS
US TX TEXAS/UNITED STATES OF AMERICA
*TRN*
```

5) Multi Airport 조회

DBNYC
>DBNYC

DBNYC
MULTI-AIRPORT |

```
CITY: NYC   NEW YORK/NY/US
ARPT: EWR   NEWARK LIBERTY INTL
      JFK   JOHN F KENNEDY INTL
      JRA   WEST 30TH HPT
      JRB   DOWN MANH HPT
      LGA   LAGUARDIA
      NBP   BATTERY PK CITY FERRY
      NES   EAST 34ST FERRY
      NWS   PIER 11 WALL ST FERRY
      NYS   SKYPORTS SPB
      SWF   STEWART INTERNATIONAL
      TSS   EAST 34TH HPT
      XNY   39TH STREET FERRY
      ZRP   NEWARK NJ PENN RAIL ST
      ZYP   PENN RAILWAY STATION
```

참고

IATA(국제항공운송협회 : International Air Transport Association)

국제 민간 항공의 안전과 경제적인 발전을 도모하고, 동업자 간의 협력의 장을 제공하며, ICAO(국제민간항공기구 : International Civil Aviation Organization)(ICAO) 등의 국제기관과 연대 제휴할 것을 목적으로 1945년 캐나다 몬트리올에서 발족한 항공 운송 기업의 국제적 동업자 단체기구이다. IATA의 주요 기능은 항공운임의 결정, 결정된 운임 및 서비스의 조건, 운송절차, 대리점에 관한 규정 등 전 세계 IATA 항공사와 대리점에 대하여 구속력을 가지고 있으며 각국 정부는 이를 인정하고 있다. 또한 주요 업무로는 국제선 항공권 판매대금의 정산을 위한 BSP(Billing Settlement Plan) 및 국제선 항공화물운임 정산을 위한 CASS(Cargo Account Settlement Plan) 및 대리점 인가업무를 수행하고 있다.

ENCODE 연습

	도시명	도시코드		도시명	도시코드
1	SEOUL		2	PARIS	
3	TOKYO		4	ZURICH	
5	BANGKOK		6	SAN FRANCISCO	
7	OSAKA		8	COPENHAGEN	
9	FUKUOKA		10	HONGKONG	
11	SYDNEY		12	SINGAPORE	
13	NEW YORK		14	TAIPEI	
15	LAS VEGAS		16	LONDON	
17	SHANGHAI		18	FRANKFURT	
19	HANOI		20	BEIJING	
21	KUALA LUMPUR		22	GUAM	
23	SAIPAN		24	HONOLULU	
25	AUCKLAND		26	BUSAN	
27	MONTREAL		28	JAKARTA	
29	ATLANTA		30	ISTANBUL	
31	VIENNA		32	CHICAGO	
33	MEXICO CITY		34	VANCOUVER	
35	DUBAI		36	MELBOURNE	
37	LOS ANGELES		38	WASHINGTON	
39	PHUKET		40	ROME	

01 다음 조건에 해당하는 답을 쓰시오.

① 워싱턴(Washington)의 도시(3-Letters) 코드는?

② 진에어(Jin Air)의 항공사(2-Letters) 코드는?

02 다음 도시코드에 해당하는 도시명을 풀어 쓰시오.

① LON -

② FRA -

③ BKK -

④ SFO -

⑤ NBO -

⑥ JKT -

⑦ CPH -

⑧ AKL -

⑨ ROM -

⑩ FNJ -

03 1월부터 12월까지의 Monthly Code를 쓰시오.

1월	
2월	
3월	
4월	
5월	
6월	
7월	
8월	
9월	
10월	
11월	
12월	

04 다음 기술된 도시코드 중 유럽에 속하지 않는 도시는?

① PAR   ② MIL   ③ ROM   ④ ULN

05 다음 기술된 도시코드 중 중국에 속하지 않는 도시는?

① BJS   ② CAN   ③ REP   ④ SIA

4
Chapter

예약가능편
(AVAILABILITY)
조회

---

1 예약가능편(Availability) 조회

1) 특징

- 항공기의 좌석예약이 가능한지를 알아볼 수 있는 기능이다.
- 항공편의 출 도착시간, 좌석가능상태 등을 알 수 있다.
- 당일로부터 331일까지 조회가 가능하다.

	지시어	기능
1	AN01SEPHNLSEL	기본지시어/출발날짜/출발도시/도착도시
2	AN15JULSELBKK/AKE AN01AUGSELPAR/AKE.OZ	항공사지정 예약가능편 조회 복수항공사 지정 예약가능편 조회
3	AN30SEPSELON/AKE* 30OCT	항공사지정 왕복여정에 대한 예약가능편 조회

(1) 기본 예약 가능편(Neutral Availability) 조회 (HE AN)

AN01SEPHNLSEL		
1	AN	예약가능편 조회 기본지시어
2	01SEP	출발날짜
3	HNLSEL	출발도시코드/도착도시코드

```
> AN01SEPHNL SEL

AN01SEPHNL SEL
** AMADEUS AVAILABILITY - AN ** SEL SEOUL.KR     101 TU 01SEP 0000
1   OZ 231    J9 C9 Z7 U2 P2 Y9 /   HNL 2 ICN 1 1210   1710+1 E0/77L    10:00
            B9 M9 H9 E9 Q9 K9 S9 V9 W9 T4 L9 GR

2   OZ:TG6734 C4 D4 J4 Y4 B4 M4 H4 / HNL 2 ICN 1 1210   1710+1 E0/77L    10:00
            Q4 T4 K4 V4 W4

3   KE:HA6020 J7 P7 C7 A7 Y7 W7 X7 / HNL 2 ICN 2 1325   1750+1 E0.747     9:25
            Q7 V7 B7 S7 N7 M7 I7 H7 G7 K7 L7 Z7 07

4   KE 054    P3 AL J9 C9 D9 I1 RL / HNL 2 ICN 2 1325   1750+1 E0/74H     9:25
            Z9 Y9 B9 M9 S9 H9 E9 K9 L9 U9 Q9 N9 TL GL

5   HA 459    F7 J7 P7 C7 A0 D0 Y7 / HNL 1 ICN 1 1405   1900+1 E0.332     9:55
            W7 X7 Q7 V7 B7 S7 N7 M7 I7 H7 G7 K7 L7 Z7 07 R7 E U0 T7

6   HA:KE7896 J4 C4 Y7 B7 M7 S7 H7 / HNL 1 ICN 1 1405   1900+1 E0.332     9:55
            E7 K7 L7 U7 Q7

7   KE 002    J9 C9 D7 I7 R7 Z4 Y9 / HNL 2 ICN 2 1155   1955+1 E1/74H    13:00
            B9 M9 S9 H9 E9 K9 L9 U9 Q9 NL TL GL
```

①	01SEP	출발날짜
②	OZ:TG6734	공동운항편(Code Share Fligt)표시, 항공사코드와 편명 OZ-Operating carrier, TG-Marketing carrier
③	K7	Booking Class와 가능 좌석 수
④	1750+1	도착시간 현지시간을 나타냄 (1740+1은 출발일 다음날 도착을 의미)
⑤	E0/332	E-Ticket 발권 가능 표시, 도중체류 횟수, Access Indicator, 기종
⑥	13:00	비행시간

Availability 조회 순서

1) NON STOP : 출·도착 도시에 Stop Point가 없는 비행편을 의미
2) Direct Flight : 출·도착 동일 Flight no 및 기종으로 운항되며 1번 이상의 Stop Point가 있는 비행편을 의미
3) Connecting Flight : 출·도착 Flight no 및 기종이 변경되어 운항되며, 1번 이상의 Stop Point가 있는 비행편을 의미
4) Change of Equipment : 출·도착 Flight no는 동일하나, 기종 변경 운항되며 1번 이상의 Stop Point가 있는 비행편을 의미

(2) 항공사 지정 조회 지시어

```
AN15JULSELBKK/AKE
```

```
AN15JULSELBKK/AKE
** AMADEUS AVAILABILITY - AN ** BKK BANGKOK.TH              52 WE 15JUL 0000
1   KE 657  P7 A2 J9 C9 D2 IL RL / ICN 2 BKK     0905   1245   E0/77W  5:40
            Z9 Y9 B9 M9 S9 H9 E9 K9 L9 UL QL NL TL GL
2   KE 651  J9 C9 DL IL RL Z9 Y9 /ICN 2 BKK      1805   2145   E0/773  5:40
            B9 M9 S9 H9 E9 K9 L9 U9 QL NL TL GL
3   KE 659  PL AL J9 C9 D9 I9 R9 /ICN 2 BKK      1945   2350   E0/77W  6:05
            Z5 Y9 B9 M9 S9 H9 E9 K9 L9 U9 Q9 NL TL GL
4   KE1123  CL ZL Y9 BL ML SL HL /GMP D PUS D    1800   1905   E0/739
            EL KL LL UL NL VL GL Q5 T5
    KE 661  J9 C9 D6 I4 RL Z3 Y9 / PUS I BKK     2040   0015+1 E0/73J  8:15
            B9 M9 S9 H9 E9 K9 L9 U9 Q9 NL TL GL
5   KE1121  CL ZL Y9 BL ML SL HL /GMP D PUS D    1700   1805   E0/739
```

```
          EL KL LL UL NL VL GL Q5 T5
  KE 661   J9 C9 D6 I4 RL Z3 Y9 /PUS I BKK      2040   0015+1 E0/73J   9:15
          B9 M9 S9 H9 E9 K9 L9 U9 O9 NL TL GL
```

☞ 지정된 항공사 "KE"에 대한 예약 가능편만이 조회된다.

(3) 복수항공사 지정 조회 지시어

```
AN01AUGSELPAR/AKE,OZ
```

```
>AN01AUGSELPAR/AKE,OZ


AN01AUGSELPAR/AKE,OZ
** AMADEUS AVAILABILITY - AN ** PAR PARIS.FR              69 SE 01AUG 0000
1  AF:KE5901   J9 C9 D9 I8 R8 Z4 Y9 /ICN 2 CDG2E   0905   1410  E0/77W  12:05
             B9 M9 S9 H9 E9 K4 L2 UL QL GL
2  OZ 501     J9 C9 D9 Z9 U8 P4 Y9 /ICN 1 CDG 1   1230   1750  E0/77L  12:20
             B9 M9 H9 E9 Q9 K9 SL VL WL TL LL GR
3  KE 901     P4 AL J9 C9 DL IL RL /ICN 2 CDG2E   1320   1830  E0/388  12:10
             Z9 Y9 B9 M9 S9 H9 E9 K9 L9 U9 QL NL TL GL
4  KL:KE5925   J5 C3 D2 I1 R1 ZL Y9 /ICN 2 AMS    0055   0515  E0/722
             B9 M9 S9 H9 E9 K3 L3 U3 QL GL
   KL:KE6427   C6 D6 I6 YL BL ML SL /AMS TXL      0700   0820  E0/E75   TR
             M9 S9 H9 E9 K9 L9 U9 Q9 N9 T9 GR
   AF:KE6356   J3 C3 D3 I3        /AMS CDG2F  0945  1135 E0/319 TR 17:40
```

☞ 지정된 KE, OZ만이 조회된다. 최대 6개항공사 지정 조회가 가능하다

(4) 항공사지정 왕복여정에 대한 예약가능편 조회

AN30SEPSELON/AKE*30OCT

```
> AN30SEPSELLON/AKE*30OCT

AN30SEPSELLON/AKE*30OCT
** AMADEUS AVAILABILITY - AN ** LON LONDON.GB          129 WE 30SEP 0000
1   KE 907   P2 AL J9 C9 DL IL RL / ICN 2 LHR 4  1320    1725  E0/388    12:05
          ZL Y9 B9 M9 S9 H9 E9 K9 LL UL QL NL TL GL


** AMADEUS AVAILABILITY - AN ** SEL SEOUL.KR           159 FR 30OCT 0000
11   KE 908   P6 A2 J9 C9 DL IL RL /LHR 4 ICN 2  1850  1450+1E0/77W     11:00
          Z9 Y9 B9 M9 S9 H9 E9 K9 L9 U9 Q9 NL TL GL
NO LATER FLTS - LON SEL - ENTER A CONNECT POINT / X... FOR MORE
*TRN*
```

☞ 두구간 여정의 Availability를 동시에 조회할 수 있는 기능으로써 "*"앞의 지시어 조
   건을 기준으로 반복되는 않는 부분만 '*' 뒤에 입력하므로써 두구간의 Availability
   동시에 조회할 수 있는 기능이다. 앞구간은 1번부터 표시되며 뒷구간은 11번으로
   조회된다.

(5) 모든 조건 지정 예약 가능편 조회 지시어

AN30SEPSELBKK/CE/AKE*15OCT

1	AN30SEPSELBKK	예약가능편 조회지시어/출발날짜/출발지도착지

2	/CE	Booking Class "E"지정
3	/AKE	탑승 항공사 "KE" 지정
4	*	구분 Key
5	15OCT	되돌아오는 여정의 출발날짜

> AN30SEPSELBKK/CE/AKE*15OCT

AN30SEPSELBKK/CE/AKE*15OCT
** AMADEUS AVAILABILITY - AN ** BKK BANGKOK.TH   129 WE 30SEP 0000
```
1  KE 657  EL        /ICN 2 BKK    0905   1245    E0/77W    5:40
2  KE 651  EL        /ICN 2 BKK    1805   2145    E0/773    5:40
3  KE 659  EL        /ICN 2 BKK    1945   2350    E0/333    6:05
4  KE1123  EL        /GMP D PUS D  1800   1905    E0/739
   KE 661  EL        /PUS I BKK    2040   0015+1  E0/73J    8:15
5  KE1121  EL        /GMP D PUS D  1700   1805    E0/739
   KE 661  EL        /PUS I BKK    2040   0015+1  E0/73J    9:15
```

** AMADEUS AVAILABILITY - AN ** SEL SEOUL.KR   144 TH 15OCT 0000
```
11  KE 660  E3       /BKK   ICN 2  0950   1735    E0/333    5:45
12  KE 658  E9       /BKK   ICN 2  2240   0610+1  E0/77W    5:30
13  KE 652  E9       /BKK   ICN 2  2330   0655+1  E0/773    5:25
14  KE 662  E9       /BKK   PUS I  0135   0900    E0/73J
    KE1106  EL       /PUS D GMP D  1040   1140    E0/739    8:05
```

2) 간편 지시어

기본 예약 가능편 조회 후 간편 지시어를 통해 원하는 응답화면을 볼 수 있다.

```
AN15OCTSELNYC/AKE
```

```
> AN15OCTSELNYC/AKE

AN15OCTSELNYC/AKE
** AMADEUS AVAILABILITY - AN ** NYC NEW YORK.USNY        144 TH 15OCT 0000
1   KE 081  P8 AL J9 C9 D9 I9 R9 /ICN 2 JFK 1   1000  1105  E0/388    14:05
            Z9 Y9 B9 M9 S9 H9 E9 K9 L9 U9 Q9 N9 TL GL
2   KE 085  P9 Z2 J9 C9 D9 I9 R5 /ICN 2 JFK 1   1930  2045  E0/388    14:15
            Z9 Y9 B9 M9 S9 H9 E9 K9 L9 U9 Q9 NL TL GL
3   KE 091  P5 A1 J9 C9 D9 I9 R9 /ICN 2 BOS E   0930  1030  E0/77W
            Z9 Y9 B9 M9 S9 H9 E9 K9 L9 U9 Q9 N9
    KE3968  J9 C9 D9 I6 R3 Y9 B9 /BOS A LGA C   1200  1320  E0/E75 TR 16:50
            M9 S9 H9 E9 K9 L9 U9 Q3 NL TL
```

지시어	내용
AC1	조회되어 있는 예약 가능편의 다음 날짜로 조회
AC-1	조회되어 있는 예약 가능편의 하루 전 날짜로 조회
AC20FEB	출발날짜 변경 예약가능편 조회
ACR	현재 조회된 예약 가능편 화면의 복편 구간 예약 가능편 조회
AC/ATG	현재 조회된 예약 가능편 화면의 항공사를 "TG"로 지정 조회

2 스케줄 및 TIME TABLE 조회

특정 구간을 운항하는 비행편의 운항요일 및 유효기간 등의 정보를 조회할 수 있는 기능으로 조회 지정일로부터 7일간의 범위 내에 반영된 비행스케줄 조회가 가능하다.

	지시어	기능
1	SN01APRSELPAR SN01APRSELPAR/AKE	Schedule 조회 항공사 지정 Schedule 조회
2	TN01MAYSELFRA TN01MAYSELFRA/AKE	7일간의 구간 Time Table 조회 항공사 지정 Time Table 조회
3	DDLAX	Local Time 및 시차 조회
4	DOKE905/01APR	비행정보 조회
5	DMICN	최소연결시간(MCT) 조회

1) Schedule 조회

SN30SEPSELBKK

1	SN	Schedule 조회 기본지시어(하루범위)
2	30SEP	출발일
3	SELBKK	출발지/도착지

```
> SN30SEPSELBKK

SN30SEPSELBKK
** AMADEUS SCHEDULES - SN ** BKK BANGKOK.TH              125 WE 30SEP 0000
1  XJ 703    CA SA XA              /ICN 1 DMK 1  0105  0440  TO-330   5:35
2 7C*H19957 WC EC SC Y9 B9 HC MC / ICN 1 BKK    0630  1040  EO/737   6:10
            QC VC XC OC GC RC UC TC LC
3  7C2201    YS BS KS NS QS MS TS   ICN 1 BKK    0630  1040  EO.737   6:10
            WS OS RS WR SR ZR LR HR ER JR GR FR VR PR U4 AR
4  KE 657    P7 FC AL J9 C9 DL IL / ICN 2 BKK    0905  1245  EO/77W   5:40
            RL ZL Y9 B9 ML SL HL EL KL LL UL QL NL TL GL
5  TG 659    C9 D1 JL ZC Y9 B9 M9 / ICN 1 BKK    0935  1325  EO/359   5:50
            H4 QC TC KC SC VC WC LC
6 TG:OZ6761 C2 Y4 B4 ML HC EC QC / ICN 1 BKK     0935  1325  EO/359   5:50
7 TG:OZ6737 C9 Y9 B9 MC HC EC QC / ICN 1 BKK     1020  1410  EO/773   5:50
8  TG 657    C9 D5 JL ZC Y9 B9 M9 / ICN 1 BKK    1020  1410  EO/773   5:50
            HC QC TC KC SC VC WC LC
9  XJ 701    CA SA XA             / ICN 1 DMK 1  1115  1505  TO-330   5:50
10 ZE 511    Y9 VS ZS RS KS WS OS / ICN 1 BKK    1730  2120  EO.738   5:50
            9S ES
```

☞ AN(예약가능편)조회 화면과 거의 유사하나 SN 화면은 AN 화면에서 보여지지 않은
Booking Class도 조회된다.

2) TIME TABLE 조회 지시어

TN30SEPSELBKK	
1	TN	Time Table 기본지시어(7일간 범위)
2	30SEP	출발일
3	SELBKK	출발지/도착지

```
> TN30SEPSELBKK


TN30SEPSELBKK
** AMADEUS TIMETABLE - TN ** BKK BANGKOK.TH          30SEP20 07OCT20
1   XJ 703   D    ICN 1 DMK 1   0105   0440   0 31MAR19              330   5:35
2   7C2201   D    ICN 1 BKK     0630   1040   0 29MAR20 24OCT20     737   6:10
3 7C*H19957 D    ICN 1 BKK     0630   1040   0 29MAR20 24OCT20     737   6:10
4   KE 657   D    ICN 2 BKK     0905   1245   0 29MAR20 24OCT20     77W   5:40
5   TG 659   D    ICN 1 BKK     0935   1325   0 29MAR20 24OCT20     359   5:50
6 TG:OZ6761 D    ICN 1 BKK     0935   1325   0 29MAR20 24OCT20     359   5:50
7 TG:OZ6737 D    ICN 1 BKK     1020   1410   0 29MAR20 24OCT20     773   5:50
8   TG 657   D    ICN 1 BKK     1020   1410   0 29MAR20 24OCT20     773   5:50
9   XJ 701   D    ICN 1 DMK 1   1115   1505   0 31MAR19              330   5:50
10 TG:OZ6739 X35  ICN 1 BKK     1120   1510   0 29MAR20 24OCT20     788   5:50
11   TG 689  X35  ICN 1 BKK     1120   1510   0 30MAR20 24OCT20     788   5:50
12   ZE 511  D    ICN 1 BKK     1730   2120   0 29MAR20 24OCT20     738   5:50
```

☞ 30SEP20 07OCT20   : 요청일(9월30일)로부터 7일간의 날짜범위

D   : Daily 매일 운항

X35   : 수,목제외 운항(월1 화2 수3 목4 금5 토6 일7)

3) 간편 지시어

지시어	내용
ACSN	스케줄화면으로 바로 전환
ACAN	예약가능편 화면으로 바로 전환
TCAN	Timetable 조회 후 바로 예약하고자 할 경우 예약가능편 화면으로 전환

4) TIME AND DATE 조회

(1) 현지시간(LOCAL TIME) 및 도시 간 시차(Time Difference) 조회

```
DDLAX
```

```
> DDLAX

DDLAX
LAX TIME IS 0758/ 0758A ON THU28MAY20
LAX IS 16HRS 00MIN EARLIER
```

☞ LAX의 현지시간과 함께 SEL(시스템이 속한 도시)과의 시차도 같이 조회됨

(2) 특정 시간 및 도시 지정

```
DDSEL1200/SIN
```

```
> DDSEL1200/SIN

DDSEL1200/SIN
SIN TIME IS 1100/1100A ON FRI29MAY20
SIN IS 01HRS 00MIN EARLIER
```

☞ SEL이 1200일 경우 SIN은 1100로 SEL과 SIN간의 시차도 같이 조회됨.

5) 비행정보 조회 지시어

```
DOKE905/01APR
```

혹은

AN01APRSELFRA/AKE 조회 후 DO1 (해당 Flight Line 번호)

```
> DOKE905/01APR


DOKE905/01APR

* 1A PLANNED FLIGHT INFO *                    KE 905  308  TH  01APR21

APT  ARR  DY  DEP  DY  CLASS/MEAL             EQP  GRND  EFT   TTL

ICN           1250  TH  PFAJCDIRZOY/LD        74H        11:50
                        BMSHEKLUQNT/LD

FRA 1740  TH                                                   11:50


COMMENTS-

1. ICN FRA   - COCKPIT CREW KOREAN AIR

2. ICN FRA   - CABIN CREW KOREAN AIR

3. ICN FRA   - DEPARTS TERMINAL 2

4. ICN FRA   - ARRIVES TERMINAL 2

5. ICN FRA   - 3/ENTERTAINMENT ON DEMAND

6. ICN FRA   - 7/DUTY FREE SALES

7. ICN FRA   - 9/NON-SMOKING

8. ICN FRA   - 19/LIE-FLAT SEAT FIRST

8. ICN FRA   - 20/LIE-FLAT SEAT BUSINESS
```

번호	설명
①	APT : Airport 공항코드
②	ARR : Arrival 도착시간
③	DEP : Departure 출발시간
④	EFT : Elepsed Flying Time 실제 비행시간
⑤	TTL : Total Time 총 비행시간으로 Ground Stay Time까지를 포함한다.

6) MCT(Minimum Connecting Time) 조회

```
DMICN
```

```
> DMICN

DMICN/29MAY20
ICN  STANDARD MINIMUM CONNECTING TIMES
ICN-ICN     FROM          -         TO           D/D  D/I  I/D  I/I
CC FLTN-FLTR ORGN EQP TM CS-CC FLTN-FLTR DEST EQP TM CS HHMM HHMM HHMM HMMM
                       -                          0040 0140 0140 0110
                1      -                    1     0040 0140 0140 0110
                2      -                    1     ---- ---- 0210 0130
                1      -                    2     ---- 0210 ---- 0130
                2      -                    2     ---- ---- ---- 0045

CK SPECIFIC CARRIER FOR EXCEPTIONS TO STANDARD CONNECTING TIMES
```

☞ 특정 공항(ICN)의 전체 MCT Table이 조회됨.

　D/D : Domestic/Domestic 국내선/국내선

　D/I : Domestic/Interline 국내선/국제선

추가 조회 기능

지시어	내용
DMJFK-EWR	공항지정
DMDL/JFK/15DEC13	항공사/공항/날짜 지정
DMI	PNR(예약)이 있는 경우 전체 여정에 대한 MCT조회
DM2/4	PNR(예약)상의 2번과 4번 여정의 MCT조회

01 다음조건에 맞는 가장 간단한 지시어(가장 짧은 지시어만을 정답으로 인정)를 쓰시오.

> 조건) 일정 : 서울 - 파리, 12월 1일 KE
>
>   파리 - 서울, 3월 1일, KE

02 다음 조건에 맞는 가장 간단한 지시어를 쓰시오.

> 조건) 일정 : 서울 - 방콕, 11월 1일, KE, OZ

03 다음은 응답화면을 설명한 내용이다. 틀리게 기술된 것은 어느 것인가?

```
1TG:OZ6761  C9 Y9 B9 M9 H9        /ICN BKK   0935   1325   E0/773    5:50
 2  TG 659  C9 D2 J2 Z2 Y9 B9 M9 /ICN BKK   0935   1325   E0/773    5:50
            H9 Q9 T9 K9 S9 V7 W4
 3  LJ 001  W9 Y9 E9 H9 K8 N3 S9 /ICN BKK   1720   2120   E0/738    6:00
            L6 QL V9 GL TL B1 X5 I9 P9 U9
 4  KE 651  P9 A9 J9 C9 D9 I9 Z9 /ICN BKK   1740   2110   E0/744    5:30
            Y9 B9 M9 H9 E9 K9 Q9 T9 G9
```

1) TG6761편은 OZ과 공동 운항하는 공동운항편이다.
2) KE651편의 도착시간은 5시30분이다.
3) Y9는 예약이 가능한 Booking Class이다.
4) LJ001편은 직항편이다.

04 다음은 응답화면을 설명한 내용이다. 틀리게 기술된 것은 어느 것인가?

```
* AVAILABILITY - AN ** SEL SEOUL.KR 255 MO 10MAR 0000
 1 KE 002 P6 A6 J9 C9 D9 I9 Z9 /HNL M ICN 1110 1945+1E1/333 13:35
        O9 Y9 B9 M9 H9 E9 K9 Q9 T9 GR X9
 2 HA:KE7896 C9 Y9 B9 M9 H9 E9 K9 /HNL Z ICN 1115 1635+1E0/763 TR 10:20
 3 HA 449 J0 P4 C0 A0 D0 Y0 W0 HNL Z KIX 1 1405 1815+1E0.332
        X0 Q0 V0 B0 S0 N0 M0 I0 H0 G0 T0 K0 L0 Z0 O0
   KE2728 P9 A9 J9 C9 D9 I9 Z9 /KIX 1 GMP I 1955+1 2145+1E0/744 12:40
        O9 Y9 B9 M9 H9 E9 K9 Q9 T9 GR X9
 4 UA 879 F3 A3 J9 C9 D9 Z9 P9 /HNL M NRT 1 1140 1530+1E0/777
        Y9 B9 M9 E9 U9 H9 Q9 V9 W9 S9 T9 L9 G0 N0
   KE:JL5207 J9 C9 D9 I9 X9 Y9 B9 /NRT 1 ICN 1700+1 1925+1E0/73H 12:45
        H9 K9 M9 V9 S9 N9 Q9
```

1) 1번 KE 002편을 탑승하는 경우 중간 경유지가 1군데 있다.

2) 2번 스케줄로 예약하는 경우 실제 탑승 항공사는 KE 항공이다.

3) 3번 스케줄을 예약하는 경우 서울에 도착하게 되는 날짜는 3월 11일이다.

4) 4번 스케줄로 예약하게 되면 서울까지 도착하는 데 총 12시간 45분이 소요된다.

05 12월 1일 기준 서울에서 비엔나(Vienna)의 대한항공 운항요일을 쓰시오.

06 8월 20일 출발하는 서울– 프랑크푸르트 KE905편의 비행시간을 쓰시오.

07 서울과 뉴욕의 시차(Time Deference)를 쓰시오.

5
Chapter

예약 기록(PNR)
의 필수입력
사항 작성

● PNR이란?

Passenger Name Record의 약자로 승객의 항공 여정, 호텔, 렌터카 등의 부대 서비스 예약 등을 요청한 승객의 정보가 저장되어 있는 여객 예약 기록을 말한다.

● PNR의 구성 요소

- PNR은 성명, 여정, 전화번호 등 여러 부분으로 이루어져 있다. 이러한 각 부분별로 정해진 형식에 따라 작성하여야한다.
- PNR의 필수입력 항목은 전화번호(Phone), 여정(Itinerary), 이름(Name), Ticket Arrangement(발권사항(자동입력됨))이다.
- PNR은 필수입력 항목 외에 OS(기타정보입력), SR(특별서비스), RM(Remarks), RF(예약의뢰자)가 있다.

항목	Element	용도	입력 Entry
필수 항목	Name	이름	NM1JUNG/TOPAS MR
	Itinerary	여정	AN01MAYSELBKK/AKE SS1M1
	Phone	연락처	AP APM-010-123-3000
	Ticket Arrangement	발권사항 (자동입력됨)	TKOK

● TOPAS SELL CONNECT PNR의 특징

1) 모든 항목은 수정이 쉽도록 순서대로 번호가 부여된다
2) 모든 이름은 입력 순서대로 배열된다
3) Multi Name은 동일한 Family Name을 가진 승객일 경우 Single로 나타난다.

4) 마지막 여정의 출발일 이후 3일간 조회가 가능하다

5) 과거 3년까지 PNR 조회가 가능하다

6) 한 PNR에 최대 999항목 입력이 가능하다.

 NAME ELEMENT(성명)(HE NM)

1) 특징

- PNR의 필수입력 항목이다
- 승객의 여권상의 이름과 동일하게 입력하며 성(Last Name)과 이름(First Name)을 구분하며 남녀를 구분해 주는 성별(Title)을 입력한다.
- 여권상의 Name Spelling을 기준으로 입력한다.
- 외국인/내국인에 상관없이 성(Last Name)을 먼저 기입한다.
- 소아(Child)와 유아(Infant)의 경우는 생년월일을 성명과 함께 입력하여야 한다.
- 유아(Infant)의 성명은 성인보호자와 함께 입력한다.
- KE인 경우 Title 입력이 필수이나 그 외 타 항공사는 Title 없이도 이름 입력이 가능하다.

	지시어	기능
1	NM1HAN/JIN MS	성인 이름 입력
2	NM1HAN/KOOK MR1PARK/SOO MS	2명의 성인 이름 입력
3	NM1JUNG/JIK MSTR(CHD/01MAY15)	소아 이름 및 생년월일 입력
4	NM1LEE/HOON MR(INF/JIJIMISS/30JUN19)	보호자에게 유아의 이름 및 생년월일 입력을 동시에 할 경우
5	1/(INFKIM/CHIMISS/30JUN19)	1번 뒤에 유아 이름입력(보호자 이름 입력 후 추가로 유아 이름 입력 시)
6	1/	유아 이름 삭제

2) 승객의 유형 및 TITLE

구분	성인(Adult)	소아(Child)	유아(Infant)
분류기준 (출발일 기준)	만 12세이상~	만 2세이상~만 12세미만	생후 14일이상~만 2세 미만
Title	MR / MS / MRS	MISS(여아)/ MSTR(남아)	MISS(여아)/MSTR(남아)
	PROF(Professor) : 교수 DR(Doctor)　　 : 박사 또는 의사 CAPT(Captain)　 : 기장 또는 선장 REV(Reverend)　 : 성직자		

3) 성인(Adult : 만 12세이상 ~)승객 입력

(1) 기본 형태

```
NM1HONG / GILDONG MR
```

1	NM	이름 입력 기본 지시어
2	1	승객 수
3	HONG/GILDONG MR	성(Last Name)/이름(First Name) 성별(Title)

```
> NM1HONG/GILDONGMR

RP/SELK1394Z/
  1.HONG/GILDONGMR
```

(2) 동일 성을 가진 승객 성명 동시 입력

NM2JUNG/HOJINMS/HOSUNMS

> NM2JUNG/TOPASMS/KOREAMR

RP/SELK1394Z/
  1.JUNG/TOPASMS   2.JUNG/KOREAMR

(3) 승객 2명 이상의 이름을 동시에 입력할 경우

NM1HAN/KYUNGTAEMR1MOON/JUNGHYUNMR

> NM1HAN/KYUNGTAEMR1MOON/JUNGHYUNMR

RP/SELK13UA3/
  1.HAN/KYUNGTAEMR   2.MOON/JUNGHYUNMR

4) 소아(Child : 만 2세이상 ~ 만 12세 미만)

NM1MOON/JINHYUNGMSTR(CHD/12APR12)

> NM1MOON/JINHYUNGMSTR(CHD/12APR12)

RP/SELK13UA3/
  1.MOON/JINHYUNGMSTR(CHD/12APR12)

☞ (CHD/12APR12) : 소아의 생년월일

● 소아의 생년월일을 수정할 경우

1/(CHD/01APR13)

> 1/(CHD/01APR13)

RP/SELK13UA3/

  1.MOON/JINHYUNGMSTR(CHD/01APR13)

☞ 위와 같이 소아의 생년월일이 12APR12에서 01APR13로 수정된 것을 알 수 있다.

5) 유아(Infant : 생후 14일 이상 ～ 만 2세 미만)

유아의 경우 자리를 차지하지 않으므로 보호자와 함께 이름을 입력하여야 하며 유아 이름 입력방법에는 다음과 같다

방법 1) 성인의 이름과 함께 동시에 입력할 경우

NM1HAN/KYUNGTAEMR(INFHAN/JIJIMISS/01JAN19)

1	NM	이름 입력 기본 지시어
2	1	승객 수
3	HAN/KYUNGTAEMR	보호자 성명
4	(INFHAN/JIHEANGMISS/01JAN17)	유아 성이 보호자와 동일한 경우 유아의 이름과 생년월일만 입력

> NM1HAN/NARAMR(INFHAN/JIJIMISS/01JAN19)

RP/SELK1394Z/

  1.HAN/NARAMR(INFHAN/JIJIMISS/01JAN19)

☞ 보호자의 성과 유아의 성이 동일할 경우 유아의 성은 생략이 가능하다.

방법 2) 성인 승객 성명 입력 후 해당 성인 승객에게 유아를 추가하는 경우

1/(INFMOON/AGAMISS/23NOV19)

1	1/		1번 승객 뒤로 입력시

```
RP/SELK1394Z/
  1.HAN/TOPASMS   2.JUNG/HARAMR   3.HAN/SIMHAEMISS(CHD/01MAR12)
*TRN


> 1/(INFMOON/AGAMISS/23NOV19)


RP/SELK1394Z/
  1.HAN/TOPASMS(INFMOON/AGAMISS/23NOV19)   2.JUNG/HARAMR
  3.HAN/SIMHAEMISS(CHD/01MAR12)
```

● 입력한 유아 승객을 삭제하는 경우

1/

```
RP/SELK1394Z/
  1.HAN/TOPASMS(INFMOON/AGAMISS/23NOV19)   2.JUNG/HARAMR
  3.HAN/SIMHAEMISS(CHD/01MAR12)
*TRN*


> 1/
RP/SELK1394Z/
  1.HAN/TOPASMS   2.JUNG/HARAMR   3.HAN/SIMHAEMISS(CHD/01MAR12)
```

7) 입력된 이름의 삭제

> XE3

☞ 3번째 승객 삭제

8) 입력된 이름의 수정

성명의 수정은 항공사의 허용 여부가 상이하므로 반드시 항공사 확인 후 변경하여야 한다.

(1) 승객의 Name Spelling 변경

> NU1HAN/DOPASMS

☞ HAN/TOPASMS을 HAN/DOPASMS로 Spelling 변경시 PNR 저장 전에는 변경이 가능하나 PNR 저장 후에는 해당 항공사의 허용 여부를 확인하여야 한다.

```
RP/SELK1394Z/
   1.HAN/TOPASMS   2.JUNG/HARAMR   3.HAN/SIMHAEMISS(CHD/01MAR12)
*TRN*


> NU1HAN/DOPASMS
RP/SELK1394Z/
   1.HAN/DOPASMS   2.JUNG/HARAMR   3.HAN/SIMHAEMISS(CHD/01MAR12)
```

(2) 승객의 Name Change

> 2/1LEE/KOREANMS

☞ 2번 승객을 변경할 경우 SSR 사항이 삭제된다. PNR 저장 전에만 가능하다.

01 다음 성인, 소아, 유아 구분을 기준에 대한 내용을 잘못 기술한 것은 무엇인가?

    1) 성인은 만 12세 이상을 말한다.

    2) 유아는 만 2세 미만으로 좌석을 점유하지 않는 승객을 말한다.

    3) 소아와 유아는 성명과 함께 생년월일을 입력하여야한다.

    4) 소아의 경우 성인과 함께 이름을 입력하여야 한다

02 다음 보기에 맞는 유아이름 입력 지시어를 쓰시오.

> 보기) 일보호자 : HAN/KOREA MR
>
>   유아 : HAN/KOOK (남아, 2019년 5월 29일생)

03 다음 조건에 맞는 소아이름 입력 지시어를 쓰시오.

> 보기) 소아 : MOON/JUNGHYUN (여아, 2011년 12월 18일생)

04 2번 소아 승객의 생년월일을 수정하는 지시어를 쓰시오.

> 보기) 생년월일 : 2010년 11월 1일

05 1번 승객이름과 함께 입력된 유아 승객을 삭제하는 지시어를 쓰시오.

06 성인 1명이 유아 2명을 동반하는 경우 1명은 유아로 다른 1명은 소아로 처리하여야한다.

    O   X

2 ITINERARY ELEMENT(여정)

1) 정의

- PNR의 필수입력 항목이다
- 승객의 여행을 위한 항공 예약 및 항공기 이외의 교통편으로 여행하는 구간, 호텔, 렌터카 등의 예약을 모두 합하여 여정(Itinerary)이라 한다.

2) 여정 작성

	지시어	기능
1	SS1Y2	기본지시어/요청좌석수/booking class/line number
2	SSKE901Y30MARSELPAR1	직접입력 좌석예약(예약가능상태일 경우)
3	SS1M1*11 (SS1M1*B11)	왕복여정 좌석예약 동일Class(서로 다른 Class)
4	SS1M2/PE	대기자 좌석예약
5	SSNH173M20DECNRTBKKPE1	직접입력 대기자 좌석예약
6	SOKEY25NOVLHRICN	OPEN 구간예약(반드시 공항코드 입력)
7	SIARNK	비항공운송구간(Surface) 예약

(1) 예약 가능편 조회 후 좌석이 있을 경우(HE SS)

SS1Y1

1	SS	좌석을 요청하는 기본지시어 (Segment Sell Transaction Code)
2	1	요청 좌석 수
3	Y	Booking Class 예약등급
4	1	선택하고자 하는 예약가능편 line number

```
> AN30MARSELPAR/AKE


AN30MARSELPAR/AKE
** AMADEUS AVAILABILITY - AN ** PAR PARIS.FR              305 TU 30MAR 0000
1 AF:KE5901  J9 C9 D9 I7 R7 Z5 Y9 /ICN 2 CDG2E   0905   1410   E0/77W    12:05
             B9 M9 S9 H9 E9 K9 L9 U9 Q8 GL
2  KE  901   P9 A6 J9 C9 D9 I9 R9 /ICN 2 CDG2E   1320   1820   E0/388    12:00
             Z9 Y9 B9 M9 S9 H9 E9 K9 L9 U9 Q9 N9 T9 G9
NO LATER FLTS -SEL PAR- ENTER A CONNECT POINT /X... FOR MORE
```

▼

```
> SS1Y2


RP/SELK1394Z/
1  KE 901   Y   30MAR   2 ICNCDG DK1   1320  1820  30MAR  E  0  388  LD
   BLOCKSPACE CODESHARE FLIGHT
   SEE RTSVC
```

☞ DK1 : 한 좌석이 확약되어짐을 나타내 준다.

(2) 왕복여정(Dual Pair) 예약 가능편 조회 후 예약 지시어

	SS1M1*11	
1	SS	좌석을 요청하는 기본지시어 (Segment Sell Transaction Code)
2	1M1	요청 좌석 수/Booking class/ 선택 항공편 line number
3	*	연결부호
4	11	돌아오는 여정의 Booking class/선택 항공편 line number

```
AN01SEPSELSIN/AKE*10SEP
** AMADEUS AVAILABILITY - AN ** SIN SINGAPORE.SG              95 TU 01SEP 0000
1   KE 643   J9 C9 DL IL RL Z7 Y9 / ICN 2 SIN 4    1445   1955   E0/773      6:10
            B9 M9 S9 H9 E9 K9 L9 U9 QL NL TL GL
2   KE 645   PL AL J9 C9 DL IL RL / ICN 2 SIN 4    1840   2350   E0/772      6:10
            Z7 Y9 B9 M9 S9 H9 E9 K9 L9 U9 Q9 NL TL GL


** AMADEUS AVAILABILITY - AN ** SEL SEOUL.KR               105 TH 10SEP 0000
11  KE 646   PL AL J9 C9 D3 IL RL / SIN 4 ICN 2    0110   0825   E0/77W      6:15
            Z7 Y9 B9 M9 S9 H9 E9 K9 L9 U9 Q9 NL TL GL
12  KE 648   J9 C9 D1 IL RL Z1 Y9 / SIN 4 ICN 2    1100   1835   E0/333      6:35
            B9 M9 S9 H9 E9 K9 L9 U9 Q9 NL TL GL
```

▼

```
> SS1M1*11


RP/SELK1394Z/
1   KE 643 M 01SEP 2 ICNSIN DK1       1445   1955   01SEP   E   0   773 LR
    SEE RTSVC
2   KE 646 M 10SEP 4 SINICN DK1       0110   0825   10SEP   E   0   77W B
    SEE RTSVC
```

(3) 예약 가능편 조회 후 대기자 예약인 경우(HE WAITLIST)

SS1M2/PE		
1	SS	좌석을 요청하는 기본지시어 (Segment Sell Transaction Code)
2	1	요청 좌석 수
3	M	Booking Class 예약등급

4	2	예약 가능편 조회 번호 순서
5	/PE	대기자 우선요청 코드(the waiting priority action code)

AN01JUNSELSIN/AKE

** AMADEUS AVAILABILITY – AN ** SIN SINGAPORE.SG   2 MO 01JUN 0000

1   KE 643   J9 C9 DL IL RL Z2 Y9 / ICN 2 SIN 4   1445   1955   E0/773   6:10

           B9 M9 S9 H9 E9 K9 **LL** U9 QL NL TL GL

2   KE 645   PL AL J9 C9 DL IL RL / ICN 2 SIN 4   1840   2350   E0/77W   6:10

           Z2 Y9 B9 M9 S9 H9 E9 K9 L9 U9 QL NL TL GL

> SS1L1/PE

RP/SELK1394Z/

1   KE 643 L 01JUN 1 **ICNSIN DW1**   1445   1955   01JUN   E   0   773 LR

   SEE RTSVC

☞ DW1 : 대기자로 예약됨을 나타내 준다.

3) 직접입력 (Direct Segment) 방식을 이용한 여정 작성

예약하고자 하는 구간의 예약 가능편을 조회하지 않고 직접 항공사, 편명, CLASS, 날짜 를 입력하여 좌석을 요청하는 방법이다.

(1) 좌석 예약이 가능한 상태 확인한 경우

SSKE901Y30MARSELPAR1

1	SS	좌석을 요청하는 기본지시어(Segment Sell)
2	KE901	예약하고자 하는 항공편명

3	Y	Booking Class
4	30MAR	출발날짜
5	SELPAR1	출발도시/도착도시/좌석수

> SSKE901Y30JUNSELPAR1

RP/SELK1394Z/

1 <u>KE 901 Y 30JUN 2 ICNCDG DK1 1320 1820 30JUN E 0 388 LD</u>
  BLOCKSPACE CODESHARE FLIGHT
  SEE RTSVC

☞ 출·도착도시는 공항코드로 입력하여도 가능하다.

(2) 대기자 예약이 가능한 상태 확인한 경우

SSTG659K01JULSELBKKPE1

1	SS	좌석을 요청하는 기본지시어(Segment Sell)
2	TG659	예약하고자 하는 항공편명
3	K	Booking Class
4	01JUL	출발날짜
5	SELBKKPE1	출발도시/도착도시/ 대기자 요청코드 및 좌석수

> SSKE640L01JUNSELSINPE1

RP/SELK1394Z/

1 KE 643 L 01JUL 1 ICNSIN <u>DW1</u> 1445 1955 01JUN E 0 773 LR
  SEE RTSVC

☞ 출·도착도시는 공항코드로 입력하여도 가능하다.

4) 여정의 연속성을 위한 여정 작성

(1) 미확정 구간의 예약(Open Segment)(HE OPEN)

승객의 여정이 미확정된 경우 미확정 구간의 예약을 함으로써 구간의 연속성을 맞춰주는 것을 말한다.

SOKEY25DECLHRICN

1	SO	미확정 구간 요청 기본지시어(Open Segment)

```
> SOKEY25DECLHRICN

RP/SELK1394Z/
1  KE 907  Y  01DEC 2 ICNLHR DK1    1255    1630    01DEC    E   0  77W    DL
   SEE RTSVC
2  KEOPEN  Y  25DEC 5 LHRICN
*TRN*
```

● 미확정 구간의 다른 지시어

SO KE Y LHRICN	날짜 생략 시
SO YY Y FRAICN	항공사 미지정 시

미확정 구간의 예약시 주의사항

1) 여정의 첫 번째 구간은 날짜 미확정 예약이 불가능하다
2) Class 구간은 미확정할 수 없다
3) 항공사 코드는 실제 코드 또는 YY(모든 항공사)만을 써야한다
4) 항공사 코드가 지정되었을 경우는 그 항공사가 해당 구간을 운항하고 있어야 한다
5) 반드시 공항코드로 예약하여야 한다

(2) ARNK(Arrival Unkown)구간의 예약

승객의 여정이 항공편 이외의 운송 수단으로 여행할 경우 비 항공운송(Surface) 구간임을 나타냄으로써 여정의 연속성을 맞춰주는 것을 말한다.

SIARNK

```
> SIARNK


RP/SELK1394Z/
1  KE 901  Y  01SEP  2 ICNCDG DK1    1320    1820    01SEP  E   0   388   LD
   BLOCKSPACE CODESHARE FLIGHT
   SEE RTSVC
2  ARNK
3  KE 908  Y  30SEP  2 LHRICN DK1    1935    1435    01OCT  E   0   388   D8
   SEE RTSVC
```

참고

① ARNK를 입력하지 않으면 Error 메시지가 나오지만 한번 더 저장(ER)을 입력하면 저장이 가능하다
② 그러나 향후 예약의 수정 작업 발생 시 ARNK를 입력해 놓지 않으면 PNR 변경 시 마다 Error 메시지가 나온다.
  "WARNING: CHECK SEGMENT CONTINUITY-SEGMENT 2/3"
③ 따라서 사용자가 선택해서 입력 여부를 결정하면 되지만 처음부터 입력해 주는 것이 편리 할 수 있다
④ 여정 순서는 자동 정렬되므로 순서조정이나 삽입 기능이 필요 없다.

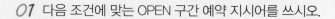

01 다음 조건에 맞는 OPEN 구간 예약 지시어를 쓰시오.

> 항공사 : KE , 구간 : BJSSEL , CLASS : Y 날짜: 5월 1일

02 다음 조건에 맞는 여정 작성 직접입력 지시어를 쓰시오.

> 항공사 및 편명 : KE905 , 구간 : ICNFRA , CLASS : Y , 좌석수 : 2

03 여정의 연속성을 맞추기 위한 비항공 운송구간을 나타내는 지시어는?

04 다음과 같은 응답화면이 나왔을 경우 M CLASS로 2좌석을 대기자로 잡는 지시어를 쓰시오.

> 4   NH 953 J8 CO DO ZO PO RO YO /NRT 1 BKK   1050   1605 E0.763   7:15
> BO MO UO HO QO VO WO SO LO KO NO

05 비 항공운송 구간이 발생하더라도 ARNK를 입력할 필요는 없다

O   X

06 여정을 출발 순서대로 입력하지 않았을 경우 중간에 PNR 저장을 위해 여정순서 조정이 필요하다.

O   X

3 CONTACT ELEMENT(전화번호)(HE AP)

1) 특징

- PNR의 필수입력항목이다.
- 하나의 PNR에 2개 이상의 전화번호 입력이 가능하다.
- PNR 완료 후 생성되는 예약번호는 아래 전화번호 항목을 우선 순위로 하여 유사한 번호를 만든다. 따라서 Mobile 번호를 우선 입력한다.

	지시어	기능
1	AP 혹은 AP02-726-1000 TOPAS TRVL—A	여행사 전화 번호입력
2	APM-010-123-3000/P2	2번 승객의 핸드폰번호 입력
3	APE-jane2001krkr@crs.co.kr	이메일 주소 입력
4	AP02-777-8888-H	집 전화 번호입력
5	AP031-123-3000-B	사무실 번호 입력

2) 전화번호 입력(HE AP)

- 기본형태

```
AP 혹은 AP02-726-1000-A
```

```
RP/SELK1394Z/
   1 AP SEL 1566-0014 - TOPAS TRAINING UNIVERSITY - A
   2 AP 02-726-1000 TOPAS TRVL - A
```

- 전체 입력화면

```
RP/SELK1394Z/
  1.KIM/AAMR     2.LEE/BBMS
  3 AP SEL 1566-0014 - TOPAS TRAINING UNIVERSITY - A
  4 AP 02-726-1000 TOPAS TRVL - A
  5 AP 02-777-8888 - H
  6 AP 031-123-3000 - B
  7 APE JANE2001KRKR@CRS.CO.KR
  8 APM 010-123-3000/P2
```

☞ 위와 같이 알파벳 순서로 정렬되는 것을 볼 수 있다. 항공사별 전화번호 입력 Entry 가 상이할 수 있음.

3) 수정

```
5/02-333-4444-H
```

☞ 5번의 Home Phone 수정시

```
> 5/02-333-4444-H

RP/SELK1394Z/
  1.KIM/AAMR     2.LEE/BBMS
  3 AP SEL 1566-0014 - TOPAS TRAINING UNIVERSITY - A
  4 AP 02-726-1000 TOPAS TRVL - A
  5 AP 02-333-4444 - H
  6 AP 031-123-3000 - B
  7 APE JANE2001KRKR@CRS.CO.KR
  8 APM 010-123-3000/P2
```

PNR 완성 및 조회

1) 특징

- PNR의 필수 입력 사항을 입력한 후 저장(ET enter)을 통하여 예약번호를 부여 받는다.
- PNR의 완성여부는 예약번호(PNR Address)로써 표시되며, 예약기록을 조회하는데 필요하다.
- 예약번호는 알파벳과 숫자로 조합된 6자리와 8자리의 숫자, 두 가지로 표시된다.
- PNR은 변경, 수정, 추가 후에는 항상 저장(ET enter)을 통하여 새로운 사항을 반영한다.
- 저장(ET enter)후에는 새로운 PNR 작업을 수행할 수 있다.
- 만약 PNR에 Error가 있는 경우는 Error Response가 나타나고 PNR Number는 주어 지지 않는다.

	지시어	기능
1	RT	PNR 정리 및 조회
2	ET	PNR 작업 완료
3	ER	PNR의 작업 완료 후 재 조회
4	ETK/ERK	완료 및 불완전 STATUS 코드 정리(KK/PN/WK/SC)
5	IG	진행 중인 PNR 작업을 취소
6	IR	PNR 작업 취소와 동시에 PNR 재조회

2) PNR 정리 및 조회

```
RT
```

3) PNR 작업 완료 기본지시어

```
ET
```

☞ PNR 완성 후 새로운 PNR 작업을 수행할 수 있다.

4) PNR의 작업 완료 후 재 조회

```
ER
```

☞ PNR 완성 후 동시에 완성된 PNR을 조회할 수 있다.

```
RP/SELK1394Z/
  1.JUNG/AAMS   2.HAN/BBMR
  3  TG 659 Y 01SEP 2 ICNBKK DK2  0935 1325   01SEP  E  0 359 M
     SEE RTSVC
  4  TG 658 Y 20SEP 7 BKKICN DK2  2310 0635   21SEP  E  0 359 M
     SEE RTSVC
  5 AP SEL 1566-0014 - TOPAS TRAINING UNIVERSITY - A
  6 AP M010-123-3000/P1


> ER
RANDOM RESERVATION NUMBER RECOMMENDED:6500-7055
WARNING: TG REQUIRES TICKET ON OR BEFORE 01SEP:0700/S3-4


> ER
--- RLR ---
RP/SELK1394Z/SELK1394Z            AA/SU  30MAY20/1243Z    M3VS8J
6500-7055
  1.JUNG/AAMS   2.HAN/BBMR
  3  TG 659 Y 01SEP 2 ICNBKK HK2  0935 1325   01SEP  E  TG/M3VS8J
  4  TG 658 Y 20SEP 7 BKKICN HK2  2310 0635   21SEP  E  TG/M3VS8J
  5 AP SEL 1566-0014 - TOPAS TRAINING UNIVERSITY - A
  6 AP M010-123-3000/P1
  7 TK OK30MAY/SELK1394Z
  8 OPW SELK1394Z-31AUG:0700/1C7/TG REQUIRES TICKET ON OR BEFORE
      01SEP:0700/S3-4
  9 OPC SELK1394Z-01SEP:0700/1C8/TG CANCELLATION DUE TO NO
      TICKET/S3-4
```

5) PNR 작업 완료 및 불완전 STATUS 코드 정리(KK/PN/WK/SC)

> ETK/ERK

☞ PNR 상의 Status 코드를 정리하여 준다.

```
--- RLR ---
RP/SELK1394Z/SELK1394Z              AA/GS  21MAY18/0425Z   RXBF8G
9364-7725
  1.PARK/CCMR
  2  TG 659 K 01AUG 3 ICNBKK KL1  0935 1325  01AUG  E  TG/RXBF8G
  3  TG 658 K 10AUG 5 BKKICN HK1  2310 0635  11AUG  E  TG/RXBF8G
  4 AP SEL 1566-0014 - TOPAS TRAINING UNIVERSITY - A
  5 AP 010-111-2222-M
  6 TK OK21MAY/SELK1394Z
  7 OPW SELK1394Z-09AUG:2300/1C7/TG REQUIRES TICKET ON OR BEFORE
       10AUG:2300/S3
  8 OPC SELK1394Z-10AUG:2300/1C8/TG CANCELLATION DUE TO NO
       TICKET/S3
```

☞ ICN-BKK 구간에 대기자 명단에서 예약이 확약되었음을 응답받은 경우

ERK

```
--- RLR ---
RP/SELK1394Z/SELK1394Z              AA/GS  21MAY18/0425Z   RXBF8G
9364-7725
```

```
1.PARK/CCMR
2  TG 659 K 01AUG 3 ICNBKK HK1  0935 1325  01AUG  E  TG/RXBF8G
3  TG 658 K 10AUG 5 BKKICN HK1  2310 0635  11AUG  E  TG/RXBF8G
4 AP SEL 1566-0014 - TOPAS TRAINING UNIVERSITY - A
5 AP 010-111-2222-M
6 TK OK21MAY/SELK1394Z
7 OPW SELK1394Z-09AUG:2300/1C7/TG REQUIRES TICKET ON OR BEFORE
      10AUG:2300/S3
8 OPC SELK1394Z-10AUG:2300/1C8/TG CANCELLATION DUE TO NO
      TICKET/S3
```

☞ 상기와 같이 ICN-BKK 구간의 KL(항공사로부터 대기자에서 예약이 확약되었음을 응답 받음)상태가
HK(예약확약 받은 상태)로 변경되어 자동 정리된 것을 알 수 있다.

6) PNR 작업 취소 및 조회

- 새로운 PNR 작업을 수행하기 위해서 취소(IG enter)를 한 후 작업을 진행한다.
- 'IG' enter는 진행 중인 PNR의 작업내용을 취소하는 동시에 종료하는 지시어이다.
- 최초 PNR 작성 시 저장(ET enter)작업을 수행하기 전에 취소(IG enter)할 경우 모든 입력 내용은 취소된다.
- PNR 상에 추가 항목을 저장(ET enter)작업 전에 취소(IG enter)할 경우 추가 입력내용만 취소된다.

	지시어	기능
1	IG	진행 중인 PNR 작업을 취소
2	IR	PNR 작업 취소와 동시에 PNR 재조회

7) PNR HEADER (HE PNR)

● 마지막 비행출발 후 3일까지만 남아있다.

```
--- RLR ---
RP/SELK1394Z/SELK1394Z          FM/SU  30MAY20/1257Z    M3XSLM
5655-3909
 1.KIM/AAAMR   2.KIM/BBBMS(INFKIM/BABY MISS/25JUN19)
 3  KE5711 Y 10JUL 5 GMPHND HK2  0800 1010  10JUL  E  KE/M3XSLM
    OPERATED BY JAPAN AIRLINES
 4  JL 091 Y 20JUL 1 HNDGMP HK2  0825 1045  20JUL  E  JL/M3XSLM
 5 AP SEL 1566-0014 - TOPAS TRAINING UNIVERSITY - A
 6 AP M010-7777-9999/P2
 7 TK OK30MAY/SELK1394Z
 8 SSR INFT KE HK1 KIM/BABYMISS 25JUN19/S3/P2
 9 SSR INFT JL HK1 KIM/BABYMISS 25JUN19/S4/P2
10 SSR BBML KE HK1/S3/P2
11 SSR BBML JL HN1/S4/P2
12 SK RESTRICTED
13 OPW SELK1394Z-05JUN:1900/1C7/KE REQUIRES TICKET ON OR BEFORE
       06JUN:1900/S3
14 OPW SELK1394Z-04JUL:2359/1C7/JL REQUIRES TICKET ON OR BEFORE
       06JUL:2359 SEL TIME ZONE/TKT/S4
15 OPC SELK1394Z-06JUN:1900/1C8/KE CANCELLATION DUE TO NO
       TICKET/S3
16 OPC SELK1394Z-06JUL:2359/1C8/JL CANCELLATION DUE TO NO
```

☞ --- RLR --- : Record Locator Return

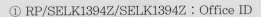

① RP/SELK1394Z/SELK1394Z : Office ID

② FM/SU : 대리점 Sign/ Duty Code

③ 30MAY20/1257Z : PNR 작성 또는 최종 업데이트 날짜와 시간

④ M3XSLM, 5655-3909 :예약번호 (Recode Locator)

　1-2. Name Element

　3-4. Itinerary Element

　5. 여행사 전화번호

　6. 2번 승객 핸드폰 번호

　7. Ticket Arrangement(발권사항)

　8-9. 보호자 2번 승객 연결하여 유아 생년월일 전송

　10-11. 유아승객을 위한 유아식 신청

　13-14. KE, JL 발권시한:

　　　　OPW (Optional Warning Element)

　　　　OPC (Optional Cancellation Element)

5 PNR 수정 및 삭제

1) REBOOKING PNR(HE REBOOK 혹은 HE SB)

　이미 완성된 PNR 상의 여정에서 일부분만(Booking Class, Date 등)만 변경하고자 할 때 사용한다.

	지시어	기능
1	SBC2	2번 여정의 Booking Class 재 예약
2	SB26DEC4	4번 여정의 날짜 재 예약

(1) BOOKING CLASS 재 예약

SBC2		
1	SB	기본지시어 (Should Be)
2	C	변경하고자 하는 Bookig Class
3	2	변경하고자 하는 여정 번호

```
--- RLR ---
RP/SELK1394Z/SELK1394Z              AA/SU  30MAY20/1313Z   M3YLYT
7190-5808
  1.SONG/BBMS
  2  KE 925 Y 01SEP 2 ICNAMS HK1  1405 1855  01SEP  E  KE/M3YLYT
  3  BA 423 Y 20SEP 7 AMSLHR HK1  0800 0820  20SEP  E  BA/M3YLYT
  4  KE 908 Y 30SEP 3 LHRICN HK1  1935 1435  01OCT  E  KE/M3YLYT
  5 AP SEL 1566-0014 - TOPAS TRAINING UNIVERSITY - A
  6 AP M010-123-4000
  7 TK OK30MAY/SELK1394Z
  8 OPW SELK1394Z-12JUN:1900/1C7/KE REQUIRES TICKET ON OR BEFORE
       13JUN:1900/S2,4
  9 OPC SELK1394Z-13JUN:1900/1C8/KE CANCELLATION DUE TO NO
       TICKET/S2,4
```

> SBC2
```
--- RLR ---
RP/SELK1394Z/SELK1394Z              AA/SU  30MAY20/1313Z   M3YLYT
7190-5808
  1.SONG/BBMS
```

```
2  KE 925 C 01SEP 2 ICNAMS DK1  1405 1855  01SEP  E  0 77W DL
   BLOCKSPACE CODESHARE FLIGHT
   SEE RTSVC
3  BA 423 Y 20SEP 7 AMSLHR HK1  0800 0820  20SEP  E  BA/M3YLYT
4  KE 908 Y 30SEP 3 LHRICN HK1  1935 1435  01OCT  E  KE/M3YLYT
5  AP SEL 1566-0014 - TOPAS TRAINING UNIVERSITY - A
6  AP M010-123-4000
7  TK OK30MAY/SELK1394Z
8  OPW SELK1394Z-12JUN:1900/1C7/KE REQUIRES TICKET ON OR BEFORE
      13JUN:1900/S4
9  OPC SELK1394Z-13JUN:1900/1C8/KE CANCELLATION DUE TO NO
      TICKET/S4
```

(2) DATE 재 예약

SB26SEP4	

1	SB	기본지시어 (Should Be)
2	26SEP	변경하고자 하는 새로운 날짜
3	4	변경하고자 하는 여정 번호

```
> SB26SEP4

--- RLR ---
RP/SELK1394Z/SELK1394Z          AA/SU  30MAY20/1317Z   M3YLYT
7190-5808
```

```
  1. SONG/BBMS
  2 KE 925 C 01SEP 2 ICNAMS  HK1  1405 1855  01SEP  E  KE/M3YLYT
  3 BA 423 Y 20SEP 7 AMSLHR  HK1  0800 0820  20SEP  E  BA/M3YLYT
  4 KE 908 Y 26SEP 6 LHRICN  DK1  1935 1435  27SEP  E  0  74H  DB
    SEE RTSVC
  5 AP SEL 1566-0014 - TOPAS TRAINING UNIVERSITY - A
  6 AP M010-123-4000
  7 TK OK30MAY/SELK1394Z
  8 OPW SELK1394Z-12JUN:1900/1C7/KE REQUIRES TICKET ON OR BEFORE
      13JUN:1900/S2
  9 OPC SELK1394Z-13JUN:1900/1C8/KE CANCELLATION DUE TO NO
      TICKET/S2
```

(3) 항공편 재 예약

```
SBCX410*3
```

```
--- RLR ---
RP/SELK1394Z/SELK1394Z              AA/SU  30MAY20/1321Z   M42G7G
4440-5847
  1. HAN/SYSTEMMR
  2 CX 417 Y 01DEC 2 ICNHKG  HK1  1010 1315  01DEC  E  CX/M42G7G
  3 CX 412 Y 20DEC 7 HKGICN  HK1  1405 1850  20DEC  E  CX/M42G7G
  4 AP SEL 1566-0014 - TOPAS TRAINING UNIVERSITY - A
  5 AP M010-123-3000
  6 TK OK30MAY/SELK1394Z
```

```
> SBCX418*3


--- RLR ---
RP/SELK1394Z/SELK1394Z            AA/SU   30MAY20/1321Z   M42G7G
4440-5847
  1. HAN/SYSTEMMR
  2  CX 417 Y 01DEC 2 ICNHKG HK1  1010 1315  01DEC  E  CX/M42G7G
  3  CX 410 Y 20DEC 7 HKGICN DK1  0915 1355  20DEC  E  0  773  B
     SEE RTSVC
  4 AP SEL 1566-0014 - TOPAS TRAINING UNIVERSITY - A
  5 AP M010-123-3000
  6 TK OK30MAY/SELK1394Z
```

☞ 위와 같이 3번 여정의 비행편이 변경된 것을 알 수 있다. (단, 같은 구간에서만 가능하다)

2) 여정 및 DATA 취소

(1) 특징

PNR은 Data 입력 시마다 순서대로 번호가 부여되므로 취소 시 각각의 번호를 이용하여 취소한다.

(2) 취소 지시어

	지시어	기능
1	XI	전 여정만 취소 시
2	XE	기본 취소 지시어
3	XE1,3	1번, 3번 취소 (ELEMENTS 번호로 취소)
4	XE3-8	3번에서 8번까지 취소

```
--- RLR ---
RP/SELK1394Z/SELK1394Z              AA/SU  30MAY20/1317Z  M3YLYT
7190-5808
  1.SONG/BBMS
  2 KE 925 C 01SEP 2 ICNAMS HK1  1405 1855  01SEP  E  KE/M3YLYT
  3 BA 423 Y 20SEP 7 AMSLHR HK1  0800 0820  20SEP  E  BA/M3YLYT
  4 KE 908 Y 30SEP 3 LHRICN HK1  1935 1435  01OCT  E  KE/M3YLYT
  5 AP SEL 1566-0014 - TOPAS TRAINING UNIVERSITY - A
  6 AP M010-123-4000
  7 TK OK30MAY/SELK1394Z
  8 OPW SELK1394Z-12JUN:1900/1C7/KE REQUIRES TICKET ON OR BEFORE
      13JUN:1900/S2,4
  9 OPC SELK1394Z-13JUN:1900/1C8/KE CANCELLATION DUE TO NO
      TICKET/S2,4
```

▼

```
> XE5-6

--- RLR ---
RP/SELK1394Z/SELK1394Z              AA/SU  30MAY20/1317Z  M3YLYT
7190-5808
  1.SONG/BBMS
  2 KE 925 C 01SEP 2 ICNAMS HK1  1405 1855  01SEP  E  KE/M3YLYT
  3 BA 423 Y 20SEP 7 AMSLHR HK1  0800 0820  20SEP  E  BA/M3YLYT
  4 KE 908 Y 30SEP 3 LHRICN HK1  1935 1435  01OCT  E  KE/M3YLYT
  5 TK OK30MAY/SELK1394Z
  6 OPW SELK1394Z-12JUN:1900/1C7/KE REQUIRES TICKET ON OR BEFORE
      13JUN:1900/S2,4
```

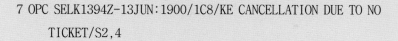

```
7 OPC SELK1394Z-13JUN:1900/1C8/KE CANCELLATION DUE TO NO
      TICKET/S2,4
```

☞ 단, 위 PNR에서 6,7번 OPW, OPC는 Ticket 관련 메시지이므로 취소 불가함.
경고 메시지 생성됨 "WARNING: SOME ELEMENTS COULD NOT BE
CANCELLED"

```
-- RLR ---
RP/SELK1394Z/SELK1394Z              AA/SU  30MAY20/1317Z   M3YLYT
7190-5808
  1.SONG/BBMS
  2 KE 925 C 01SEP 2 ICNAMS HK1  1405 1855  01SEP  E  KE/M3YLYT
  3 BA 423 Y 20SEP 7 AMSLHR HK1  0800 0820  20SEP  E  BA/M3YLYT
  4 KE 908 Y 30SEP 3 LHRICN HK1  1935 1435  01OCT  E  KE/M3YLYT
  5 TK OK30MAY/SELK1394Z
  6 OPW SELK1394Z-12JUN:1900/1C7/KE REQUIRES TICKET ON OR BEFORE
      13JUN:1900/S2,4
  7 OPC SELK1394Z-13JUN:1900/1C8/KE CANCELLATION DUE TO NO
      TICKET/S2,4
*TRN*

> XI

-- RLR ---
RP/SELK1394Z/SELK1394Z              AA/SU  30MAY20/1317Z   M3YLYT
7190-5808
  1.SONG/BBMS
  2 TK OK30MAY/SELK1394Z
```

☞ 여정이 취소 됨.(OPW, OPC포함)

01 아래 PNR에 대한 설명으로 틀린 것을 고르시오.

```
--- RLR ---
RP/SELK13UA3/SELK13UA3   AA/SU  28JUN13/1126Z  ZV5L6Y
7770-3083
 1.KIM/AAAMR 2.KIM/BBBMS
 3 KE5711 Y 10MAR 1 GMPHND HK2 0800 1005 10MAR E KE/ZV5L6Y
OPERATED BY JAPAN AIRLINES
 4 JL 091 Y 20MAR 4 HNDGMP HL2 0825 1100 20MAR E JL/ZV5L6Y
 5 AP -02-726-1234 TOPAS TOUR
 6 APM 010-1234-5678/P2
 7 TK OK01FEB/SELK13UA3
 8 OPW SELK13UA3-10OCT:2100/1C7/KE REQUIRES TICKET ON OR BEFORE
  11OCT:2100/S3
 9 OPC SELK13UA3-11OCT:2100/1C8/KE CANCELLATION DUE TO NO TICKET/S3
```

1) 발권 시한은 2월 1일까지로 이때까지 발권하지 않으면 여정은 전부 자동 취소된다.

2) 승객이 실제 탑승하는 항공사는 모두 JL 항공이다.

3) GMP-HND 구간 출발 요일은 월요일이다.

4) PNR 최종 업데이트 날짜는 6월 28일이다.

02 다음은 PNR에 대한 내용이다 틀린 내용을 고르시오.

1) PNR의 필수 구성요소는 성명, 여정, 연락처이다.

2) PNR 저장 이후에 일부 승객 명을 삭제하면 좌석은 자동으로 줄어든다

3) 중간에 비 항공운송 구간이 발생하더라도 ARNK를 입력할 필요는 없다.

4) 여정을 출발 순서대로 입력하지 않았을 경우 PNR 저장을 위해 여정순서 조정이
   필요하다.

사례별 PNR의 작성을 통하여 지금까지 배운 내용을 정리해 본다.

1) 다음의 조건대로 PNR을 작성하여 PNR Address(예약번호)를 적으시오.

승객	: 본인, KIM/JIN(남), SONG/HYEKYO (소아여, 2012년 2월 11일 생)
노선	: 인천 – 나리타 – 인천
항공사	: OZ(M) OZ(M)
날짜	: 금월기준 2~3개월내 날짜 임의지정
전화번호	: 소속 여행사
	1번 승객 핸드폰 번호 010-777-8888

※ 다음 빈칸에 위의 PNR을 완성하기 위한 지시어를 써본다.

2) 다음의 조건대로 PNR을 작성하여 PNR Address(예약번호)를 적으시오 .

승객   : 본인 , SONG/JUNKI (소아남, 2012년 5월 11일 생)
노선   : 인천 – 방콕 X 싱가포르 – 인천 (X : 비항공운송 구간을 의미)
항공사   :   TG(Y)   SQ(Y)
날짜   :   금월기준 2~3개월내 날짜 임의지정
전화번호 : 소속 여행사
              승객 핸드폰 번호 010-777-8888

※ 다음 빈칸에 위의 PNR을 완성하기 위한 지시어를 써본다.

3) 다음의 조건대로 PNR을 작성하여 PNR Address(예약번호)를 적으시오 .

> 승객   : 본인, KIM/GOO(남)
>
> 노선   : 인천 – LA – 인천
>
> 항공사   :   KE(M)   KE(M)
>
> 날짜   :   금월기준 2~3개월내 날짜 임의지정
>
> 전화번호 : 소속 여행사
>
>   승객 핸드폰 번호 010–777–8888

※ 다음 빈칸에 위의 PNR을 완성하기 위한 지시어를 써본다.

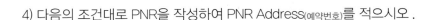

4) 다음의 조건대로 PNR을 작성하여 PNR Address(예약번호)를 적으시오.

> 승객   : 1. 본인 2. SEO/YOONAH(여)
>
> 여정   : 1. 11월 1일 서울 – 싱가폴,   SQ(Y) 이용
>
>   2. 11월 15일 싱가포르 – 서울, SQ(Y) 이용 (미확정, 오픈예약)
>
> 연락처   : 소속 여행사
>
>   본인의 핸드폰 번호 010-123-3000

※ 다음 빈칸에 위의 PNR을 완성하기 위한 지시어를 써본다.

5) 다음의 조건대로 PNR을 작성하여 PNR Address(예약번호)를 적으시오 .

승객 (3명) : 본인, JUNG/WOOSUNG(남), JUNG/GOO(유아남. 2019년 8월1일생)
여정   : 4월05일 서울-홍콩 , KE, E
             4월23일 홍콩-서울 , KE, E
전화번호   : 소속여행사
             본인의 핸드폰번호 010-111-2222

※ 다음 빈칸에 위의 PNR을 완성하기 위한 지시어를 써본다.

7 Chapter

예약기록(PNR)의 선택입력 항목 작성

 1 **TICKET ARRANGEMENT ELEMENT**
(항공권 발권시한)(HE TK)

1) 특징

- PNR의 필수 입력항목이다. (자동입력 됨)
- 항공권 번호 입력(수기항공권 발권 및 항공권 소지 승객의 경우)
- 항공권 구입예정 시기 입력

	지시어	기능
1	TKOK	발권 예정 또는 항공권 번호가 있는 경우
2	TKXL06MAY/1500	발권 권고 시한, 예약 자동 취소
3	TKTL06MAY/1500	발권 권고 시한, 예약 취소되지 않고 Queue로 전송

2) 기본지시어

- 발권 예정 또는 항공권 번호가 있는 경우

```
TKOK
```

```
> TKOK

RP/SELK1394Z/
  1 TK OK30MAY/SELK1394Z
*TRN*
```

☞ 곧 발권 하겠다는 알림(시간입력이 불필요) 또는 PNR에 항공권 번호가 있는 경우

● 발권 권고 시한 (자동 예약 취소)

TKXL19DEC/1200

```
-- RLR ---
RP/SELK1394Z/SELK1394Z            AA/SU  30MAY20/1317Z    M3YLYT
7190-5808
  1.SONG/BBMS
  2 KE 925 C 01SEP 2 ICNAMS HK1  1405 1855  01SEP  E  KE/M3YLYT
  3 BA 423 Y 20SEP 7 AMSLHR HK1  0800 0820  20SEP  E  BA/M3YLYT
  4 KE 908 Y 30SEP 3 LHRICN HK1  1935 1435  01OCT  E  KE/M3YLYT
  5 AP SEL 1566-0014 - TOPAS TRAINING UNIVERSITY - A
  6 AP M010-123-4000
  7 TK XL19DEC/1200/SELK1394Z
  8 OPW SELK1394Z-12JUN:1900/1C7/KE REQUIRES TICKET ON OR BEFORE
      13JUN:1900/S2,4
  9 OPC SELK1394Z-13JUN:1900/1C8/KE CANCELLATION DUE TO NO
      TICKET/S2,4
```

☞ 12월19일 항공권 발권 권고 시한, 자동 예약 취소 됨 12번 Q로 자동 전송.

● 발권 권고 시한(예약 취소 안됨)

TKTL19DEC/1200

```
-- RLR ---
RP/SELK1394Z/SELK1394Z          AA/SU  30MAY20/1317Z   M3YLYT
7190-5808
  1.SONG/BBMS
  2 KE 925 C 01SEP 2 ICNAMS HK1  1405 1855  01SEP  E  KE/M3YLYT
  3 BA 423 Y 20SEP 7 AMSLHR HK1  0800 0820  20SEP  E  BA/M3YLYT
  4 KE 908 Y 30SEP 3 LHRICN HK1  1935 1435  01OCT  E  KE/M3YLYT
  5 AP SEL 1566-0014 - TOPAS TRAINING UNIVERSITY - A
  6 AP M010-123-4000
  7 TK TL19DEC/1200/SELK1394Z
  8 OPW SELK1394Z-12JUN:1900/1C7/KE REQUIRES TICKET ON OR BEFORE
      13JUN:1900/S2,4
  9 OPC SELK1394Z-13JUN:1900/1C8/KE CANCELLATION DUE TO NO
      TICKET/S2,4
```

☞ 12월 19일 1200까지 발권 시한 권고, 예약이 취소되지 않고 8번 Queue로 자동 전송

2 RECEIVED FROM ELEMENT(예약의뢰자) (HE RF)

1) 특징

- PNR의 선택입력항목이다.
- 예약 작성 혹은 변경 작업 시에 해당 작업을 의뢰한 사람에 대한 근거로 기재한다.

	지시어	기능
1	RFP	예약의뢰자(승객)
2	RFJO INSUNG MR	예약의뢰자(조인성)

2) 기본 지시어

RFJO INSUNG MR	
1 RF	~로부터 요청 받음을 나타내는 기본 지시어
2 JO INSUNG MR	요청한 승객 성명(단, /는 사용 불가)

```
RP/SELK1394Z/
RF JO INSUNG MR
*TRN*
```

3 FACT ELEMENTS (서비스 사항)

1) 특징

- PNR의 선택입력사항이다.
- 승객의 요청에 의해 항공사의 응답이 요구되는 특별서비스(SSR)와 승객에 관련된 정보 사항을 입력하는 일반서비스(OSI)로 나뉘어진다.
- IATA 표준 Keyword(4letter code)를 사용하여 입력하며 시스템은 Keyword에 따라 자동적으로 특별서비스(SSR)와 일반서비스(OSI)를 구분한다.
- 승객의 제반 요구사항을 정확한 Format을 사용하여 기록함으로써 관련 항공사의 운송 준비에 차질이 없도록 해야 한다.

특별서비스 (SR: Special Service Request)	일반서비스 (OS: Other Service Information)
• 승객의 요청사항이 공항에서도 알아야 연계 서비스가 이루어질 수 있는 사항을 입력한다. • 승객의 요청에 의하여 항공사의 준비를 필요로 하는 것으로 항공사의 응답이 요구되는 서비스다.	• 승객에 관련된 정보를 항공사에 전달하고자 하는 것으로 항공사의 응답을 받을 필요가 없는 서비스다.

	지시어	기능
1	SRVGML	특별서비스 기본지시어/야채식신청
2	SRVGML /P1	1번 승객지정 야채식 신청
3	SRDBML/P2/S3	3번에 여정에 2번 승객 지정 당뇨식 신청
4	OS LH ICE HOCKEY PLAYER/P2	기타서비스정보입력/항공사/ 자유 입력

2) SSR(특별서비스)(HE SR)

(1) 기본지시어

- PNR 상의 전체승객에 전체 여정일 경우

SRVGML	
1	SR	특별서비스 기본지시어
2	VGML	Meal code 야채식(Vegetarian)

```
--- RLR ---
RP/SELK1394Z/SELK1394Z          AA/SU  30MAY20/1704Z   M55QC9
7527-2033
  1.SEO/DDMR   2.NOH/MMMS
  3  OZ1085 M 01NOV 7 GMPHND HK2  0840 1045  01NOV  E  OZ/M55QC9
  4  OZ1055 M 10NOV 2 HNDGMP HK2  0840 1105  10NOV  E  OZ/M55QC9
  5 AP SEL 1566-0014 - TOPAS TRAINING UNIVERSITY - A
  6 AP 010-123-3000/P1
  7 TK OK30MAY/SELK1394Z
  8 SSR VGML OZ HK2/S3
  9 SSR VGML OZ HK2/S4
 10 OPW SELK1394Z-12JUN:0300/1C7/OZ REQUIRES TICKET ON OR BEFORE
       14JUN:0300/S3-4
```

11 OPC SELK1394Z-14JUN:0300/1C8/OZ CANCELLATION DUE TO NO
TICKET/S3-4

(2) 1번 승객(P), 전체 여정에 요청

SRVGML/P1

```
--- RLR ---
RP/SELK1394Z/SELK1394Z              AA/SU  30MAY20/1701Z   M53XI4
1938-0176
 1.JUNG/AAMS(INFHAN/CCMISS/01FEB19)
 2.HAN/BBMSTR(CHD/01JAN12)
 3  PR 467 Y 01AUG 6 ICNMNL HK2  0810 1110  01AUG  E  PR/M53XI4
 4  PR 466 Y 10AUG 1 MNLICN HK2  0030 0520  10AUG  E  PR/M53XI4
 5 AP SEL 1566-0014 - TOPAS TRAINING UNIVERSITY - A
 6 AP 010-222-3333
 7 TK OK30MAY/SELK1394Z
 8 SSR INFT PR HN1 HAN/CCMISS 01FEB19/S3/P1
 9 SSR CHLD PR HK1 01JAN12/P2
10 SSR INFT PR HN1 HAN/CCMISS 01FEB19/S4/P1
11 SSR VGML PR HN1/S3/P1
12 SSR VGML PR HN1/S4/P1
*TRN*
```

(3) 2번 승객(P), 3 여정(S)에 요청

SRCHML/P2/S3

```
--- RLR ---
RP/SELK1394Z/SELK1394Z          AA/SU  30MAY20/1701Z   M53XI4
1938-0176
  1.JUNG/AAMS(INFHAN/CCMISS/01FEB19)
  2.HAN/BBMSTR(CHD/01JAN12)
  3  PR 467 Y 01AUG 6 ICNMNL HK2  0810 1110  01AUG  E  PR/M53XI4
  4  PR 466 Y 10AUG 1 MNLICN HK2  0030 0520  10AUG  E  PR/M53XI4
  5 AP SEL 1566-0014 - TOPAS TRAINING UNIVERSITY - A
  6 AP 010-222-3333
  7 TK OK30MAY/SELK1394Z
  8 SSR INFT PR HN1 HAN/CCMISS 01FEB19/S3/P1
  9 SSR CHLD PR HK1 01JAN12/P2
 10 SSR INFT PR HN1 HAN/CCMISS 01FEB19/S4/P1
 11 SSR VGML PR HN1/S3/P1
 12 SSR VGML PR HN1/S4/P1
 13 SSR CHML PR HK1/S3/P2
 14 OPW SELK1394Z-04JUN:1800/1C7/PR REQUIRES TICKET ON OR BEFORE
        07JUN:1800 SELL TIME ZONE/TKT/S3-4
 15 OPC SELK1394Z-07JUN:1800/1C8/PR CANCELLATION DUE TO NO
        TICKET SEL TIME ZONE/TKT/S3-4/P1-2
```

☞ MASK를 이용한 기내식 신청(대한항공 KE 특별기내식 조회 및 입력)

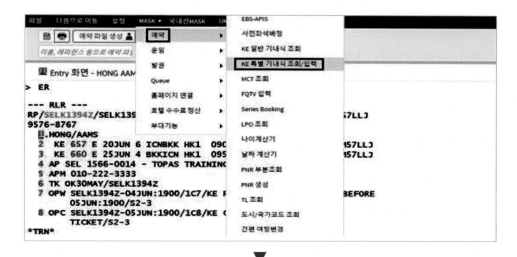

▼

```
--- RLR ---
RP/SELK1394Z/SELK1394Z          AA/SU  30MAY20/1722Z   M57LLJ
9576-8767
  1.HONG/AAMS
  2  KE 657 E 20JUN 6 ICNBKK HK2  0905 1245  20JUN  E  KE/M57LLJ
  3  KE 660 E 25JUN 4 BKKICN HK2  0030 0520  25JUN  E  KE/M57LLJ
  4 AP SEL 1566-0014 - TOPAS TRAINING UNIVERSITY - A
  5 AP 010-222-3333
  6 TK OK30MAY/SELK1394Z
  7 SSR VGML KE HK1/S2
  8 OPW SELK1394Z-04JUN:1900/1C7/KE REQUIRES TICKET ON OR BEFORE
      05JUN:1900/S2-3
  9 OPC SELK1394Z-05JUN:1900/1C8/KE CANCELLATION DUE TO NO
      TICKET/S2-3
```

● 특별서비스 Keyword

KEYWORD	내용	KEYWORD	내용
BBML	BABY MEAL(유아식)	INFT	INFANT (유아)
BSCT	BASSINET(아기바구니)	CHLD	CHILD(소아)
CHML	CHILD MEAL(소아식)	DBML	DIABETIC MEAL(당뇨식)
GRPS	GROUPS(그룹동반승객 수)	GRPF	GROUP FARE(단체운임)
NOSM	NO SPECIAL MEAL(KE)	NOCM	유/소아식 미신청인 경우 (KE)
SFML	SEA FOOD(해산물)	VGML	VEGETARIAN MEAL(야채식)

(4) APIS(Advanced Passenger Information System) 입력

- DOCS : APIS Keyword APIS란 사전 입국 심사를 말하는 것으로, 모든 승객의 Passport Data를 PNR에 입력하면 해당 항공사에서 관계 당국에 관련 자료를 사전 통보하여 해당 국가 도착시 해당편 모든 승객이 보다 신속하게 입국 심사를 받을 수 있도록 하는 제도이다.

- EBS APIS (Enhanced Border Advance Passenger Information System) 강화된 APIS 규정 도착도시가 미국인 경우 APIS 정보와 미국 내 첫 번째 도착지 주소 정보를 입력하여야 한다. 만약 탑승자가 미국 시민권자인 경우 비자 정보도 추가적으로 입력이 필요하다.

① 지시어를 이용한 APIS 입력

- 항공사 및 목적지(미주)에 따라 사전입국심사 정보인 APIS 입력은 필수 입력항목이다.

SR DOCS-P-KR-M11112222-KR-15MAY89-M-20MAR20-KIM-TOPAS/P1		
1	SR	특별서비스 기본지시어
2	P	여권 Type Code
3	KR	여권 발행국
4	M11112222	여권 번호
5	KR	국적
6	15MAY89	생년월일
7	M	성별
8	20MAR20	여권 만료일
9	KIM-TOPAS/P1	승객명 / 승객번호

② 마스크를 이용한 APIS 입력

- DOCS (APIS) 사항을 입력할 PNR 조회 후 EBS-APIS MASK 실행

- PNR 내 승객정보를 자동으로 조회

자동 조회 항목 : 승객번호, 여권 발행국, 국적, 성별, 성, 이름

● 여권번호, 생년월일 등의 정보 추가 입력 후 실행 버튼을 클릭, 미국의 경우 미국 내
  첫 번째 도착 도시의 주소 정보도 필요하므로 해당 내용 입력 후 전체 실행을 클릭
  하면 PNR에 APIS 정보 생성

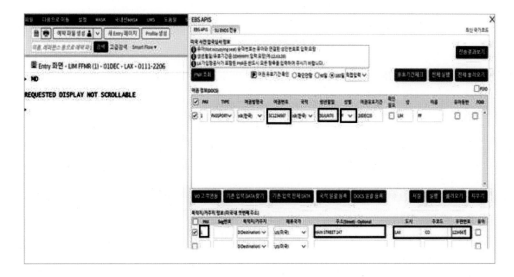

● PNR 내 APIS 정보가 생성되면 아래와 같은 알림 창이 자동 팝업된다.

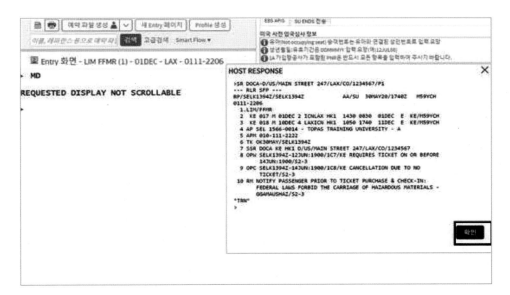

● PNR에 APIS 정보가 입력되었음을 확인할 수 있다

```
--- RLR SFP ---
RP/SELK1394Z/SELK1394Z            AA/SU  30MAY20/1740Z   M59YCH
0111-2206
  1.LIM/FFMR
  2  KE 017 M 01DEC 2 ICNLAX HK1  1430 0830  01DEC  E  KE/M59YCH
  3  KE 018 M 10DEC 4 LAXICN HK1  1050 1740  11DEC  E  KE/M59YCH
  4 AP SEL 1566-0014 - TOPAS TRAINING UNIVERSITY - A
  5 AP 010-111-2222
  6 TK OK30MAY/SELK1394Z
  7 SSR DOCA KE HK1 D/US/MAIN STREET 247/LAX/CO/1234567
  8 SSR DOCA KE HK1 P/KR/SC1234567/KR/30JUN70/F/20DEC25/LIM/FF
  9 SSR DOCA KE HK1 D/US/MAIN STREET 247/LAX/CO/1234567
 10 OPW SELK1394Z-12JUN:1900/1C7/KE REQUIRES TICKET ON OR BEFORE
        14JUN:1900/S2-3
 11 OPC SELK1394Z-14JUN:1900/1C8/KE CANCELLATION DUE TO NO
        TICKET/S2-3
 12 RM NOTIFY PASSENGER PRIOR TO TICKET PURCHASE & CHECK-IN:
        FEDERAL LAWS FORBID THE CARRIAGE OF HAZARDOUS MATERIALS -
        GGAMAUSHAZ/S2-3
```

● 추가기능(APIS(Advance Passenger Information System)입력 확인 기능

다수 승객의 PNR인 경우 APIS 항목을 입력하지 않은 승객을 확인할 수 있는 기능이다.

RTDOCS

```
> RTDOCS

RP/SELK13923/SELK13923           AA/SU   30MAY20/1752Z    M5C3VJ
0111-2207
 * SSR DOCS MISSING LIST FOR PASSENGERS: *


 1.JUNG/AAMS
 4  KE 017 M 01DEC 2 ICNLAX HK3  1430 0830  01DEC  E  KE/M5C3VJ
 5  KE 018 M 20DEC 7 LAXICN HK3  1050 1740  21DEC  E  KE/M5C3VJ


 2.LEE/BBMS
 4  KE 017 M 01DEC 2 ICNLAX HK3  1430 0830  01DEC  E  KE/M5C3VJ
 5  KE 018 M 20DEC 7 LAXICN HK3  1050 1740  21DEC  E  KE/M5C3VJ


 3.HUR/CCMR
 4  KE 017 M 01DEC 2 ICNLAX HK3  1430 0830  01DEC  E  KE/M5C3VJ
 5  KE 018 M 20DEC 7 LAXICN HK3  1050 1740  21DEC  E  KE/M5C3VJ
```

3) OSI(기타서비스)(HE OS)

OS KE ICE HOCKEY PLAYER/P2		
1	OS	기타서비스 기본지시어
2	KE	항공사 코드
3	ICE HOCKEY PLAYER	정보내용
4	/P2	2번 승객

```
--- RLR ---
RP/SELK1394Z/SELK1394Z            AA/SU  30MAY20/1758Z   M5DPLO
0123-3066
  1.HAN/AAMR   2.JUNG/BBMS
  3  KE 907 E 01SEP 2 ICNLHR HK2  1320 1725  01SEP  E  KE/M5DPLO
  4  KE 908 E 30SEP 3 LHRICN HK2  1935 1435  01OCT  E  KE/M5DPLO
  5 AP SEL 1566-0014 - TOPAS TRAINING UNIVERSITY - A
  6 AP 010-123-3000/P1
  7 TK OK30MAY/SELK1394Z
  8 OSI KE ICE HOCKEY PLAYER/P2
  9 OPW SELK1394Z-12JUN:1900/1C7/KE REQUIRES TICKET ON OR BEFORE
       14JUN:1900/S3-4
 10 OPC SELK1394Z-14JUN:1900/1C8/KE CANCELLATION DUE TO NO
       TICKET/S3-4
```

● 기타 정보사항 입력 예

OS KE LCTC LAX HILTON HTL 123-333-3333 MS KIM	현지연락처 입력
OS CX PAX SPEAK ONLY KOREAN	승객의 정보
OS KE TCP9 WZ PNR NO 01234-4000	일행 PNR NO 입력

01 다음 서비스 사항 Keyword 중 유아와 관련이 없는 하나는?

    1) BBML   2) BSCT   3) VGML   4) INFT

02 다음 사항에 맞는 지시어를 쓰시오.

    1) 1번째 승객, 전 구간에 야채식 신청 지시어는?

    2) 3번째 승객, 두 번째 구간에 소아식 신청 지시어는?

    3) 2번째 승객, 전 구간에 유아식 신청 지시어는?

03 다음은 SSR(Special Service Request)에 대한 내용이다. 성격이 틀린 것은?

    1) 기본지시어는 SR로 시작한다.

    2) 반드시 항공사로부터 회신을 받아야 한다.

    3) 입력하는 형식에 특별한 코드를 사용해야 한다.

    4) 항공사가 여객 서비스를 제공하는데 있어서 필요하다고 생각되는 승객과 관련된 정보들이 해당된다.

04 다음 OSI(Other Service Information)에 대한 내용이다. 바르지 못한 것은 어느 것인가?

    1) 기본 지시어는 OS이며 형식은 해당항공사 입력 후 전달내용을 자유롭게 기술한다.

    2) PNR의 필수 입력사항으로 항공사로부터 회신을 받을 필요가 없다.

    3) 항공사에 필요할 경우 참고사항으로 사용하라는 내용으로 특별한 형식은 없다.

    4) 승객서비스에 필요한 정보를 항공사에 알려주고자 하는 내용을 입력한다.

05 다음 내용 중 OSI에 해당되지 않는 것은 어느 것인가?

    1) 한국말만을 할 수 있다는 정보를 해당항공사에 알려준다.

    2) 현지연락처를 해당항공사에 알려준다.

    3) 당뇨병이 있어 당뇨식을 해당항공사에 요청한다.

    4) 국회의원임을 해당항공사에 알려준다.

4 REMARKS(HE RM, HE RC, HE RX)

1) 특징

- PNR의 선택입력 항목이다.
- 직원 상호간에 업무연락을 위한 메시지 전달시 사용한다.
- 예약 재확인이나 승객에게 필요한 정보를 전달하였을 경우 기재한다.
- 기타 해당 PNR에 관련된 제반 내용을 수록하여 PNR을 처리하는 직원들이 참조할 수 있도록 한다.
- PNR 생성완료 후에 입력한 RM 사항은 모두 History에 기록되므로 작업자 Sign과 입력 시간을 확인할 수 있다.

	지시어	기능
1	RM PAX NEEDS A VISA	일반 참조사항으로 PNR 조회가 가능한 모든 여행사가 볼 수 있다
2	RC MOBILE PHONE NUMBER 010-123-3000/P2	입력한 여행사만이 볼 수 있고 수정이 가능함 (Cofidential Remarks)
3	RX BOOKING FEE APPLIED	Corporate Remarks를 입력한 여행사만 볼 수 있다.

2) GENERAL REMARKS 입력 지시어

RM PAX NEEDS A VISA /S3 /P1	
1	RM	기본지시어
2	PAX NEEDS A VISA	입력 내용
3	S3	3번 여정
4	/P2	2번 승객

```
--- RLR ---
RP/SELK1394Z/SELK1394Z          AA/SU  30MAY20/1800Z    M5DPLO
0123-3066
  1.HAN/AAMR    2.JUNG/BBMS
  3  KE 907 E 01SEP 2 ICNLHR HK2  1320 1725  01SEP  E  KE/M5DPLO
  4  KE 908 E 30SEP 3 LHRICN HK2  1935 1435  01OCT  E  KE/M5DPLO
  5 AP SEL 1566-0014 - TOPAS TRAINING UNIVERSITY - A
  6 AP 010-123-3000/P1
  7 TK OK30MAY/SELK1394Z
  8 OSI KE ICE HOCKEY PLAYER/P2
  9 OPW SELK1394Z-12JUN:1900/1C7/KE REQUIRES TICKET ON OR BEFORE
       14JUN:1900/S3-4
 10 OPC SELK1394Z-14JUN:1900/1C8/KE CANCELLATION DUE TO NO
       TICKET/S3-4
 11 RM PAX NEEDS A VISA/S3/P1
```

☞ RM 지시어를 사용할 경우 한글 입력도 가능하다.

5 PRE-RESERVED SEAT(사전좌석 배정) (HE SEAT, HE ST)

1) 사전좌석배정

　항공사 좌석 예약 시 기내 좌석번호를 미리 지정해 주는 것을 사전 좌석배정이라 하며, Seat Map을 제공하는 항공사에 한해 사전 좌석 배정이 가능하다. (참고 : 발권이 완료된 PNR 에서만 진행이 가능하다)

2) 항공사별 SEAT MAP 기능 확인

지시어	기능
GGPCAAF	해당 항공사(AF)에서 기능 제공 여부 확인
GGAIRAFSEAT	항공사에서 제공하는 Seat Assign 정보 확인

(1) 해당 항공사에서 기능 제공 여부 확인

GGPCAAF

```
> GGPCAAF
PARTICIPATING CARRIER ACCESS AND FUNCTION LEVEL
AF  -  AIR FRANCE
                                      ALTEA RESERVATION :  YES
          ACCESS INDICATOR :   /      RECORD LOCATOR RETURN :  ALL
    LAST SEAT AVAIL INDIC :   /       CARRIER PREFERRED DISP :  A/L
          STANDARD ACCESS :          BOOKING RANGE IN DAYS :  361
      AMADEUS ACCESS SELL :  YES      INTERACTIVE SEAT MAP :  YES
     DYNAMIC SCHEDULE UPD :  YES           INTERACTIVE ASR :  YES
     NUMERIC AVAIL UPDATE :  YES          ASR DAYS/HOURS :  361/00
    AMADEUS DYNAMIC AVAIL :  YES     BP ISSUE DAYS/HOURS :  000/03
            DIRECT ACCESS :


  PASSIVE SEGMENT:       PASSIVE NOTIFY:        PNR CLAIM:
  SERVICE SEGMENT:       DELETE SEGMENT:        TICKETLESS:
  MEAL VALIDATION:       FREQUENT FLYER: Y           EPAY:
```

(2) 항공사에서 제공하는 SEAT ASSIGN 정보 확인

GGAIRAFSEAT

```
> GGAIRAFSEAT
                                    EN   2JUL12 1000Z
                             UPDATED BY PARUGAF - JH.UG .
SEAT MAP        : SEE SM TRANSACTION TYPING **  HE SM  **
----------------------------------------------------------
SEAT REQUEST .
AFTER SM DISPLAY : SEE ST TRANSACTION TYPING **  HE ST  **
OR HE SEAT
IF NO SM DISPLAY : AIRIMP TRANSACTION CODES :
.
ST/NSST/P1  FOR NON-SMOKING SEAT
ST/NSSA/P1          //      AISLE  SEAT
ST/NSSB/P1          //      BULKHEAD SEAT
ST/NSSW/P1          //      WINDOW SEAT
 : ALL AF FLIGHTS ARE NON-SMOKING FLIGHTS
.
ST/SMST/P1  FOR SMOKING SEAT
ST/SMSA OR SMSB OR SMSW      AS ABOVE
.
ON AF MEDIUM HAUL FLIGHTS           02JUL2012    MS24
ON AF LONG HAUL FLIGHTS             02JUL2012    MS35
```

3) PNR에서 SEAT ASSIGN

순서	지시어	내 용
1단계	SM3/V	T번여정의 Seat Map 조회(세로타입 조회 설정)
	ST/29K/S3/P1	PNR에 여러승객 중 한명의 Seat 지정(승객번호 함께 지정)
2단계	ST/37EF/S3	두명이상의 승객의 연결 Seat 지정
	ST/A/S3-4/P1	좌석 번호 입력 없이 복도 Seat 지정
삭제	XE9	좌석 배정된 항목 삭제

● 1단계 : SEAT MAP 조회

```
--- RLR ---
RP/SELK1394Z/SELK1394Z          AA/SU  31MAY20/0817Z   M9CKS5
0123-3067
  1.HAN/AAMR   2.JUNG/BBMS
  3  BA 016 Y 05SEP 6 SYDSIN HK2  1450 2105  05SEP  E  BA/M9CKS5
  4 AP SEL 1566-0014 - TOPAS TRAINING UNIVERSITY - A
  5 AP 010-123-3000/P1
  6 TK OK31MAY/SELK1394Z
```

▼

SM3/V

☞ 3번여정의 Seat Map 조회, 세로형태(Vertical)로 조회시

```
SM BA 0016/Y/05SEPSYDSIN/V                        /S003/
SM BA  0016  Y 05SEP SYDSIN           777
          A B C      D E F  G      H J K
M 28 <B  / +        / . /          . / B> 28 M
   29 <   . . L      H . H      L . .   > 29
   30 <   . . H      H . H      H . .   > 30
   31 <   . + +      H . H      H . .   > 31
   32 <   . . H      H . H      H . .   > 32
   33 <   . . H      H . H      H . .   > 33
   34 <          H . H      H . .   > 34
   35 <          H . H          . . > 35
          A B C      D E F  G      H J K

          A B C      D E F     H J K
M 37 EB  + + /      / . /     / / / BE 37 M
   38     . . H      H . H     H . .    38
   39     . . H      H . H     H . .    39
          A B C      D E F     H J K
. AVAILABLE    <> WING     F GEN FACI   K GALLEY    E EXIT    C COT
+ OCCUPIED     - LAST OFF  H HANDICAP   Q QUIET     G GROUPS  P PET
/ RESTRICTED   B BULKHEAD  V PREF.SEAT  X BLOCKED   L LEGROOM U UMNR
```

☞ 상기 좌석 배치도는 비행기 기내 모습이 세로 형태로 보여지고 있으며, 날개가 좌
  우에 있다고 가정하고 번호를 지정한다.

① 알파벳, 숫자 28~35 : 좌석배열 및 좌석번호의 행을 의미

② 좌석배치도 구분

③ 좌석배정 가능 표시는 "." 으로 예를 들면 31A는 배정가능 좌석임을 나타낸다.

• 2단계

```
ST/31A/S3/P1
```

☞ PNR상의 1번 승객에게 3번째 여정에 30A 좌석배정을 요청

```
--- RLR ---
RP/SELK1394Z/SELK1394Z          AA/SU  31MAY20/0817Z   M9CKS5
0123-3067
  1.HAN/AAMR   2.JUNG/BBMS
  3  BA 016 Y 05SEP 6 SYDSIN HK2  1450 2105  05SEP  E  BA/M9CKS5
  4 AP SEL 1566-0014 - TOPAS TRAINING UNIVERSITY - A
  5 AP 010-123-3000/P1
  6 TK OK31MAY/SELK1394Z
  7 SSR RQST BA HK1 SYDSIN/31AN,P1/S3   SEE RTSTR
*TRN*
```

☞ 7번 라인에 1번승객의 SYDSIN구간에 좌석 31로 요청과 동시에 확약되었음을 나타냄.

4) SEAT MAP을 제공하지 않는 항공사의 사전좌석배정

```
> GGPCAOX

PARTICIPATING CARRIER ACCESS AND FUNCTION LEVEL
```

```
OX - ORIENT THAI AIRLINES
                                     ALTEA RESERVATION :
        ACCESS INDICATOR :    .      RECORD LOCATOR RETURN :   ALL
    LAST SEAT AVAIL INDIC :          CARRIER PREFERRED DISP :
         STANDARD ACCESS :           BOOKING RANGE IN DAYS :   361
     AMADEUS ACCESS SELL :   YES     INTERACTIVE SEAT MAP :
     DYNAMIC SCHEDULE UPD :           INTERACTIVE ASR :
     NUMERIC AVAIL UPDATE :           ASR DAYS/HOURS :   000/00
    AMADEUS DYNAMIC AVAIL :       BP ISSUE DAYS/HOURS :   000/00
           DIRECT ACCESS :


    PASSIVE SEGMENT: Y      PASSIVE NOTIFY:          PNR CLAIM:
    SERVICE SEGMENT: Y      DELETE SEGMENT:          TICKETLESS:
    MEAL VALIDATION:        FREQUENT FLYER:          EPAY:


    FOR DECODING ENTER :        E-TKT NBR TRANSMISSION:ALL
    GGPCALDEC  (FOR MENU)       PAPER TNB TRANSM. VIA FHA/FHM:FHA ONLY
```

☞ Interactive Seat Map상에 BLANK일 경우 사전좌석 배정이 안되는 항공사이다.

 6 **FREQUENT FLYER NUMBER**(상용고객 우대 제도)(HE FF)

1) 특징

- 항공사 마일리지 카드 회원 번호 입력 기능이다.
- PNR에 해당 번호를 입력해 놓으면 Check-In시 탑승 마일리지가 자동 누적되는 기능이다.

116

- 누적마일리지 실적에 따라 무임항공권을 제공하거나 좌석 승급 등 각종 서비스를 제공한다.

2) 조회지시어

	지시어	기능
1	FFAAF-1234567	항공사에서 FQTV 정보를 제공하는 경우 마일리지 회원 번호를 입력하는 지시어로 FQTV와 승객명이 자동 입력된다
2	FFNAA-22223333/P1	항공사에서 FQTV 정보를 제공하지 않는 경우 마일리지 회원 번호를 입력하는 지시어로 승객 명 입력 이후 FFN을 입력한다.(P1: 승객번호)
3	FFNAA-2223333,BA	탑승 항공사와 회원 가입 항공사가 다른 경우 입력한다 (AA: 가입항공사, BA: 탑승항공사)
4	FFDAF-1234567	마일리지 카드 조회
5	VFFD KE	KE와 마일리지 협정 제휴 항공사 리스트 조회

3) 항공사에서 FQTV 정보를 제공하는 회원 번호 입력

```
FFA6X-1234567
```

☞ 6X항공사의 회원번호 입력

```
> FFA6X-1234567

RP/SELK1394Z/
  1.MARSHALL/DAVID MR
  2 *SSR FQTV YY HK/ 6X1234567
```

☞ 카드번호와 함께 승객의 이름도 함께 PNR에 입력됨을 알 수 있다.

4) 항공사에서 FQTV 정보를 제공하지 않는 회원번호 입력

```
FFNAA-2223333
```

☞ 승객 명을 먼저 입력한 후 회원번호 입력

5) 마일리지 카드 조회

```
FFD6X-1234567
```

```
> FFD6X-1234567

1234567
MARSHALL/DAVID MR
```

6) 탑승 항공사와 마일리지 가입 항공사가 다른 경우 회원 번호 입력

```
FFNAA-2223333,BA
```

☞ 회원가입은 AA, 탑승항공사는 BA인 경우

```
> FFNAA-222333,BA

--- SFP ---
RP/SELK1394Z/
  1.JUNG/AAMS
  2  BA 282 Y 01SEP 2 LAXLHR DK1  1535 1010  02SEP  E   0 744 M
     SEE RTSVC
  3 SSR FQTV BA HK/ AA222333
```

```
4 RM NOTIFY PASSENGER PRIOR TO TICKET PURCHASE & CHECK-IN:
    FEDERAL LAWS FORBID THE CARRIAGE OF HAZARDOUS MATERIALS -
    GGAMAUSHAZ/S2
```

7) 특정항공사와 마일리지 협정이 맺어져 있는 항공사 리스트 조회

```
VFFDKE
```

☞ 확인하고자 하는 항공사(KE) 코드 입력

```
> VFFDKE

VFFDKE

FF AGREEMENTS                                    KE AGREEMENTS: 032
-------------------------------------------------------------------
KE. / AE. AE. AF. AM. AR. AS. AZ. BE. CI. CZ. DL. EK. EY. FM.
      GA. G3. HA. HV. KL. KQ. ME. MF. MU. NW. OK. RO. SU. SV.
      UX. VE. VN. 9W.
```

8
Chapter

PNR의 완료 및 조회

1. PNR 작성의 완료

- PNR 작성을 마치고 나면 Main Computer에 저장 하여야 한다.
- 저장이 되기 이전까지는 작업자의 작업장에만 작업을 하던 PNR이 나타나지만 저장을 마치게 되면 누구나 해당 PNR을 조회할 수 있다.
- PNR의 저장 완료를 "End Of Transaction"이라 하며 저장 완료가 성공적으로 이루지면 해당 PNR의 저장위치를 나타내는 PNR Address가 주어진다.

지시어	내 용
ET	End Transaction : PNR 완성
ER	End and Retrieve : PNR 완성과 동시에 조회
RT	PNR 정리 및 Display
RTPP	가장 마지막 에 조회된 PNR 재 조회

1) END OF TRANSACTION

```
ET
```

```
--- RLR---
RP SELK1394Z/SELK1394Z    FM/SU   31MAY20/0824Z
M9CKS5
0123-3067
```

```
1.HAN/AAAMR      2.JUNG/BBBMS
3  BA 016 Y 05SEP 6 SYDSIN HK2  1450 2105  05SEP  E  BA/M9CKS5
4 AP SEL 1566-0014 - TOPAS TRAINING UNIVERSITY - A
5 AP 010-123-3000/P1
6 TK OK31MAY/SELK1394Z
7 SSR RQST BA HK1 SYDSIN/31AN,P1/S3 SEE RTSTR
8 SSR SFML BA NO1 MEAL TYPE NOT AVAILABLE FOR THIS FLIGHT
  /S3/P2
*TRN*


> ET


END OF TRANSACTION COMPLETE - M9CKS5 - KE/0123-3067
*TRN*
```

☞ 상기와 같이 End Of Transaction이 성공적으로 수행되면 PNR이 숫자 8자리
Address로 Main Computer에 보관된다. 만약 PNR에 Error가 있는 경우 Error 응
답이 나타나고 PNR Address는 주어지지 않는다. (위 작업수행 후 단말기의 작업장은 다른 예약을
접수할 수 있는 상태가 된다)

2) END OF TRANSACTION과 REDISPLAY의 동시작업

```
ER
```

```
>ER

RESERVATION NUMBER BASED ON PHONE:0123-3068
```

```
WARNING:OZ REQUIRES TICKET ON OR BEFORE 14JUN:1800/S3
*TRN*

>ER

--- RLR ---
RP/SELK1394Z/SELK1394Z          AA/SU  31MAY20/0841Z   M9GBLN
0123-3068
  1.HAN/AAMR   2.JUNG/BBMS
  3  OZ 541 Y 01SEP 2 ICNFRA HK2  1200 1630  01SEP  E  OZ/M9GBLN
  4 AP SEL 1566-0014 - TOPAS TRAINING UNIVERSITY - A
  5 AP 010-123-3000/P1
  6 TK OK31MAY/SELK1394Z
  7 OPW SELK1394Z-12JUN:1800/1C7/OZ REQUIRES TICKET ON OR BEFORE
       14JUN:1800/S3
  8 OPC SELK1394Z-14JUN:1800/1C8/OZ CANCELLATION DUE TO NO
       TICKET/S3
```

☞ 상기 조회는 ET를 하고 다시 PNR을 조회한 결과와 같은 것으로 Name Element 위
   에 Booking Office 및 날짜 그리고 PNR Address가 나타난다.

3) 사용 가능한 예약 번호 List 확인

(1) 예약 번호를 변경하고자 하는 경우

```
RSVN/2222-4444
```

☞ RSVN/ 변경하고자 하는 예약번호

```
RESERVATION NUMBER IS CHANGED TO 2222-4444
```

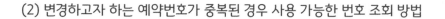

(2) 변경하고자 하는 예약번호가 중복된 경우 사용 가능한 번호 조회 방법

● 일반적인 Standard List 조회

> LRN/00000002

☞ 해당 번호 기준으로 사용 가능한 List 10개 조회시

● 대체가능 한 Alternative List 조회

> LRN/00000002/A

☞ 해당 번호 기준으로 사용 가능한 List 10개 조회 시

● 예약 번호 선택

> RN/2

☞ 해당 Line 번호 선택

● 발권 이후에는 예약번호 변경 불가하며, 예약 변경 지시어 입력시 Error 메시지 표출

> RSVN/1234-5678

> Warning : RESERVATION NUMBER MODIFICATION NOT ALLOWED AFTER TICKETING

2 PNR 판독

```
>ER

--- RLR ---
RP/SELK1394Z/SELK1394Z            AA/SU   31MAY20/0852Z   M9IGG5
0111-2208
  1.KIM/TOPASMR
  2  KE 659 M 30SEP 3 ICNBKK HK1  1945 2350  30SEP  E  KE/M9IGG5
  3  KE 660 M 15OCT 4 BKKICN HK1  0950 1735  15OCT  E  KE/M9IGG5
  4 AP SEL 1566-0014 - TOPAS TRAINING UNIVERSITY - A
  5 AP 010-111-2222
  6 TK OK31MAY/SELK1394Z
  7 OPW SELK1394Z-12JUN:1900/1C7/KE REQUIRES TICKET ON OR BEFORE
      14JUN:1900/S2-3
  8 OPC SELK1394Z-14JUN:1900/1C8/KE CANCELLATION DUE TO NO
      TICKET/S2-3
```

☞ 화면에 보여주는 순서대로

--RLR(Record Locator Return)---PNR Header

PNR 생성장소(QUEUING OFFICE), AGENT SIGN/DUTY CODE, 예약 작성 날짜 및 시간

예약번호

1. NAME FIELD

2. ITINERARY FIELD

3. ITINERARY FIELD

4. FONE FIELD

5. FONE FIELD

6. TICKETING TIME LIMIT FIELD

   TKTL18JAN/1800 : TL 시간 지정

   TKTL : TL 날짜가 지나면 SEG는 유지되며 Q8번으로 보내진다.

   TKXL : TL이 지나면 SEG는 취소됨. 발권 이후는 TKOK로 변경된다.

   TKOK : 즉시 발권할 PNR인 경우 표시된다

7. KE 항공의 경우 QUEUE 선택표시를 사용하는 항공사이므로 예약 완료 후 OPW,
   OPC 항목이 보여진다. 항공사마다 사용여부는 상이하므로 예약 후 OPW, OPC 조
   회여부를 확인한다.

   OPW - OPTIONAL WARNING ELEMENTS

   OPC - OPTIONAL CANCELLATION ELEMENTS

참고

PNR 조회를 위한 Phonetic Alphabet

예약업무 수행 시 전화상의 영문자에 대한 의사소통을 보다 원활하게 하기 위해 국
제민간항공기구(ICAO: International Civil Aviation Organization)가 권장하는 음성 알파벳(Phonetic
Alphabet)을 사용한다.

LETTER	PHONETIC ALPHABET
A	ALPHA
B	BRAVO
C	CHARLIE
D	DELTA
E	ECHO

LETTER	PHONETIC ALPHABET
F	FOXTROT(혹은 FATHER)
G	GOLF
H	HOTEL
I	INDIA
J	JULIET
K	KILO
L	LIMA
M	MICHLE
N	NOVEMBER
O	OSCAR
P	PAPA
Q	QUEBEK(혹은 QUEEN)
R	ROMEO
S	SIERA(혹은 SMILE)
T	TANGO
U	UNIFORM
V	VICTOR(혹은 VICTORY)
W	WHISKY
X	X-RAY
Y	YANKEE
Z	ZULU

3 PNR 조회

완성된 예약기록은 Main Computer에 보관되어 있다가 여정의 변경, 취소 또는 예약
재확인 등 다양한 이유로 찾아보게 된다.

1) 조회 지시어

(1) PNR 조회

	지시어	기능
1	RTM9IGG5 혹은 RT0111-2208	PNR 번호를 이용한 조회
2	RT/KIM/TOPAS	승객성명을 이용한 조회
3	RT/30SEP-KIM	출발일 및 승객성명을 이용한 조회
4	RTKE659/30SEP-KIM	항공사편명 및 출발일 승객성을 이용한 조회

2) PNR ADDRESS를 이용한 조회

RTM9IGG5	혹은	RT0111-2208

```
--- RLR ---
RP/SELK1394Z/SELK1394Z            AA/SU   31MAY20/0852Z   M9IGG5
0111-2208
  1.KIM/TOPASMR
  2  KE 659 M 30SEP 3 ICNBKK HK1  1945 2350  30SEP  E  KE/M9IGG5
  3  KE 660 M 15OCT 4 BKKICN HK1  0950 1735  15OCT  E  KE/M9IGG5
  4 AP SEL 1566-0014 - TOPAS TRAINING UNIVERSITY - A
  5 AP 010-111-2222
  6 TK OK31MAY/SELK1394Z
```

```
7 OPW SELK1394Z-12JUN:1900/1C7/KE REQUIRES TICKET ON OR BEFORE
   14JUN:1900/S2-3
8 OPC SELK1394Z-14JUN:1900/1C8/KE CANCELLATION DUE TO NO
   TICKET/S2-3
```

3) 승객 성을 이용 한 조회

RT/KIM	▶	RT15

```
RT/KIM
  1 KIM/A          KE 893  G    27JUL   ICNPVG  10 LA8NNY
  2 KIM/AAA MR     JL 91   T    20JUN   HNDGMP   2 R527QJ
  3 KIM/AAA MR     JL 91   T    20JUN   HNDGMP   2 RANWD3
  4 KIM/AAA MR     JL 91   T    20JUN   HNDGMP   2 RBCLX9
  5 KIM/AAA MR     JL 91   D    20JUN   HNDGMP   2 SK6EDX
  6 KIM/AAAMR      KE 5711 Y    10JUL   GMPHND   2 M3XSLM
  7 KIM/AAA MR     TG 689  Y    25JUL   ICNBKK   2 TRPT88
  8 KIM/AAAMR      KE 931  Y    23AUG   ICNFCO   1 L6D23L
  9 KIM/AAAMR      KE 931  Y    23AUG   ICNFCO   1 L6CYEX
 10 KIM/AAAMR      JL 90   Y    10JAN   GMPHND   2 LLOPJV
 11 KIM/AAAMR      OZ 1045 Y    10JAN   GMPHND   2 LLONCT
 12 KIM/AAAMR      CX 417  V    20MAR   ICNHKG   1 VYZJUL
 13 KIM/AAA MR     NO ACTIVE ITINERARY          R4Y4PL
 14 KIM/AAA MR     NO ACTIVE ITINERARY          R5PQHQ
 15 KIM/AAA MR     NO ACTIVE ITINERARY          TIDPB2
 16 KIM/AAA MR     NO ACTIVE ITINERARY          TVDO32
 17 KIM/AAA MR     NO ACTIVE ITINERARY          UXIV2J
 18 KIM/AAA MR     NO ACTIVE ITINERARY          UZ38OR
 19 KIM/AAA MR     NO ACTIVE ITINERARY          WXD68T
```

4) 승객성명의 일부만 이용한 조회

RT/KIM/TOP	▶	RT15

☞ 찾고자 하는 승객의 전체 성명을 모르는 경우 성명의 일부만 입력하면 유사 명단이
보여지므로 해당 명단에서 선택 조회한다.

```
> RT/KIM/TOP


RT/KIM/TOP
  1 KIM/TOPAS MISS    KE 923  Y    07AUG   ICNSVO  2 M2XJU6
  2 KIM/TOPAS MISS    KE 71   Y    20AUG   ICNYVR  2 M2XIT9
  3 KIM/TOPAS MISS    KE 91   B    04SEP   ICNBOS  2 LMIZ33
  4 KIM/TOPAS MISS    KE 485  K    09SEP   ICNDAD  2 LZC93S
  5 KIM/TOPAS MISS    KE 765  B    10SEP   ICNCTS  2 LMIZNK
  6 KIM/TOPAS MISS    KE 479  B    20SEP   ICNHAN  2 M358PH
  7 KIM/TOPAS MISS    KE 657  B    20SEP   ICNBKK  2 M2JAQR
  8 KIM/TOPAS MISS    KE 915  M    10OCT   ICNBCN  2 LZ964D
  9 KIM/TOPAS MISS    KE 37   B    08NOV   ICNORD  2 LZB6EL
 10 KIM/TOPAS MISS    KE 37   Y    13DEC   ICNORD  2 M2VNCX
 11 KIM/TOPAS MISS    KE 17   B    22DEC   ICNLAX  2 LW86SI
 12 KIM/TOPAS MR      KE 613  Y    01AUG   ICNHKG  3 L886J5
 13 KIM/TOPAS MR      KE 613  Y    01AUG   ICNHKG  3 M9BMAQ
 14 KIM/TOPAS MR      TG 659  Y    08AUG   ICNBKK  2 WYA6NR
 15 KIM/TOPASMR       KE 659  M    30SEP   ICNBKK  1 M9IGG5
 16 KIM/TOPAS MR      TG 659  Y    24DEC   ICNBKK  2 KULYBQ
 17 KIM/TOPAS MR      KE 5901 C    29MAR   ICNCDG  1 TDIRXR
 18 KIM/TOPAS MR      NO ACTIVE ITINERARY           MSTQUK
```

```
> RT15


--- RLR ---
RP/SELK1394Z/SELK1394Z          AA/SU   31MAY20/0852Z   M9IGG5
0111-2208
  1.KIM/TOPASMR
  2  KE 659 M 30SEP 3 ICNBKK HK1  1945 2350  30SEP  E  KE/M9IGG5
  3  KE 660 M 15OCT 4 BKKICN HK1  0950 1735  15OCT  E  KE/M9IGG5
  4 AP SEL 1566-0014 - TOPAS TRAINING UNIVERSITY - A
  5 AP 010-111-2222
  6 TK OK31MAY/SELK1394Z
  7 OPW SELK1394Z-12JUN:1900/1C7/KE REQUIRES TICKET ON OR BEFORE
       14JUN:1900/S2-3
  8 OPC SELK1394Z-14JUN:1900/1C8/KE CANCELLATION DUE TO NO
       TICKET/S2-3
```

5) 출발일 및 승객 성명을 이용한 조회

RT/01SEP-JUNG	▶	RT71

```
RT/30SEP-KIM
  63 KIM/SOOHYUNMR      KE 657  E     30SEP   ICNBKK   2 LLB54M
  64 KIM/SOO YEON MS    BA 17   Y     30SEP   LHRICN   1 UZTRQL
  65 KIM/SS MR          VN 408  Y     30SEP   SGNICN   1 WIPBNI
  66 KIM/SUA MS         KE 632  J     30SEP   CEBICN   2 LL92KE
  67 KIM/SUGEUNMR       KE 902  E     30SEP   CDGICN   1 WWZG6C
  68 KIM/TAESOON MR     KE 122  E     30SEP   SYDICN   2 JFN7KT
  69 KIM/TAESOON MR     KE 72   Y     30SEP   YVRICN   2 JZ2UZG
```

```
70 KIM/TOPAS MISS      KE 480  B      30SEP   HANICN   2 M358PH
71 KIM/TOPASMR         KE 659  M      30SEP   ICNBKK   1 M9IGG5
72 KIM/TOPAS MSTR      KE 604  B      30SEP   HKGICN   2 M2H6II
73 KIM/TOPAS MSTR      KE 622  B      30SEP   MNLICN   2 M358JS
74 KIM/UMO             KE 54   J      30SEP   HNLICN   3 JQN5LA
75 KIM/WONWOOK MR      KE 660  G      30SEP   BKKICN  41 RTZFD2
```

6) 기타지시어

지시어	기능
RT/1-JUNG	예약가능편 조회 후 1번 항공편지정 승객명으로 조회
RTKE659/30SEP-KIM	편명, 출발일 및 승객성명을 이용한 조회

9
Chapter

SPLITTING
PNR

1) 특징

- 완성된 PNR 구성원 중 일부 구성원의 여정의 추가, 취소, 변경되는 경우에 사용하는 기능이다.
- 한 개의 PNR을 두 개 이상의 PNR로 분리시키는 작업이다.

2) PNR SPLIT 순서

1단계	RT0123-3069	해당 PNR 조회
2단계	SP2 혹은 SP2,4-5	해당 승객 분리 (2번, 2,4번부터 5번)
3단계	EF (EF)	중간 저장
4단계	ER (ER)	완성
5단계	RT336W7I	Splitting PNR상의 가장 마지막 부분 *SP란에 Split된 PNR 번호를 조회할 수 있다.

- 1단계

```
--- RLR ---
RP/SELK1394Z/SELK1394Z  AA/SU  31MAY20/0927Z  M903XF
0123-3069
  1.JUNG/AAMS   2.SONG/BBMR   3.KANG/DDMR
```

```
  4  KE 657 Y 01AUG 6 ICNBKK HK3  0905 1245  01AUG  E  KE/M903XF
  5  KE 652 Y 10AUG 1 BKKICN HK3  2330 0655  11AUG  E  KE/M903XF
  6 AP SEL 1566-0014 - TOPAS TRAINING UNIVERSITY - A
  7 AP 010-123-3000/P1
  8 TK OK31MAY/SELK1394Z
  9 OPW SELK1394Z-12JUN:1900/1C7/KE REQUIRES TICKET ON OR BEFORE
       14JUN:1900/S4-5
 10 OPC SELK1394Z-14JUN:1900/1C8/KE CANCELLATION DUE TO NO
       TICKET/S4-5
```

● 2단계

```
> SP2

--- RLR ---
-ASSOCIATE PNR-
RP/SELK13923/SELK1394Z              AA/SU  31MAY20/0927Z   M903XF
  1.SONG/BBMR
  2  KE 657 Y 01AUG 6 ICNBKK HK1  0905 1245  01AUG  E  KE/M903XF
  3  KE 652 Y 10AUG 1 BKKICN HK1  2330 0655  11AUG  E  KE/M903XF
  4 AP SEL 1566-0014 - TOPAS TRAINING UNIVERSITY - A
  5 TK OK31MAY/SELK1394Z
  6 OPW SELK1394Z-12JUN:1900/1C7/KE REQUIRES TICKET ON OR BEFORE
       14JUN:1900/S2-3
  7 OPC SELK1394Z-14JUN:1900/1C8/KE CANCELLATION DUE TO NO
       TICKET/S2-3
 * SP 31MAY/AASU/SELK1394Z-M903XF
```

● 3단계

```
> EF


WARNING: KE REQUIRES TICKET ON OR BEFORE 14JUN:1900/S2-3
*TRN*


> EF


--- RLR ---
-PARENT PNR-
RP/SELK1394Z/SELK1394Z              AA/SU  31MAY20/0927Z   M903XF
0123-3069
  1.JUNG/AAMS           2.KANG/DDMR
  3  KE 657 Y 01AUG 6 ICNBKK HK2  0905 1245  01AUG  E  KE/M903XF
  4  KE 652 Y 10AUG 1 BKKICN HK2  2330 0655  11AUG  E  KE/M903XF
  5 AP SEL 1566-0014 - TOPAS TRAINING UNIVERSITY - A
  6 APM 010-123-3000/P1
  7 TK OK31MAY/SELK1394Z
  8 OPW SELK1394Z-12JUN:1900/1C7/KE REQUIRES TICKET ON OR BEFORE
        14JUN:1900/S3-4
  9 OPC SELK1394Z-14JUN:1900/1C8/KE CANCELLATION DUE TO NO
        TICKET/S3-4
 * SP 31MAY/AASU/SELK1394Z-M90AKH
```

☞ 위와 같은 경고 메시지가 뜨는 항공사일 경우 한 번 더 EF을 하여야 한다.

● 4단계

> ER

WARNING: KE REQUIRES TICKET ON OR BEFORE 14JUN:1900/S3-4
TRN

> ER

--- AXR RLR ---
RP/SELK1394Z/SELK1394Z   AA/SU 31MAY20/0934Z   M903XF
0123-3069
  1.JUNG/AAMS   2.KANG/DDMR
  3 KE 657 Y 01AUG 6 ICNBKK HK2 0905 1245 01AUG E KE/M903XF
  4 KE 652 Y 10AUG 1 BKKICN HK2 2330 0655 11AUG E KE/M903XF
  5 AP SEL 1566-0014 - TOPAS TRAINING UNIVERSITY - A
  6 APM 010-123-3000/P1
  7 TK OK31MAY/SELK1394Z
  8 OPW SELK1394Z-12JUN:1900/1C7/KE REQUIRES TICKET ON OR BEFORE
       14JUN:1900/S3-4
  9 OPC SELK1394Z-14JUN:1900/1C8/KE CANCELLATION DUE TO NO
       TICKET/S3-4
 * SP 31MAY/AASU/SELK1394Z-M90AKH

☞ 위와 같은 경고 메시지가 뜨는 항공사일 경우 한번 더 ER을 하여야 한다. 또한 Split
   되어진 PNR번호는 아래의 SP에 있는 "M9OAKH"임을 확인할 수 있다.

● 5단계 : 분리된 ORIGIN PNR 조회 지시어

```
RTM9OAKH
```

☞ 분리된 PNR 양쪽 모두 HEAD에 -AXR-로 표시되며 마지막 줄에 'SP'로 표시되어
  Split된 PNR임을 나타내며 마지막 6자리의 PNR 번호를 확인할 수 있다.

● 6단계 : 해당 승객 PNR 조회

```
> RT9OAKH


--- AXR RLR ---
RP/SELK1394Z/SELK1394Z              AA/SU  31MAY20/0934Z   M9OAKH
7680-5575
  1.SONG/BBMR
  2  KE 657 Y 01AUG 6 ICNBKK HK1  0905 1245  01AUG  E  KE/M9OAKH
  3  KE 652 Y 10AUG 1 BKKICN HK1  2330 0655  11AUG  E  KE/M9OAKH
  4 AP SEL 1566-0014 - TOPAS TRAINING UNIVERSITY - A
  5 TK OK31MAY/SELK1394Z
  6 OPW SELK1394Z-12JUN:1900/1C7/KE REQUIRES TICKET ON OR BEFORE
       14JUN:1900/S2-3
  7 OPC SELK1394Z-14JUN:1900/1C8/KE CANCELLATION DUE TO NO
       TICKET/S2-3
  * SP 31MAY/AASU/SELK1394Z-M903XF
```


3) PNR상에 2,4,5번 승객 분리

```
SP2,4-5
```

```
> RT3075-5851


--- RLR ---
RP/SELK1394Z/SELK1394Z          AA/SU  31MAY20/1027Z   M9YM4D
3121-1234
1.HONG/AAMR   2.YOON/BBMR  3.PARK/CCMS   4.KIM/DDMR
5.SONG/EEMR
6  KE 723 Y 30SEP 3 ICNKIX HK5  0935 1120  30SEP  E  KE/M9YM4D
7 AP SEL 1566-0014 - TOPAS TRAINING UNIVERSITY - A
8 APM 010-3121-1234/P2
9 TK OK31MAY/SELK1394Z
10 OPW SELK1394Z-12JUN:1900/1C7/KE REQUIRES TICKET ON OR BEFORE
      14JUN:1900/S6
11 OPC SELK1394Z-14JUN:1900/1C8/KE CANCELLATION DUE TO NO
      14JUN:1900/S6

> SP2,4-5

--- RLR ---
-ASSOCIATE PNR-
RP/SELK1394Z/SELK1394Z          AA/SU  31MAY20/1027Z   XXXXXX
1.YOON/BBMR   2.KIM/DDMR   3.SONG/EEMR
4  KE 723 Y 30SEP 3 ICNKIX HK3  0935 1120  30SEP  E  KE/M9YM4D
5 AP SEL 1566-0014 - TOPAS TRAINING UNIVERSITY - A
6 APM 010-3121-1234/P1
7 TK OK31MAY/SELK1394Z
8 OPW SELK1394Z-10APR:1800/1C7/KE REQUIRES TICKET ON OR BEFORE
      14JUN:1900/S4
```

9 OPC SELK1394Z-11APR:1800/1C8/KE CANCELLATION DUE TO NO
    14JUN:1900/S4
* SP 31MAY/AASU/SELK1394Z-M9YM4D
TRN

> EF

WARNING: KE REQUIRES TICKET ON OR BEFORE 14JUN:1900/S4
TRN

> EF

--- RLR ---
-PARENT PNR-
RP/SELK1394Z/SELK1394Z   AA/SU 31MAY20/1027Z   M9YM4D
3121-1234
1.HONG/AAMR   2.PARK/CCMS
3 KE 723 Y 30SEP 3 ICNKIX HK2 0935 1120 30SEP E KE/M9YM4D
4 AP SEL 1566-0014 - TOPAS TRAINING UNIVERSITY - A
5 TK OK31MAY/SELK1394Z
6 OPW SELK1394Z-12JUN:1900/1C7/KE REQUIRES TICKET ON OR BEFORE
    14JUN:1900/S3
7 OPC SELK1394Z-14JUN:1900/1C8/KE CANCELLATION DUE TO NO
    14JUN:1900/S3
* SP 31MAY/AASU/SELK1394Z-M9Y8R8

> ER

WARNING: KE REQUIRES TICKET ON OR BEFORE 14JUN:1900/S4

```
*TRN*

> ER

--- RLR ---
-PARENT PNR-
RP/SELK1394Z/SELK1394Z              AA/SU  31MAY20/1027Z    M9YM4D
3121-1234
1.HONG/AAMR   2.PARK/CCMS
3  KE 723 Y 30SEP 3 ICNKIX HK2  0935 1120  30SEP  E  KE/M9YM4D
4 AP SEL 1566-0014 - TOPAS TRAINING UNIVERSITY - A
5 TK OK31MAY/SELK1394Z
6 OPW SELK1394Z-12JUN:1900/1C7/KE REQUIRES TICKET ON OR BEFORE
      14JUN:1900/S3
7 OPC SELK1394Z-14JUN:1900/1C8/KE CANCELLATION DUE TO NO
      14JUN:1900/S3
* SP 31MAY/AASU/SELK1394Z-M9Y8R8
```

4) GROUP PNR 상에 이름 미입력 승객 중 2명과 입력 2,3번 승객 분리

```
SP0.2,2-3
```

```
>RT7972-0184

RP/SELK13UA3/SELK13UA3          AA/SU  25FEB13/0643Z    6VJUTS
7972-0184
0. 12ASIA TOUR  NM: 3 ( NO NAME 12명,실제 승객 명 3명 입력됨)
  4  KE 651 G 15SEP 7 ICNBKK HN15        1740 2110   *1A/E*
```

```
5  KE 652 G 30SEP 1 BKKICN HN15        2240 0600+1 *1A/E*
6 AP 02-751-7741 TOPAS TOUR
7 AP M010-3141-5324 KIM/GUIDE MR
8 TK TL25FEB/SELK13UA3
9 SSR GRPF KE YGV15 ICNBKKICN KRW500000
```

RTN (입력된 실제 승객 명단 확인)

```
RP/SELK13UA3/SELK13UA3        AA/SU  25FEB13/0643Z  6VJUTS
7972-0184
0. 12ASIA TOUR NM: 3
BKD:15           CNL: 0              SPL: 0
1.HONG/GILDONGMR  2.YOON/MINSOOMR  3.PARK/MINJIMS
```

> SP0.2,2-3 (NO NAME 2명과 2,3번 승객 분리)

```
--- RLR ---
-ASSOCIATE PNR-
RP/SELK13UA3/SELK13UA3        AA/SU  25FEB13/0643Z   XXXXXX
0. 2ASIA TOUR  NM: 2
3  KE 651 G 15SEP 7 ICNBKK HN4        1740 2110   *1A/E*
4  KE 652 G 30SEP 1 BKKICN HN4        2240 0600+1 *1A/E*
5 AP 02-751-7741 TOPAS TOUR
6 AP M010-3141-5324 KIM/GUIDE MR
7 TK TL25FEB/SELK13UA3
8 SSR GRPF KE YGV15 ICNBKKICN KRW500000
9 SSR GRPS YY TCP 15 ASIA TOUR
* SP 25FEB/AASU/SELK13UA3-6VJUTS
```

```
> RTN ( 분리된 승객 명단 확인 )
RP/SELK13UA3/SELK13UA3          AA/SU  25FEB13/0643Z   XXXXXX
0.  2ASIA TOUR  NM: 2
BKD: 4            CNL: 0                 SPL: 0
1.YOON/MINSOOMR   2.PARK/MINJIMS
```

5) SPLIT PNR 시의 주의사항

① 화면에 Display되어 작업진행 중인 PNR은 그 작업을 종료하거나 IG(취소)한 후 다
시 PNR을 RT(조회)하여 Split 작업을 시작해야 한다.

② 완성되지 않은 PNR은 Split할 수 없다.

③ Split란 하나의 PNR을 두 개로 나누는 작업이며, 완성되지 않은 상태에서 승객의
여정이 각기 다르다면 두 개의 PNR을 별도로 작성하면 된다.

④ 승객이 연결되어 있는 전화번호나, 기타 항목은 PNR 분리시 각기 해당 승객이 있
는 PNR에만 남는다.

⑤ Split 시 Original PNR을 ER(종료) 하지 전까지는 PNR의 작업이 종료되지 않은 상
태이므로 도중에 IG(취소)하면 Split 작업 전의 PNR로 환원된다.

⑥ 호텔, 렌트카 Seg가 있는 경우는 호텔 Seg를 먼저 취소하고 ET(저장 후 종료)를 진행
한 후 PNR을 RT(조회)하여 Split 작업을 수행한다.

⑦ KE 이외의 항공사가 있는 PNR을 Split하는 경우에는 각 항공사에 처리내용 반영
여부를 유선상으로 확인하는 것이 좋다.

01 다음의 조건으로 승객의 PNR 을 작성하고, KIM/HANKUK 승객의 복편 예약을 4월
25일로 변경, SPLIT PNR 번호를 쓰시오.

> 승객 (3명) : KIM/HANKUK(남) , PARK/CHANSOOK(여),
>
> KIM/JUNGJIK(남아,2009년1월1일생)
>
> 여정   : 서울-홍콩 , Y Class, KE
>
> 홍콩-서울 , Y Class, KE
>
> 금월기준 2~3개월내 날짜 임의지정
>
> 전화번호 : 소속여행사 전화번호
>
> 1번 승객의 핸드폰 번호 010-222-3333

02 위의 1번 PNR 작성을 순서대로 수기로 써봅니다.

2 NON HOMOGENEOUS PNR(NHP)

- PNR 작성 시 특정 구간에 대해 예약된 전체 승객이 아닌, 일부 승객만 이용하는 경우 사용할 수 있는 기능이다.
- 여정 중 일부 구간에 대해 승객의 숫자와 여정의 좌석 수가 불일치한 상태로 PNR을 작업하는 기능이다.
- PNR 완성 후에는 SPLIT의 경우와 마찬가지로 해당 승객의 PNR이 별도로 분리되어 저장된다.
- PNR HEADER에 ***NHP***라는 TAG와 AXR(Associated Cross–Reference Record) 정보가 생성된다.

▶▷ 사례

> 승객명 : HONG/GILDONGMR, HONG/GILSOONMS
>
> 연락처 : 010-4321-1234
>
> 여정　 : 9/30 SEL-BKK KE651, Y class
>
> 　　　　10/05 BKK-SEL KE660, Y class (HONG/KILSOONMR 승객만 예약)

	지시어	내용
1	NM1HONG/GILDONGMR NM1HONG/GILSOONMS	성명 입력
2	AN30SEPSELBKK/AKE SS2Y1 ACR05OCT SS1Y1	여정 입력
3	4/P2	4번항목/승객번호 2연결

	지시어	내용
4	AP010-4321-1234-M	전화번호 입력
5	ER → ER	저장 후 재 조회(반복)
6	RT2	2번 승객 PNR보기
7	RTAXR	연결 PNR 목록보기
8	RT1	1번 승객 PNR 보기

1) 1단계~2단계

```
> SS1Y1

              *** NHP ***
RP/SELK1394Z/
  1.HONG/GILDONGMR    2.HONG/GILSOONMS
  3  KE 657 Y 30SEP 3 ICNBKK DK2  0905 1245  30SEP E  0  77W  M
     SEE RTSVC
  4  KE 660 Y 05OCT 1 BKKICN DK1  0950 1735  05OCT E  0  333  L
     SEE RTSVC
```

☞ 위와 같이 여정 중 일부 구간에 대해 승객의 숫자와 여정의 좌석 수가 불일치한 상태
로 PNR을 작업해야하는 경우 다음과 같은 과정으로 일치 작업을 수행할 수 있다.

2) 3단계

```
> 4/P2

              *** NHP ***
RP/SELK1394Z/
RF
```

```
1.HONG/GILDONGMR   2.HONG/GILSOONMS
3  KE 657 Y 30SEP 3 ICNBKK DK2  0905 1245  30SEP E  0  77W M
     SEE RTSVC
4  KE 660 Y 05OCT 1 BKKICN DK1  0950 1735  05OCT E  0  333  L
     /P2
     SEE RTSVC
5 AP SEL 1566-0014 - TOPAS TRAINING UNIVERSITY - A
6 APM 010-123-3000/P1
```

3) 4단계

```
> APM-010-222-3333/P2


                *** NHP ***
RP/SELK1394Z/
RF
  1.HONG/GILDONGMR   2.HONG/GILSOONMS
  3  KE 657 Y 30SEP 3 ICNBKK DK2  0905 1245  30SEP E  0  77W M
       SEE RTSVC
  4  KE 660 Y 05OCT 1 BKKICN DK1  0950 1735  05OCT E  0  333  L
       /P2
       SEE RTSVC
  5 AP SEL 1566-0014 - TOPAS TRAINING UNIVERSITY - A
  6 APM 010-123-3000/P1
  7 APM 010-222-3333/P2
```

4) 5단계

```
> ER

WARNING: KE REQUIRES TICKET ON OR BEFORE 14JUN:1900/S3-4
*TRN*

> ER
 AXR FOR PNR:                              ***NHP***  31MAY 1959
  1.HONG/GILDONG- 1    MA4EXW
  2.HONG/GILSOON- 1    MA4LDF
```

5) 6단계

```
> RT2


--- AXR RLR ---
RP/SELK1394Z/SELK1394Z           AA/SU   31MAY20/1059Z   MA4LDF
1654-9010
  1.HONG/GILSOONMS
  2  KE 657 Y 30SEP 3 ICNBKK HK1  0905 1245  30SEP  E  KE/MA4LDF

  3  KE 660 Y 05OCT 1 BKKICN HK1  0950 1735  05OCT  E  KE/MA4LDF
  4 AP SEL 1566-0014 - TOPAS TRAINING UNIVERSITY - A
  5 APM 010-222-3333
  6 OPW SELK1394Z-12JUN:1900/1C7/KE REQUIRES TICKET ON OR BEFORE
      14JUN:1900/S2-3
  7 OPC SELK1394Z-14JUN:1900/1C8/KE CANCELLATION DUE TO NO
      14JUN:1900/S2-3
 * SP 31MAY/AASU/SELK1394Z-NHP PROC
*TRN*
```

☞ AXR(Associated Cross-Reference Record) 정보가 표시되었으며, PNR이 각각 분리 되어 생성 되었다.

☞ SEL/BKK/SEL로 여정이 생성 되었으며, [* SP 05FEB/AAGS/SELK13UA3-NHP PROC] 내용이 하단에 저장된다.

* SP   : PNR이 분리(Split)되었음 / 31MAY : 분리 일자

AASU   : AA − Agent Sign,   GS − Duty Code

SELK1394Z : 작업한 Office ID

NHP PROC : NHP 작업에 따라 PNR이 분리 되었음을 표시함.

6) 7단계

```
> RTAXR


 AXR FOR PNR:                            MA4LDF     31MAY 2003
  1.HONG/GILDONG- 1    MA4EXW
  2.HONG/GILSOON- 1       *
```

☞ Cross-Reference PNR 목록이 표시되었다.

7) 8단계

```
> RT1


--- AXR RLR ---
RP/SELK1394Z/SELK1394Z            AA/SU   31MAY20/1059Z   MA4EXW
1654-9010
  1.HONG/GILDONGMR
 2  KE 657 Y 30SEP 3 ICNBKK HK1  0905 1245  30SEP  E  KE/MA4EXW
```

```
3 AP SEL 1566-0014 - TOPAS TRAINING UNIVERSITY - A
4 APM 010-123-3000
5 TK OK31MAY/SELK1394Z
6 OPW SELK1394Z-12JUN:1900/1C7/KE REQUIRES TICKET ON OR BEFORE
     14JUN:1900/S2
7 OPC SELK1394Z-14JUN:1900/1C8/KE CANCELLATION DUE TO NO
     14JUN:1900/S2
* SP 31MAY/AASU/SELK1394Z-NHP PROC
```

 COPYING PNR

기 작성된 PNR DATA를 전체 또는 부분적으로 COPY하여 NEW PNR 작성 시 활용하는 기능이다.

	지시어	내용
1	RT0123-3069	해당 PNR 조회
2	RRI	여정만 복사 시
3	RRN	여정 및 승객 정보 복사 시
4	RRP	승객 정보만 복사 시
5	RRA	여정 및 승객 정보와 ORIGINAL PNR과 NEW PNR간의 AXR Record 생성

```
--- AXR RLR ---
RP/SELK1394Z/SELK1394Z          AA/SU   31MAY20/0934Z   M903XF
0123-3069
  1.JUNG/AAMS    2.KANG/DDMR
```

```
3  KE 657 Y 01AUG 6 ICNBKK HK2  0905 1245  01AUG  E  KE/M903XF
4  KE 652 Y 10AUG 1 ICNBKK HK2  2330 0655  11AUG  E  KE/M903XF
5 AP SEL 1566-0014 - TOPAS TRAINING UNIVERSITY - A
6 APM 010-123-3000/P1
7 TK OK31MAY/SELK1394Z
8 OPW SELK1394Z-12JUN:1900/1C7/KE REQUIRES TICKET ON OR BEFORE
     14JUN:1900/S3-4
9 OPC SELK1394Z-14JUN:1900/1C8/KE CANCELLATION DUE TO NO
     14JUN:1900/S3-4
* SP 31MAY/AASU/SELK1394Z-M9OAKH
```

1) 여정만 복사시

```
RRI
```

```
> RRI
-IGNORED M903XF-

RP/SELK1394Z/
 1  KE 657 Y 01AUG 6 ICNBKK DK2  0905 1245  01AUG  E  0  77W  M
 2  KE 652 Y 10AUG 1 ICNBKK DK2  2330 0655  11AUG  E  0  773  B
```

2) 여정 및 승객 정보 복사 시

```
RRA
```

```
> RRA
-IGNORED M903XF-
```

```
RP/SELK1394Z/
  1  KE 657 Y 01AUG 6 ICNBKK DK2  0905 1245  01AUG E  O  77W  M
     SEE RTSVC
  2  KE 652 Y 10AUG 1 ICNBKK DK2  2330 0655  11AUG E  O  773  B
     SEE RTSVC
  3 SEL 1566-0014 - TOPAS TRAINING UNIVERSITY - A
*RR 31MAY/AASU/SELK1394Z-M903XF
```

3) 승객 정보만 복사시

```
RRP
```

```
> RRP
-IGNORED M903XF-

RP/SELK1394Z/
  1.JUNG/AAMS      2.KANG/DDMR
  3 AP SEL 1566-0014 - TOPAS TRAINING UNIVERSITY - A
  4 APM 010-123-3000/P1
*TRN*
```

10 Chapter

GROUP BOOKING

1 단체의 정의

1) 단체구성의 조건

- 성인 10명 이상의 승객이 두 구간(왕복) 이상을 동일구간 동일날짜에 함께 여행하는 경우
- 소아 2명을 성인 1명으로 간주한다.
- 하나의 PNR에 99명까지 예약할 수 있다.

2) 단체의 형태

- 실제 승객이 없는 상태에서 좌석 선 확보 후 모객하는 형태
- 승객이 모객 된 상태에서 좌석을 확보하는 형태

3) 단체예약의 특성

- 일반 TOPAS SELL CONNECT 에서는 대한항공만이 가능하며, 그 외 항공사의 단체예약은 각 항공사로 직접 요청하여야 한다.

  SEL-KE-PAR-KE-SEL : 가능

  SEL-KE-PAR-AF-LON-KE-SEL : 가능

  SEL-AF-PAR-AF-LON-BA-PAR-AF-SEL : 항공사 AF로

  　　　　　　　　　　　　　　　　　　　　 직접요청

- 단체예약은 PNR 작성한 뒤 항공사로 PNR을 QUEUE를 통해 전송하여 일단 PNR 요청한 뒤, 차후 항공사로부터 좌석확약의 여부를 전송 받아야 한다.

단체 PNR 작성 순서

1단계	NG15ASIA TOUR	NG/인원수/단체명
2단계	AN01OCTSELBKK/AKE	Availability 조회
	SS15G1/SG	SS인원수/booking class/line number
	AN206OCTBKKSEL/AKE	
	SS15G1/SG	
3단계	SR GRPF KE-GV10	Group Fare입력
4단계	AP	여행사 전화번호 입력
	APM-010-111-2222 KIM GUIDE	핸드폰 번호입력
5단계	ER	저장 후 조회

```
RP/SELK1394Z/
0. 15ASIA TOUR  NM: 0
  1  KE 657 G 01OCT 4 ICNBKK HN15 0905 1245  01OCT  E  0 77W M
     SEE RTSVC
  2  KE 658 G 06OCT 2 BKKICN HN15 2240 0610  07OCT  E  0 77W D
     SEE RTSVC
  3 AP SEL 1566-0014 - TOPAS TRAINING UNIVERSITY - A
  4 APM 010-111-2222 KIM GUIDE
  5 SSR GRPF KE GV10
*TRN*
```

ER 저장

▼

```
> ER

RESERVATION NUMBER BASED ON PHONE: 0111-2209
*TRN*

>ER

--- RLR ---
RP/SELK1394Z/SELK1394Z              AA/SU  31MAY20/1344Z    MAWBKP
0111-2209
0. 15ASIA TOUR  NM: 0
  1  KE 657 G 01OCT 4 ICNBKK HN15 0905 1245  01OCT  E  KE/MAWBKP
  2  KE 658 G 06OCT 2 BKKICN HN15 2240 0610  07OCT  E  KE/MAWBKP
  3 AP SEL 1566-0014 - TOPAS TRAINING UNIVERSITY - A
  4 APM 010-111-2222 KIM GUIDE
  5 TK OK31MAY/SELK1394Z
  6 SSR GRPF KE GV10
```

☞ 1차 ER을 하면 생성될 PNR 번호를 먼저 보여주고 2차 ER(저장 및 확약)을 하면 PNR 번호가 확정되면서 완성된 PNR이 화면에 Display된다.

 승객 명단 입력

1단계	RT0111-2209	해당 PNR 조회
2단계	NM1KIM/AAMR	성명입력

3단계	RTN	입력된 이름만 확인시
	RTW	입력된 이름과 함께 PNR전체 확인시
4단계	ER	저장

> NM1KIM/AAMR

--- RLR ---

RP/SELK1394Z/SELK1394Z   AA/SU 31MAY20/1344Z   MAWBKP

0111-2209

0. 14ASIA TOUR **NM: 1**

  2 KE 657 G 01OCT 4 ICNBKK HN15 0905 1245 01OCT E KE/MAWBKP

  3 KE 658 G 06OCT 2 BKKICN HN15 2240 0610 07OCT E KE/MAWBKP

  4 AP SEL 1566-0014 - TOPAS TRAINING UNIVERSITY - A

  5 APM 010-111-2222 KIM GUIDE

  6 TK OK31MAY/SELK1394Z

  7 SSR GRPF KE GV10

>NM1KIM/AAMR

RTN 확인

> RTN

RP/SELK1394Z/SELK1394Z   AA/SU 31MAY20/1344Z   MAWBKP

0111-2209

0. 14ASIA TOUR NM: 1

BKD:15   CNL: 0   SPL: 0

  1.**KIM/AAMR**

TRN

☞ 실제 이름 입력 후 반드시 ER하여 저장한다.

RTW (PNR + 입력이름 확인)

```
> RTW

RP/SELK1394Z/SELK1394Z          AA/SU  1JUN20/0259Z    MAWBKP
0111-2209
0. 12ASIA TOUR  NM: 3
BKD:15          CNL: 0              SPL: 0
 1.KIM/AAMR   2.LEE/BBMS     3.KIM/CCMS
 4  KE 657 G 01OCT 4 ICNBKK HN15 0905 1245  01OCT  E  KE/MAWBKP
 5  KE 658 G 06OCT 2 BKKICN HN15 2240 0610  07OCT  E  KE/MAWBKP
 6 AP SEL 1566-0014 - TOPAS TRAINING UNIVERSITY - A
 7 APM 010-111-2222 KIM GUIDE
 8 TK OK31MAY/SELK1394Z
 9 SSR GRPF KE GV10
```

 4 입력이름 변경

● 입력된 이름의 변경

NU3KIM/CCMS	3번 승객 이름 변경

| > NU3KIM/DDMS |
| --- RLR --- |

```
RP/SELK1394Z/SELK1394Z          AA/SU  1JUN20/0259Z    MAWBKP
0111-2209
0. 12ASIA TOUR  NM: 3
BKD:15           CNL: 0              SPL: 0
 1.KIM/AAMR   2.LEE/BBMS     3.KIM/DDMS
 4  KE 657 G 01OCT 4 ICNBKK HN15 0905 1245  01OCT  E  KE/MAWBKP
 5  KE 658 G 06OCT 2 BKKICN HN15 2240 0610  07OCT  E  KE/MAWBKP
 6 AP SEL 1566-0014 - TOPAS TRAINING UNIVERSITY - A
 7 APM 010-111-2222 KIM GUIDE
 8 TK OK31MAY/SELK1394Z
 9 SSR GRPF KE GV10
*TRN*
```

☞ 입력된 실제 승객 3명 중 3번 승객의 이름이 변경된 것을 알 수 있다. GROUP PNR
   일 경우 한정된 범위내에서 이름 변경이 가능하다.

5 GROUP 인원수 감원

● 단체 인원수에 즉, 이름이 입력되어있지 않은 NO NAME에서 감원

XE0.2	취소지시어/no name field/구분자/감원하고자하는 인원수

```
> XE0.2

--- RLR ---
RP/SELK1394Z/SELK1394Z          AA/SU  1JUN20/0306Z    MAWBKP
```

```
0111-2209

0. 10ASIA TOUR  NM: 3

  4  KE 657 G 01OCT 4 ICNBKK HN13 0905 1245  01OCT  E  KE/MAWBKP

  5  KE 658 G 06OCT 2 BKKICN HN13 2240 0610  07OCT  E  KE/MAWBKP

  6 AP SEL 1566-0014 - TOPAS TRAINING UNIVERSITY - A

  7 APM 010-111-2222 KIM GUIDE

  8 TK OK31MAY/SELK1394Z

  9 SSR GRPF KE GV10

*TRN*
```

☞ 이름이 입력되지 않은 총 인원 중 2명이 감소되어 10명으로 감소되었다.

6 NO NAME 및 이름입력 승객 감원(GROUP SPLIT)

1단계	RT0111-2209	해당 PNR 조회
2단계	SP0.2,1	no name 0번 승객 2명과 이름 입력승객 1명 분리
3단계	EF	중간저장
4단계	ER	저장

```
--- RLR ---

RP/SELK1394Z/SELK1394Z              AA/SU  1JUN20/0308Z    MAWBKP

0111-2209

0. 10ASIA TOUR  NM: 3

  4  KE 657 G 01OCT 4 ICNBKK HN13 0905 1245  01OCT  E  KE/MAWBKP

  5  KE 658 G 06OCT 2 BKKICN HN13 2240 0610  07OCT  E  KE/MAWBKP
```

```
6 AP SEL 1566-0014 - TOPAS TRAINING UNIVERSITY - A
7 AP 010-111-2222 KIM GUIDE-M
8 TK OK31MAY/SELK1394Z
9 SSR GRPF KE GV10
*TRN*


> SPO.2,1


--- RLR ---
-ASSOCIATE PNR-
RP/SELK1394Z/SELK1394Z              AA/SU  1JUN20/0308Z   MAWBKP
0. 2ASIA TOUR  NM: 1
  2  KE 657 G 01OCT 4 ICNBKK HN3 0905 1245  01OCT  E  KE/MAWBKP
  3  KE 658 G 06OCT 2 BKKICN HN3 2240 0610  07OCT  E  KE/MAWBKP
  4 AP SEL 1566-0014 - TOPAS TRAINING UNIVERSITY - A
  5 APM 010-111-2222 KIM GUIDE
  6 TK OK31MAY/SELK1394Z
  7 SSR GRPF KE GV10
  8 SSR GRPS YY TCP 13 ASIA TOUR
  *SP 01JUN/AASU/SELK1394Z-MAWBKP


> EF


---AXR  RLR ---
RP/SELK1394Z/SELK1394Z              AA/SU  1JUN20/0311Z   MAWBKP
0. 8ASIA TOUR  NM: 2
  3  KE 657 G 01OCT 4 ICNBKK HN10 0905 1245  01OCT  E  KE/MAWBKP
  4  KE 658 G 06OCT 2 BKKICN HN10 2240 0610  07OCT  E  KE/MAWBKP
  5 AP SEL 1566-0014 - TOPAS TRAINING UNIVERSITY - A
```

```
   6 APM 010-111-2222 KIM GUIDE
   7 TK OK31MAY/SELK1394Z
   8 SSR GRPF KE GV10
   9 SSR GRPS YY TCP 13 ASIA TOUR
   *SP 01JUN/AASU/SELK1394Z-MENLFE
 *TRN*


 > ER


 ---AXR  RLR ---
 RP/SELK1394Z/SELK1394Z              AA/SU  1JUN20/0311Z   MAWBKP
 0. 8ASIA TOUR  NM: 2
   3  KE 657 G 01OCT 4 ICNBKK HN10 0905 1245  01OCT  E  KE/MAWBKP
   4  KE 658 G 06OCT 2 BKKICN HN10 2240 0610  07OCT  E  KE/MAWBKP
   5 AP SEL 1566-0014 - TOPAS TRAINING UNIVERSITY - A
   6 APM 010-111-2222 KIM GUIDE
   7 TK OK31MAY/SELK1394Z
   8 SSR GRPF KE GV10
   9 SSR GRPS YY TCP 13 ASIA TOUR
   *SP 01JUN/AASU/SELK1394Z-MENLFE
```

01 다음 조건에 따라 GROUP PNR을 완성하여 PNR 번호를 쓰시오. (총인원 중 본인 이름을 포함해서 3명의 이름을 임의로 입력)

> BOOKING CLASS 준수
>
> 총원　　　: 15명
> 단체명　　: TOPASTEST
> 여정　　　: 5월 19일 서울-시드니 KE
> 　　　　　　5월 27일 시드니-서울 KE
> 전화번호 : 소속여행사
> 　　　　　　010-222-3333 GUIDE 전화번호

11
Chapter

BOOKING
CLASS의 이해

 1 BOOKING CLASS 특징

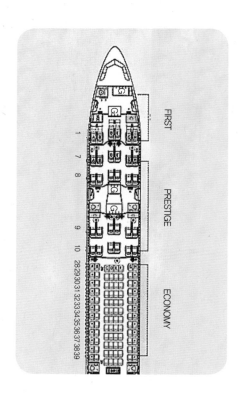

1) IATA(International Air Transport Association) CABIN CLASS 종류

- FIRST CLASS(일등석)
- BUSINESS/PRESTIGE CLASS(우등석)
- ECONOMY CLASS(보통석)

2) BOOKING CLASS

- 항공사의 Booking Class는 항공운임의 종류에 따라 다르게 적용된다.

- 항공사의 입장에서 성수기와 비수기의 수요를 차별화함으로써 수입을 증대시킬 수 있다.
- 고객의 입장에서는 다양한 종류의 항공운임 선택을 통해 저렴한 운임을 선택할 수 있다.
- 대부분의 운임은 도중체류 횟수, 여정기한, Transfer 횟수 등에 따라 운임의 종류가 결정되고, 각각의 운임은 해당 Booking Class가 따로 정해져 있다.
- 같은 운송 Class라도 승객의 여정조건에 따라 예약자는 항공 예약 시에 승객의 여정 조건에 따라 예약자는 항공 예약 시에 승객의 여정 조건을 살펴 그에 알맞은 가장 저렴한 운임의 해당 Booking Class로 예약해야 한다.

2 BOOKING CLASS 개요 및 확인 절차

1) 배경

- 항공사의 효율적인 예약 좌석 통제와 수입을 극대화하기 위한 전산 Data 시스템 구축
- 지역별 Yield Management System을 위한 Code화 및 수입 Data 확인 필요
- 운임별(Fare Basis) 코드 및 수입 Data 확인 필요
- 특히 Economy Class에 대한 Booking Class가 발달되어 있다.

2) 종류

- IATA CABIN CLASS : FIST, BUSINESS, ECONOMY (F, C, Y)
- AIRLINE BOOKING CLASS : R. P. F. J. C. Y. W. K. M. B. Q. T. Z. G. R. E. V. X등등 (알파벳 26개중 현재 약 22개 사용 중)

3) FARE(운임)

- IATA NORMAL FARE

  : 여행개시일로부터 1년, 도중체류 및 기타 제한 없음

- AIRLINE SPECIAL FARE

  : PX(Super Excursion), EE(Excursion)등 Y운임에 적용하며, KE의 경우 여행개시일로부터 6개월,12개월 유효 기간 규정으로 제한 사항 및 지역별 적용 코드를 준수해야 한다.

 BOOKING CLASS 결정 과정

1) Booking Class는 승객의 선호 Cabin Class, 여행기간, 사전 발권 조항, 중간 도시 체류여부, 왕복/편도 등에 따라 상이하게 적용할 수 있다.

2) 가장 일반적인 방법은 운임 소개 화면을 통해 결정하는 것이지만 항공사마다 적용해야 할 Class Code가 상이하므로 반드시 항공사 규정 확인이 필요하다.

3) 일반적인 확인사항

- 탑승 Class
- 여행기간
- TRANSFER

- 왕복/ 편도
- 도중체류(Stopover)횟수
- 기타

 BOOKING CLASS의 결정

▶▷ 예 1

> 여정 : KE 이용, 9월 30일 인천 → 방콕, 이듬해 1월 15일 방콕 → 인천
> 조건 : 예약 후 3일 이내 발권 예정, 약 4개월 체류, 가장 저렴한 운임 사용 Class

▶▷ 결정 과정

1단계	여행 기간 확인 , 탑승 Class 확인(일반석)
2단계	운임확인 FQDSELBKK/D30SEP/AKE/IL,X,R
3단계	해당운임의 사전구입조건 AP 조회(+존재 시) FQN1//AP

▶▷ 1단계

> FQDSELBKK/D30SEP/AKE/IL,X,R

FQDSELBKK/D30SEP/AKE/IL,X,R
ROE 1225.069878 UP TO 100.00 KRW
30SEP20**30SEP20/KE SELBKK/NSP;EH/TPM 2286/MPM 2743

LN	FARE BASIS	OW	KRW RT	B	PEN	DATES/DAYS		AP	MIN	MAX	R
01	EHEVZRKS		780000	E	+	S29SEP	01OCT	+	–	6M	R
02	HHEOZRKS		870000	H	+	S29SEP	01OCT	–	–	6M	R
03	MHEOZRKS		950000	M	+	S29SEP	01OCT	–	–	12M	R
04	MHEOZRMS		951000	M	+	S29SEP	01OCT	–	–	12M	M
05	BHEOZRKS		1110000	B	+	S29SEP	01OCT	–	–	12M	R
06	BHEOZRMS		1137000	B	+	S29SEP	01OCT	–	–	12M	M
07	YRTKE		1320000	Y	+	–	–	–	–	–	R
08	YRT		1377600	Y	+	–	–	–	–	–	M
09	IHE4ZRKS		1400000	I	+	S29SEP	01OCT+14+	–	1M		+R
10	IHE7ZRKS		1550000	I	+	S29SEP	01OCT+ 7+	–	1M		+R
11	IHE3ZRKS		1700000	I	+	S29SEP	01OCT+ 3+	–	1M		+R
12	DNE3ZRKS		1810700	D	+	–	–	+ 3	–	12M	+R
13	CRT		2001800	C	+	–	–	–	–	–	M
14	JRT		2202000	J	+	–	–	–	–	–	M
15	FRT		2642800	F	+	–	–	–	–	–	M
16	PRT		3003000	P	+	–	–	–	–	–	M

PAGE 1/1

☞ Booking Class −B− 항목에서 조건에 적합한 Class를 찾아 예약시 적용한다. 1번
항목의 경우 EHEVZRKS를 적용할 경우 Booking Class 는 "E" 이며, 사전구입조건
'AP'을 확인한다.

```
> FQN1//AP


FQN1//AP
**  RULES DISPLAY  **
30SEP20**30SEP20/KE SELBKK/NSP;EH/TPM  2286/MPM  2743
LN FARE BASIS    OW  KRW RT  B PEN  DATES/DAYS     AP MIN MAX     R
01 EHEVZRKS          780000 E  +    S29SEP 01OCT   −  −  6M      R
FCL: EHEVZRKS     TRF:  8 RULE: KS03 BK: E
PTC: ADT-ADULT           FTC: XEX-REGULAR EXCURSION
AP.ADVANCE RES/TKT
FOR EHEVZRKS TYPE FARES


  RESERVATIONS ARE REQUIRED FOR ALL SECTORS.
  WAITLIST NOT PERMITTED.
  TICKETING MUST BE COMPLETED WITHIN 3 DAYS AFTER
  RESERVATIONS ARE MADE.
      NOTE -
      ALL SECTORS MUST BE CONFIRMED.
                                          PAGE 1/1
```

☞ 사전구입 조건 내용 결과 예약완료 후 3일이내 발권해야 하는 것으로 1번운임 사용
이 가능하다.

1) Booking Class 결정과정

Booking Class는 승객의 선호 Cabin Class, 여행기간, 사전 발권 조항, 중간 도시 체류 여부 왕복/편도 등에 따라 상이하게 적용할 수 있다. 가장 일반적인 방법은 운임 소개 화면을 통해 결정하는 것이지만 항공사마다 적용해야 할 Class Code가 상이하므로 반드시 항공사 규정 확인이 필요하다

2) 일반적인 확인 사항

— 탑승 Class — 왕복/편도 — 여행 기간 — Stopover횟수 — Transfer — 기타

```
30SEP20**30SEP20/KE SELBKK/NSP;EH/TPM  2286/MPM  2743
```

LN	FARE BASIS	OW	KRW	RT	B	PEN	DATES/DAYS	AP	MIN	MAX		R
01	EHEVZRKS		780000	E	+		S29SEP 01OCT	+	-	6M		R
02	HHEOZRKS		870000	H	+		S29SEP 01OCT	-	-	6M		R
03	MHEOZRKS		950000	M	+		S29SEP 01OCT	-	-	12M		R
04	MHEOZRMS		951000	M	+		S29SEP 01OCT	-	-	12M		M
05	BHEOZRKS		1110000	B	+		S29SEP 01OCT	-	-	12M		R

항목	설명
LN	Line Number
FARE BASIS	운임의 종류
OW	One Way Fare
KRW	Currency Code
RT	Round Trip Fare
B	Booking Class
PEN	Penalty Information
DATES/DAYS	Seasonality, 요일 등에 대한 규정
AP	Advanced Purchase (사전구입 조건)
MIN	Minimum Stay (최소 체류 의무 기간)
MAX	Maximum Stay (최대 체류 허용 기간)
R	R : Routing Information, M : Mileage Information

12 Chapter

RESERVATION CODE (예약코드)

1 예약코드

1) 특징

- 좌석을 예약위해 시스템에서 유지되고 있는 일련의 CODE를 통해 요청(Action Code)한다.
- 요청(Action Code)된 것에 대한 응답(Advice Code)을 받는다.
- 응답(Advice Code) 상태를 유지(Status Code)하는 형태로 이루어진다.
- 전 세계 항공사가 공통적으로 사용하는 여러 Code를 IATA에서 정해놓고 있다.

2 예약 코드의 종류

1) 요청 코드(Action Code)

- 여행사에서 항공사로 혹은 항공사에서 항공사로 요청하는 형태

NN	좌석 및 부대 서비스 요청 시 사용하는 가장 기본적인 요청코드
DW	대기자로 예약할 경우 사용하는 코드
DK	좌석을 예약해가는 상태
XK	항공사로 취소 전문을 전송하지 않고 TOPAS 상에서만 해당여정 취소
PK	타 GDS에서 예약한 여정의 경우, 발권을 위해 사용하는 코드(기존 QK 코드)
GK	실제 예약이 이루어지지 않은 상태에서 Fare Pricing용으로 사용되며, 발권은 불가하고 해당 항공사로 메시지 전송은 되지 않는 코드
SG	Group Booking시 사용되는 요청 Code

2) 응답코드(Advice Code)

- 항공사에서 여행사 혹은 항공사에서 항공사로 응답하는 형태로 응답을 받은 곳에서는 여행사에서는 회답행위(ETK enter)를 취하여야 한다.

KK	요청된 내용(항공편, 기타요청사항)이 확약(OK)되었음을 통보
KL	대기자명단에 있는 승객이 대기자로부터 좌석이 확약되었음을 통보
HX	항공사에 의해 여정이 취소되었음을 통보
NO	요청사항이 잘못 되었거나 사용자가 회답행위를 취하지 않았음을 통보
UU	요청된 내용으로 대기자로 예약되었음을 통보
US	좌석을 판매하였으나, 해당항공사의 거절로 대기자로 예약되었음을 통보
UC	요청된 내용이 불가함을 통보
UN	요청한 비행편이 운항하지 않거나 요청한 서비스가 제공되지 않음을 통보
TK	출발시간 변경이나 FLT NO 변경으로 인해 변경된 SKD로 OK되었음을 통보 주로 UN/TK가 함께 보여진다.(HK→UN→TK)
TL	기존 대기 상태에서 출발시간 변경이나 FLT NO 변경으로 인해 변경된 SKD로 대기자 명단에 List되었음을 통보(HL→UN→TL)
DL	항공사로부터 대기자에서 좌석이 확약되었음을 응답받았으나 회답을 취하지 않아 다시 대기자로 예약되었음을 나타냄.
HN	항공사 좌석을 요청하고 응답이 오기까지 유지되는 코드 그룹의 경우 SG로 요청하면 HN으로 보여진다.

● 항공사로부터 응답이 이루어진 여정에 대한 예약 상태 코드 변경 지시어

.1HK	.SEG 번호 1 변경하고자하는 상태코드
ETK	상태코드 자동정리(PNR 저장종료)
ERK	상태코드 자동정리 후 PNR 재조회

(3) 상태코드(Status Code)

HK	예약이 확약되어 있는 상태
HL	대기자로 예약되어 있는 상태

3 예약 코드의 흐름

〈요청코드〉   〈응답코드〉   〈상태코드〉

```
DK ---------------------------------------------------> HK  --> RR
SS ---------------------------------------------> HK
SS ----------------> US ----- ERK/ETK enter ----> HL
SS ----------------> UC ------ ERK/ETK enter ---> 해당 구간 취소
NN -----> HN -------> KK ------ERKETK enter ----> HK
NN -----> HN -------> UU -----ERK/ETK enter ----> HL


DW -----> HL -------> KL -----ERK/ETK enter ----> HK
LL -----> HL --------> KL ------ no action -----> DL --> HL
```

4 사례

1) ICN-BKK 구간에 항공사의 사정으로 인하여 출발시간이 변경된 것을 응답받은 경우

```
--- RLR ---
RP/SELK13UA3/SELK13UA3              AA/SU  26FEB13/0149Z   6VPYOS
8068-1095
1.WEON/HYEYOUNGMS   2.KIM/TESTMS
3  KE 651 E 29JUL 1 ICNBKK UN2       1740 2110   *1A/E*
4  KE651 E 29JUL  1 ICNBKK TK2       1805 2135   *1A/E
5  KE 652 E 29AUG 4 BKKICN HK2       2240 0600+1 *1A/E*
6 AP 02-726-7868
7 AP M010-800-9000/P1
8 TK TL26FEB/SELK13UA3
```

ERK 혹은 ETK enter

```
-- RLR ---
RP/SELK13UA3/SELK13UA3              AA/SU  26FEB13/0149Z   6VPYOS
8068-1095
   1.WEON/HYEYOUNGMS   2.KIM/TESTMS
3  KE651 E 29JUL 1 ICNBKK    HK2        1805 2135   *1A/E*
5  KE 652 E 29AUG 4 BKKICN  HK2        2240 0600+1  *1A/E*
6 AP 02-726-7868
7 AP M010-800-9000/P1
8 TK TL26FEB/SELK13UA3
```

☞ 상기와 같이 ICN-BKK 구간의 출발시간이 1740에서 1805로 변경되어 자동 정리된 것을 알 수 있다.

2) BKK-ICN 구간에 대기자 명단에서 예약이 확약되었음을 응답받은 경우

```
--- RLR ---
RP/SELK13UA3/SELK13UA3              AA/SU  26FEB13/0149Z   6VPYOS
8068-1095
   1.WEON/HYEYOUNGMS   2.KIM/TESTMS
3  KE 651 E 29JUL 1 ICNBKK HK2          1740 2110   *1A/E*
4  KE652 E 29AUG  1 BKKICN KL2          2240 0600+1 *1A/E
5. AP 02-726-7868
6 AP M010-800-9000/P1
7 TK TL26FEB/SELK13UA3
```

ERK 혹은 ETK enter

```
--- RLR ---
RP/SELK13UA3/SELK13UA3              AA/SU  26FEB13/0149Z   6VPYOS
8068-1095
   1.WEON/HYEYOUNGMS   2.KIM/TESTMS
3  KE 651 E 29JUL 1 ICNBKK HK2          1740 2110   *1A/E*
4  KE652 E 29AUG  1 BKKICN HK2          2240 0600+1 *1A/E
5. AP 02-726-7868
6 AP M010-800-9000/P1
7 TK TL26FEB/SELK13UA3
```

☞ 상기와 같이 BKK- ICN 구간의 KL(항공사로부터 대기자에서 예약이 확약되었음을 응답 받음)상태가 HK(예약확약 받은 상태)로 변경되어 자동 정리된 것을 알 수 있다.

5 PNR HISTORY 조회 및 확인

1) 특징

- PNR 작성 후 이루어진 모든 변경내역과 완료한 여정을 보관, 기록한 부분(완료한 여정은 PNR History 하단에 위치함)

- 1회의 ET enter 단위로 작업한 내용이 번호 Step Number 000, 002로 구분되어 기록 되어진다.

```
> RH

RP/SELK13UA3/SELK13UA3              LQ/SU   7JUL13/2212Z   Z95JGF
    000 ON/JUNG/HOJINMS
    000 OS/UA 892 Y 01SEP 7 ICNSFO SS1 1700 1125/NN      E*
    000 OS/UA 352 Y 01SEP 7 SFOBOS SS1 1245 2340/NN      E*
    000 RO/RSVN/KE/1035-1665
    000 RF-PAX-SOUTHKOREA/000029 CR-SELK13UA3 17320004 SU 2466LQ
        /RO-9CB371C8 MUCWW2AAB 12345675 07JUL1238Z
    001 AP/AP B02-123-3000
    001 RF- -SOUTHKOREA/000029 CR-SELK13UA3 17320004 SU 2466LQ/R
        O-9CB36E8D MUCWW2AAB 12345675 07JUL2211Z
000/002 XS/UA 892 Y 01SEP 7 ICNSFO HK1 1700 1125/NN      E*
000/002 XS/UA 352 Y 01SEP 7 SFOBOS HK1 1245 2340/NN      E*
    002 RF- -SOUTHKOREA/000029 CR-SELK13UA3 17320004 SU 2466LQ/R
        O-9CB36E8D MUCWW2AAB 12345675 07JUL2212Z
```

000	최초 PNR 생성 시 작업내용(이름, 여정, OSI/SSR, 선택사항, RECEIVED FROM, communication reference 사항)만이 기록된다.
001	PNR 완성 후 최초 변경 작업내용이 기록된다.
000/002	변경내용이 수정이나 삭제일 경우 최초 기록 생성시의 이렵된 순서 000/수정, 삭제시 순서 002로 변경내역 별로 HISTORY CODE를 정하여 구분 기록된다.

2) 지시어

지시어	기능
RH	Queue History를 제외한 전체 History
RHQ	Queue History
RH/ALL	RH+RHQ
RHI	Itinerary Segments
RHJ	Phone Elements
RHN	Name Elements
RHS*	* : Segment Number (Active Segment만 조회 가능)

3) PNR HISTORY CODE(HE PNR →GP COD →MS22)

코드 종류	기능
ON (Original Name)	최초 입력 이름
OS (Original Segment)	최초 입력 SEG
OR (Original SSR)	최초 입력 SSR사항
RF (Received From)	예약 및 수정 요청자
SA (Added SSR)	추가된 SSR사항
XS (Cancelled Segment)	취소된 SEG
AS (Added Segment)	추가된 SEG
SP (Split Party)	PNR이 Split됨

(1) 기본지시어

RH

① RP/SELK13UA3/SELK13UA3   AA/SU 15FEB13/1302Z   6TR8FQ
8209-7865

② 000 ON/KIM/MISEONMS KIM/SOOHYUNMR PARK/SOAHMISS(CHD/13DEC07)

③ 000 OS/TG 476 Y 10SEP 2 SYDBKK LK3 1000 1620/NN *1A/E*

④ 000 RO/RSVN/KE/8209-7865

⑤ 000 OR/SSR CHLDTGHK1 13DEC07/PARK/SOAHMISS(CHD/13DEC07)

⑥ 000 OQ/OPW-15FEB:2300/1C7/TG TICKET TIME LIMIT WILL BE GIVEN LATER
/TG 476 Y 10SEP SYDBKK

⑦ 000 RF-P-SOUTHKOREA/SYSY324 CR-SELK13UA3 17320004 SU 0074AA/
RO-9CB36F86 MUCWW2AAB 12345675 15FEB1256Z

⑧ 001 RF-P CR-SELK13UA3 17320004 SU 0074AA 15FEB1256Z

⑨ 002 AS/TG 471 Y 15SEP 7 BKKSYD LK3 0800 2000/NN *1A/E*

⑩ 000/002 XO/OPW-15FEB:2300/1C7/TG TICKET TIME LIMIT WILL BE GIVEN LATER
/TG 476 Y 10SEP SYDBKK

⑪ 002 AO/OPW-15FEB:2300/1C7/TG TICKET TIME LIMIT WILL BE GIVEN LATER /TG 476 Y 10SEP SYDBKK/TG 471 Y 15SEP BKKSYD

⑫ 002 RF-P-SOUTHKOREA/SYSY324 CR-SELK13UA3 17320004 SU 0074AA/ RO-9CB36F86 MUCWW2AAB 12345675 15FEB1257Z

①	PNR의 Header 부분 이 PNR(6TR8FQ)의 예약Office와 발권TL등의 Queuing Office는 SELKI3UA3이고 GMT기준 2013년 2월15일 13시 02분에 AA/SU Agent에 의해 update됨
②	최초 PNR생성시의 승객명
③	최초 PNR생성시의 SEG
④	Random RSVN NBR Recommend Data로 8자리 숫자로 된 예약번호
⑤	최초 PNR 생성시 SSR사항으로 입력된 Child 생년월일
⑥	OQ : 최초 예약시 생성된 선택사항 (Option Element) OPW : 발권시한 warning 목적으로 생성된code 15FEB:2300/1C7 : TL관리를 위해 Local time기준 2월15일 2300시에 Queue1 Catagory7 로Queuing TG의 TL 은 추후 통보 예정이므로 해당 Queue1 Catagory7에서 TL 통보 여부 확인 필요
⑦	최초 End of transaction 시 입력된 내용 RF : Received From indicator P - SOUTHKOREA/SYSY324 : PAX로부터 예약요청 받았고 예약 작성한 Agent 의 프로파일에서 이관된 data CR : Communications Reference Indicator SELK13UA3 : 예약 작성 Office ID 17320004 : 예약 작성Agent의 IATA Code

SU 0074AA : 예약 작성 Agnet의 Duty code와 sign
/RO : Remote Office sign-in
9CB36FE5 : Terminal Identifier
MUCWW2AAB : Remote Office ID
 (원격으로 SELK13UA3에 si후 in한 Agent의 OFC ID)
12345675 : Remote IATA Code

첫 번째 변경내역을 TKTL입력으로 인한 자동 Queuing로 발생됨

⑧

RHQ (Q history 확인)

RP/SELK13UA3/SELK13UA3   AA/SU 15FEB13/1302Z   6TR8FQ
8209-7865
001 QA/QE8C1D4
   001 RF-P CR-SELK13UA3 17320004 SU 0074AA 15FEB1256Z

Queue8 Category1 Date Range 4로 AUTO Q-ING

⑨   Added Segment : 두 번째 변경내역(002)이며 TG seg추가

⑩   Canceled Optional Element : SEG추가로 인해 최초 입력된(000) 내용이 삭제됨(002)

⑪   Added Option Element : SEG추가로 인해 TG TL관련 새로운 OPW내용 입력

⑫   두 번째 변경내역(002)의 요청자와 작업일시, 직원sign, terminal, OFC ID 반영

13
Chapter

QUEUE

QUEUE란?

　예약과 발권업무의 처리의 상소 송수신 수단으로 사용되는 통신장치로 PNR의 특성별 예를 들면 항공사로부터 예약이 확약된 PNR만 쌓이는 Queue와 발권을 해야 하는 PNR이 쌓이는 Queue등 특성별로 Queue번호가 구분되어 있으며 일종의 문서보관함이라 할 수 있다.

　한 Office당 80개의 Queue를 만들 수 있고, 한 개의 Queue 번호 별 최대 256개 Category를 구성할 수 있다.

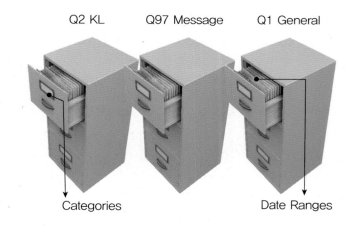

Q2 KL　　　Q97 Message　　　Q1 General

Categories　　　　　　Date Ranges

2 **QUEUE의 기능**

- PNR의 저장 관리
- 특정 항공사 또는 타 여행사의 PNR 송수신 기능

QUEUE의 종류

SPECIAL QUEUE	1개의 Q번호 별 0~256개 Category로 구성되어있다.
DUAL QUEUE	1개의 Q번호 별 0~256개 Category로 구성되어 있으며 하나의 Category당 날짜범위(Date Range) 기능을 가진 최대 4개의 Sub Queue로 추가 구성되어 있다. 해당 Sub Queue는 각 Office의 필요에 따라 변경할 수 있다.

☞ Date Range(날짜범위)는 PNR 에서 Active한 첫 번째 Segment를 기준으로 설정한다.

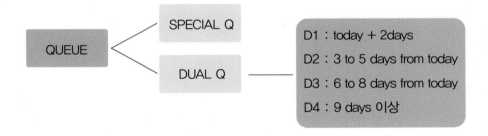

QUEUE
- SPECIAL Q
- DUAL Q
  - D1 : today + 2days
  - D2 : 3 to 5 days from today
  - D3 : 6 to 8 days from today
  - D4 : 9 days 이상

 QUEUE BANK(번호별 설명)

Q 번호	용도	유형	Auto Queuing
0	DEFAULT PNR - 0	GENERAL	O
1	CONFIRMATION	SVC FACT 및 TL	O
2	WAITLIST CLEARANCE	KK,KL된 PNR 단체 제외	O

Q 번호	용도	유형	Auto Queuing
3	OPTIONS	DEFAULT OP ELEMENT	O
4	RESPONSIBILITY CHANGE	SPECIAL	X
5	RATES	SPECIAL	X
7	SCHEDULE CHANGE 통보	DUAL	O
8	TICKETING/TIME LIMIT 통보	DUAL	O
9	OTHER AIRLINE CONTROL	DUAL	O
12	EXPIRED TIME LIMIT	SPECIAL	X
14	PURGED PNRS	SPECIAL	X
23	REQUEST FOR REPLY	SPECIAL	X
25	MULTILIST PNRS	SPECIAL	X
26	MULTILIST PNRS	SPECIAL	X
80	PREPAID TICKET ADVICE	SPECIAL	X
87	GROUP PNRS	DUAL	X
94	MESSAGE – CUSTOMER PROFILES	SPECIAL	X
95	MESSAGE (TO BE DEFINED)	SPECIAL	X
96	MESSAGE – PAST DATE RECORDS	SPECIAL	X
97	DEFAULT MESSAGE-Q	DUAL	O

☞ DUAL Q : HE QUEUE GP INT MS85 "DATE RANGES PERMITTED YES" Queue

Descriptions에서 Queue별 Page 참조도 가능.

▶▷OFFICE QUEUE BANK

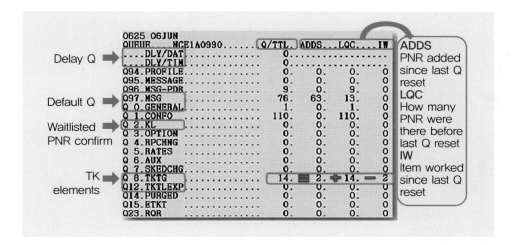

☞ Delay Queue: 다른 Queue 방에 있어야 하는 PNR이 정해진 date range에 delay되었

다가 해당 date range에 도달하면 다시 지정된 Queue방으로 보내진다.

Default Queue : 달리 지정된 Q방이 없는 경우 Default Queue로 보내지며, 임의

로 삭제 불가

5 QUEUE 확인 순서

1단계	QTQ	소속 Office의 전체 Q Bank Summary 조회
2단계	QS0	특정 Q0번 내의 PNR확인
	QS8C11	특정 Q8번 내의 Category 11번 PNR확인
	QS8C11D1	특정 Q8번 내의 Category 11번 Date Rage 1번 PNR확인
3단계	QN	PNR 제거
	ET	PNR 저장

3단계	QD	작업보류
	QF	PNR 작업 사항 저장, PNR 제거
4단계	QI	Queue작업 종류 후 예약화면으로 환원

▶▷ 1단계 : 소속 Office의 전체 Q Bank Summary 조회

```
> QTQ
1220 01JUN
QUEUE....SELK1394Z.......Q/TTL....ADDS....LQC....IW
....DLY/DAT.............    0.....................
....DLY/TIM.............    0.....................
Q94.MSG-CP .............    0.     0.     0.      0
Q95.        .............    0.     0.     0.      0
Q96.MSG-PDR.............    0.     0.     0.      0
Q97.MESSAGE.............    0.     0.     0.      0
Q 0.GENERAL .............    0.     0.     0.      0
Q 1.CONFO  .............32092. 32106.    0.     14
Q 2.KL     .............  170.   170.    0.      0
Q 3.OPTION .............   18.    18.    0.      0
Q 4.RPCHNG .............   18.    18.    0.      0
Q 5.RATES  .............    0.     0.     0.      0
Q 7.SKEDCHG.............    0.     3.     0.      3
Q 8.TKTG   ............. 1022.  1022.    0.      0
Q 9.OA CTRL.............    0.     0.     0.      0
Q10.ADVANCE.............    0.     0.     0.      0
```

☞ ① 01JUN : QTQ를 실행한 시간 및 일자

② QUEUE : Q번호

③ Q/TTL : 작업할 총 PNR/Message 개 수

④ ADDS(Addtions) : Q 화면 Reset(QCR) 또는 Q 화면 활성화 이후, 추가 전송된 PNR/
　　　　　　　　 Message 개 수

⑤ LQC(Last Queue Count) : Q Reset 당시의 PNR/Message 개 수

⑥ IW(Item Worked) : Reset 이후 작업한 PNR/Message TTL 개 수

⑦ DLY/DAT : Delayed Date/Delayed Queue에 보관된 PNR/Message 개 수

참고

DELAY QUEUE

DLY/DAT(Delay Date), DLY/TIM(Delay Time) Queue Q로 PNR/Message 전송을 실행하는 순간 해당 Q 번호에 PNR이 보여지는 것이 원칙이나, 미래의 특정 일자와 시간을 지정하여 전송 처리한 경우 Delay Q에 임시 저장된다. PNR/Message가 특정일자 또는 시간에 도달하면 시스템은 각각의 Q 번호로 PNR을 전송 시켜줌.

● 1단계

```
> QT


1224 01JUN
QUEUE....SELK1394Z...............Q/TTL....ADDS....LQC....IW
Q 1.CONFO.........................................
..............C    0.D4.         2.     2.     0.     0
....AIR       ..C  1.D1.        18.    23.     0.     5
..............C    1.D2.         1.     1.     0.     0
..............C    1.D3.         6.     6.     0.     0
```

```
................C    1.D4.          317.   317.   0.    0
....SPCL SVC  ...C    6.D1.           62.    69.   0.    7
................C    6.D2.           14.    14.   0.    0
................C    6.D3.           24.    24.   0.    0
................C    6.D4.          558.   558.   0.    0
....OPW TTL   ...C    7.D1.        16491. 16491.   0.    0
....OPC TTL   ...C    8.D1.        14599. 14599.   0.    2
Q 2.KL   ...................................................
................C    0.D2.            1.     1.   0.    0
................C    0.D3.           10.    10.   0.    0
................C    0.D4.          159.   159.   0.    0
Q 3.OPTION  ................................................
................C    0....           18.    18.   0.    0
Q 4.RPCHNG  ................................................
................C    0....           18.    18.   0.    0
*TRN*
```

● 2단계

> <u>QS1C0D4</u>

```
CONFO  -                Q1  C0  D4  (1)
--- RLR ---
RP/SELK1394Z/SELK1394Z        RS/SU  18MAY20/0400Z   WJHKRG
4123-5341
  1.KIM/DONGJUN MR(INF/MINJUN MSTR/10JUN19)
  2.KIM/DONGSOO MSTR(CHD/10JUN16)
  3 ARNK
```

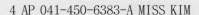

```
4 AP 041-450-6383-A MISS KIM
5 APM 010-1234-5339/P1
6 APM 010-1234-2345/P2
7 TK OK13MAY/SELK1394Z
*TRN*
```

- 3단계

```
> QI

IGNORED - OFF QUEUE
*TRN*
```

 ## 6 작성된 PNR을 QUEUE에 입력하는 방법

	지시어	기능
1	QE8	QE: Queue enter , 8: Queue 번호
2	QE8C1	QE: Queue enter , 8: Queue번호 , C1: Category1번
3	QE/SELK13TA1/8C3D1	SELK13TA1: 전송할 Office ID 8: Queue번호 , C3: Category3번 D1:Date Rage 1번

- Queue Number를 지정하지 않고 Queue만 입력 한 경우 0번 Queue로 전송된다.
- Category 번호를 지정하지 않거나, 지정한 Category가 없는 경우 0번 Category로 전송된다.

14 Chapter

항공사
LINK LEVEL

 1 정의

1) AMADEUS와 항공사간의 작업 처리 방식에 대한 협정
   으로 LEVEL 별로 차이가 있다.
2) AVAILABILITY 조회 시 ACCESS LEVEL별 INDICATOR
   표시

 2 항공사별 ACCESS LEVEL 조회

GGPCALACC

```
>GG PCA LACC
          GGPCALACC          EN 30MAY20 0003Z
AMADEUS  PARTICIPATING  CARRIERS :
ACCESS LEVEL
FOR DECODING OF ACCESS LEVEL ENTER   GP1
                      ACC LSA     DYN NUM
CC  CARRIER NAME
              IND IND AAS SCH AVL ADA DIR STD
---  ----------------------  ----------------

AA  AMERICAN AIRLINES
              . /   YES          YES YES
AB  AIR BERLIN  / /  YES YES YES YES
AC  AIR CANADA  / /   YES YES YES YES
```

```
AD   AZUL LINHAS AEREAS B    .  /  YES         YES   YES
AE   MANDARIN AIRLINES       /  /  YES   YES   YES   YES
AF   AIR FRANCE              /  /  YES   YES   YES   YES
AG   ARUBA AIRLINES          /  /  YES   YES   YES
AH   AIR ALGERIE             /  /  YES   YES   YES
AI   AIR INDIA               /  /  YES   YES   YES         YES
AK   AIRASIA SDN BHD         -                                  YES
AM   AEROMEXICO              /  /  YES   YES         YES   YES
AN   ADVAVCED AIR            .  /  YES         YES
AP   ALBA STAR               /  /  YES   YES   YES
```

3 종류 및 특징

종류	특징
STANDARD ACCESS(BLANK)	① 가장 낮은 Level ② 스케줄과 좌석 수 모두 업데이트 되지 않음.(실시간 조회 아님) ③ HK라 하더라도 항공사에서 12H 이내 Reject 할 수 있음.(승객에게 12H 이내에 확정 INFO 주면 안됨, 12H 이후에 줄 것) ④ ET 이후 항공사에 MSG 전송 ⑤ 예 BH 항공 AN10JANYVRYXT/ABH → SS1Y1→ SS1 → ER → HK1 GGPCABH →"ACCESS INDICATOR"가 Blank 처리되어 있음.
DIRECT ACCESS(*)	① 항공사에서 Reject 하지 않음, 확약된 좌석은 확실 ② 스케줄과 좌석 수 실제로 조회 가능

종류	특징
DIRECT ACCESS(*)	③ D/A Availability 조회 　– 공통 : 기본 Availability 조회 → ACL1 　　(1:LINE 번호) GGPCAMH : Direct Access 　　AN10JANICNKUL/AMH à ACL1(D/A로 요청) 　– 항공사별 : 항공사마다 Direct Access 조회 요청하는 Entry 　　가 다름(Special Entry) 　　1) HE DIR MH 　　2) MS022 　　3)1MHAD19JANICNKUL 　　　(21번 Availability 부터 조회됨) 　※ D/A 조회 요청 후 LINK 시간은 **3분간 지속됨**, 3분 경과 시 　　재 조회 필요 ④ D/A는 하나의 Level이라기 보다는 하나의 방법이라고 볼 수 있 　음. MH는 Access Sell Level이지만 D/A 요청 가능. ⑤ Level이 높은 항공사라면 D/A Entry 사용할 필요 없음.
ACCESS UPDATE(1) (:)	① **스케줄은 업데이트 되나 좌석수는 업데이트 되지 않음.(좌석은 정 　확하지 않음)** SSIM (Standard Schedule Interchage Message) ③ 예약 후 항공사에서 Reject 가능
ACCESS UPDATE(2) (:)	① Update 1(스케줄 업데이트) + Last Seat Availability ② 좌석 판매 후 Reject 될 가능성은 낮지만 여전히 판매 형태는 　Standard Access와 같음 ③ AN10JANANCDLG/AKS : 좌석 수가 모두 "4"로 표시 → KS는 　　　　　　　　　　Access Update 1에 해당 　GGPCAKS : LAST SEAT AVAIL INDIC : Blank 표시 → 　　　　　　Update 1에 해당 　GGPCAOS : Last Seat Availability INDIC : "/"→ Update 2 　　　　　　에 해당

종류	특징
ACCESS SELL (.)	① SKD과 좌석 수 모두 업데이트 되지 않음. ② 좌석 있을 경우 : DK 또는 HK로 예약됨. ③ PNR을 저장하기 이전에 구간 예약 즉시 CFM됨. ④ Availability 조회 시, Access Sell 항공사의 좌석이 있다면 바로 CFM됨.(Reject 가능성 전혀 없음) ⑤ 좌석을 정확히 조회하기 위해 Dynamic Availability를 이용해야 함. ※ Polling 방식 : 선택해서 마켓별로 지원하는 방식 AN10JANPEKSYD/ACA – CA 항공사는 Dynamic Availability 지원하지 않는 항공사임 (우측 도시 왼쪽에 "/"표시 없음) GG PCA CA : LAST SEAT AVAIL INDIC : "/"→ 그러나 Availability 화면에서는 Last Seat 지원 안됨 → GG 페이지와 Availability 불일치 → 강사 의견 : 시스템 에러인 것 같다함, GG 페이지가 더 정확
FULL ACCESS (1) (/)	① Access Update 1과 결합 ② 스케줄 업데이트됨, Last Seat은 불가 ③ 판매 후 Access Sell과 동일 ④ HK 후 바로 CFM 안내 가능
FULL ACCESS (2) (/)	① 스케줄 업데이트 확인 가능, 좌석 업데이트 확인 가능 ② 판매 후 HK면 CFM ③ 가장 높은 Access Level

4 종류별 정확성 순서

종류	특징
Standard Access ( )	12시간 내 Reject 가능 Last Seat Availability 조회 불가
Direct Access Level(*)	직접 항공사 System 과 접속하여 조회 업데이트된 스케줄 /Availability 조회 가능 12시간 내 Reject 가능
Amadeus Access Update(:)	Real Time Update 좌석 수 재확인 필요
Amadeus Access Sell(.)	좌석 판매 후 Polling 을 통해 좌석이 있으면 확약
Full Access(/)	Real Time Update Last Seat Availability 조회 불가

15 Chapter

종합문제

01 다음 중 항공사 HAWAIIAN AIRLINES(하와이안 항공)의 코드로 맞는 것을 고르시오.

    1) HA   2) HC

    3) HW   4) HY

02 여정을 예약한 후에도 PNR을 저장하지 않은 상태라면 간단한 ENTRY를 통해 좌석수를 늘리거나 줄일 수 있다.

    1) O   2) X

03 다음 조건을 충족시킬 수 있는 AVAILABILITY ENTRY를 기재하시오.

> 조건 : 4월 20일 SEL-FRA 4월 25일 FRA-SEL AVAILABILITY 조회(DUAL CITY PAIR) 모두 KE항공(가장 짧게 입력할 수 있는 ENTRY만 정답으로 인정)

04 아래 조건에 부합하는 가장 저렴한 운임의 KE BOOKING CLASS를 고르시오.

> 1. 9/1 출발 SEL-SYD-SEL KE이용
> 2. 체류기간 : 3개월, 일반석
> 3. 전체 좌석 확약, 예약 후 3일 이내 발권

    1) E   2) H

    3) M   4) B

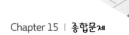

05 아래 AVAILABILITY에 대한 설명으로 틀린 것을 고르시오.

```
** AMADEUS AVAILABILITY - AN ** ROM ROME.IT                    27 SU 01MAY 0000
1AZ:KE5931  J9 C9 D9 I9 Y9 B9 M9 /ICN   FCO 1  1330    1905  E0/330      12:35
            S9 H9 E9 K9 L9 U9 Q9
2   AZ 759  J7 E7 D7 I7 P7 A7 Y7 /ICN   FCO 1  1330    1905  E0/330      12:35
            B7 M7 H7 K7 V7 T7 N7 G0
3KE:AZ7687  J7 E7 D7 I7 Y7 B7 M7 /ICN 5 FCO    1400    1945  E0/77W      12:45
            H7 K7 V7
4   KE 931  R8 A3 J9 C9 D9 I9 Z9 /ICN   FCO 3  1400    1945  E0/77W      12:45
            Y9 B9 M9 S9 H9 E9 K9 L9 UL QL GR
```

1) 4번 KE931편을 탑승하는 경우 SEL에서 ROM까지 NON-STOP이다.

2) 3번 스케줄로 예약하는 경우 실제 탑승 항공사는 AZ이다.

3) 3번 스케줄로 예약하게 되면 최종 목적지까지 도착하는데 총 12시간 45분 소요된다.

4) 4번 스케줄로 예약하는 경우, 현지 시각 기준으로 5월 1일 19시 45분에 로마에 도착하게 된다.

06 다음 조건으로 단체 PNR을 작성한 뒤 PNR을 복사하여 정답란에 붙이시오.

> 승객   : 총 15명(TOPAS TOUR 14명, 본인 성명 1명)
> 여정   : 10/1 KE901, SEL-PAR , G CLASS
>   10/7 KE902, PAR-SEL, G CLASS
> 전화번호 : 여행사 전화번호(임의대로 작성)

07 PNR 번호를 모르는 경우, 출발일과 승객의 성(FAMILY NAME)만으로 PNR을 조회할 수 있는 ENTY를 기재하시오.(출발일 : 10MAR , FAMILY NAME : CHOI)

08 CHD가 있는 PNR인 경우 SR 사항인 CHLD는 항공사에 상관없이 각 SEG별로 자동 입력된다

1) O   2) X

09 다음 중 미국 워싱턴(WASHINGTON) DC의 공항 코드로 맞는 것을 고르시오.

1) DFW   2) JFK   3) LGA   4) IAD

10 승객의 여정이 미확정된 경우 미확정 구간을 입력하는 ENTRY를 기재하시오.

(항공사 : KE , BOOKING CLASS : Y , 여정 : ICN LAX)

11 다음 중 PNR 작성에 대한 설명으로 틀린 것을 고르시오.

1) PNR의 필수 구성 요소는 성명, 전화번호, 여정이다.

2) PNR 저장 이전에 일부 승객명을 삭제하면 좌석은 자동으로 줄어든다.

3) 중간에 비항공운송구간이 발생하더라도 반드시 ARNK를 입력할 필요는 없다.

4) 여정을 출발 순서대로 입력하지 않은 경우 PNR 저장을 위해 여정 순서 조정이 필요하다.

12 승객번호 1번 전여정에 당뇨식을 신청하는 entry를 기재하시오.

13 아래 PNR에 대한 설명으로 틀린 것을 고르시오.

```
--- RLR ---
RP/SELK13UA3/SELK13UA3 AA/SU 28JUN13/1126Z ZV5L6Y
 7770-3083
 1.KIM/AAAMR 2.KIM/BBBMS
 3 KE5711 Y 10MAR 1 GMPHND HK2 0800 1005 10MAR E KE/ZV5L6Y
OPERATED BY JAPAN AIRLINES
 4 JL 091 Y 20MAR 4 HNDGMP HL2 0825 1100 20MAR E JL/ZV5L6Y
 5 AP -02-726-1234 TOPAS TOUR
 6 AP 010-1234-5678-M/P2
 7 TK OK28JUN/SELK13UA3
 8 OPW SELK13UA3-10OCT:2100/1C7/KE REQUIRES TICKET ON OR BEFORE
11OCT:2100/S3
 9 OPC SELK13UA3-11OCT:2100/1C8/KE CANCELLATION DUE TO NO TICKET/S
```

1) JL091편의 날짜를 25MAR로 변경하는 ENTRY는 SB25MAR/S4이다.

2) 2번 승객의 휴대폰 번호를 삭제하는 ENTRY는 XE6이다.

3) GMP/HND 구간의 항공편명 변경 지시어는 SBKE2707*3이다.

4) 여정을 전체 취소하고자 하는 경우 XI ENTRY를 사용할 수 있다.

14 KE701편 5월 1일 홍길동이름으로 예약된 PNR을 조회하는 entry를 기재하시오.

15 다음 조건을 충족시킬 수 있는 Availability entry를 기재하시오.

조건 : 10월 1일, 출발지 : 서울, 도착지 : 동경 (항공사 지정 :KE,JL)

16 승객의 여정이 미확정된 경우 미확정 구간을 입력하는 entry를 기재하시오. (항공사 : KE, booking class: Y, 여정 : ICN KIX)

17 프랑스의 국가코드를 Decode하는 entry를 기재하시오.

18 INF가 있는 PNR인 경우 SR 사항으로 INFT를 입력하지 않아도 자동 입력된다.

    1) O   2) X

19 말레이시아의 쿠알라룸푸르의 도시 코드를 기재하시오.

20 비항공운송구간이 발생하는 경우 ARNK를 입력하지 않아도 PNR 저장이 가능하다.

    1) O   2) X

21 다음 중 PNR의 각 element에 대한 기본 entry로 맞는 것은?

    1) 성명 : NM   2) 전화 : PN

    3) 여정 : SB   4) Remarks : RE

22 9월 10일 서울/푸켓의 스케줄 조회 entry를 기재하시오.

23 다음 중 항공사 JIN AIR의 코드로 맞는 것을 고르시오.

    1) LJ   2) 7C   3) 5I   4) JE

24 다음 중 PNR 작성에 대한 설명으로 틀린 것을 고르시오.

1) PNR의 필수 구성 요소는 성명, 전화번호, 여정, ticket arrangement이다.

2) PNR 저장 이전에 일부 승객명을 삭제하면 좌석은 자동으로 줄어든다.

3) PNR은 저장시 자동 생성되며 원하는 번호로 지정은 불가하다.

4) 여정을 출발 순서대로 입력하지 않은 경우 PNR 저장을 위해 여정 순서 조정이 필요하지 않다.

25 다음 조건으로 PNR을 작성하고 PNR 번호를 기재하시오

> 승객 : 본인, 소아(이민호, 2008년 2월 1일생)
>
> 여정 : 11월 15일 서울-홍콩, CX, Y class(좌석이 없는 경우 다른 class로 예약)
>
> 　　　11월 20일 타이페이-서울, CX, Y class(좌석이 없는 경우 다른 class로 예약)
>
> 전화 : 여행사 전화번호, 1번 승객 휴대폰 번호
>
> 　　　PNR 저장 후
>
> 　　　본인 승객 돌아오는 날짜 변경하여 PNR 저장 : 11월 20 → 11/22

26 아래 여정에서 서울/동경을 KE701에서 KE703으로 변경하는 단축 ENTRY를 기재하시오.

> 보기) 2. KE701 Y 01MAR 6 ICNNRT HK1 09051125 *1A/E*

27 9월 10일 ICN/HEL를 운항하는 AY042편의 운항 요일은?

1) 월, 화, 목, 토, 일　　　　　　　2) 화, 목, 토

3) 월, 화, 수, 목, 금　　　　　　　4) Daily

28 다음 응답화면을 보고 틀린 것을 고르시오.

```
* AVAILABILITY - AN ** SEL SEOUL.KR 255 MO 10MAR 0000
 1 KE 002 P6 A6 J9 C9 D9 I9 Z9 /HNL M ICN 1110 1945+1E1/333 13:35
        O9 Y9 B9 M9 H9 E9 K9 Q9 T9 GR X9
 2 HA:KE7896 C9 Y9 B9 M9 H9 E9 K9 /HNL Z ICN 1115 1635+1E0/763 TR 10:20
 3 HA 449 J0 P4 C0 A0 D0 Y0 W0 HNL Z KIX 1 1405 1815+1E0.332
        X0 Q0 V0 B0 S0 N0 M0 I0 H0 G0 T0 K0 L0 Z0 O0
   KE2728 P9 A9 J9 C9 D9 I9 Z9 /KIX 1 GMP I 1955+1 2145+1E0/744 12:40
        O9 Y9 B9 M9 H9 E9 K9 Q9 T9 GR X9
 4 UA 879 F3 A3 J9 C9 D9 Z9 P9 /HNL M NRT 1 1140 1530+1E0/777
        Y9 B9 M9 E9 U9 H9 Q9 V9 W9 S9 T9 L9 G0 N0
   KE:JL5207 J9 C9 D9 I9 X9 Y9 B9 /NRT 1 ICN 1700+1 1925+1E0/73H 12:45
        H9 K9 M9 V9 S9 N9 Q9
```

1) 1번 KE 002편을 탑승하는 경우 중간 경유지가 1군데 있다.

2) HA/KE 스케줄로 예약하는 경우 실제 탑승 항공사는 KE 항공이다.

3) 3번 스케줄을 예약하는 경우 서울에 도착하게 되는 날짜는 3월 11일이다.

4) 4번 스케줄로 예약하게 되면 서울까지 도착하는 데 총 12시간 45분이 소요된다.

29 미국의 신시네티(CINCINNATI)의 도시코드를 기재하시오.

30 다음 조건을 충족시킬 수 있는 Availabillity Entry를 기재하시오.

> 조건 : 12월 15일 SEL-BKK, 12월 20일 BKK-SEL, TG항공으로 조회(조건을 충족하는
> 가장 짧은 Entry만 정답으로 인정)

31 아래 조건에 부합하는 가장 저렴한 운임의 TG booking class를 쓰시오.

> 1. 2/1 출발, SEL-BKK-SEL, TG 이용
> 2. 체류기간 : 20일 체류, 일반석

32 다음 중 중국 내 도시 코드가 아닌 곳을 고르시오.

1) TAO 2) TSN 3) PEK 4) DEL

33 4월 1일 출발 KE905의 비행시간은?

34 PNR 조회 지시어를 쓰시오.

> 출발날짜 : 10DEC, 승객명 : HONG/KILDONG 항공편명 : KE905

35 다음은 PNR에 대한 내용이다. 틀린것을 고르시오.

1) PNR의 필수 구성요소는 성명, 여정, 연락처이다.

2) PNR 저장 이후에 일부 승객명을 삭제하면 좌석은 자동으로 줄어든다.

3) 중간에 비항공운송 구간이 발생하더라도 ARNK를 입력할 필요는 없다.

4) 여정을 출발 순서대로 입력하지 않았을 경우 PNR 저장을 위해 여정순서 조정이 필요하다.

36 비항공운송 구간을 나타내는 Entry는?

37 항공사 FINNAIR의 항공사 코드 조회 지시어는?

38 아래 PNR에 대한 설명으로 옳은 것을 고르시오.

```
--- RLR ---
RP/SELK13UA3/SELK13UA3   AA/SU  28JUN13/1126Z  ZV5L6Y
 7770-3083
 1.KIM/AAAMR 2.KIM/BBBMS
 3 KE5801 Y 05NOV 4 GMPPEK HK2 1230 1320  05NOV E KE/YRQW5M
OPERATED BY CHINA SOUTHERN AIRLINES
 4 KE 896 Y 12NOV 4 PVGICN HL2 0850 1155 12NOV E KE/YRQW5M
 5 AP -02-726-1234 TOPAS TOUR
 6 APM 010-1234-5678/P1
 7 TK TL 20MAY/SELK13UA3
 8 OPW SELK13UA3-02JUN:2100/1C7/KE REQUIRES TICKET ON OR BEFORE
03JUN:1900/S3-4
 9 OPC SELK13UA3-03JUN:1900/1C8/KE CANCELLATION DUE TO NO
TICKET/S3-4
```

1) GMP-PEK 구간 출발 요일은 금요일이다.
2) 승객이 실제 탑승하는 항공사는 KE와 CZ항공이다.
3) 발권 시한은 20MAY까지이며 이때까지 발권하지 않으면 좌석은 자동 취소된다.
4) 예약한 항공편의 좌석 상태는 모두 OK된 상태이다.

39 다음 중 아래 PNR의 수정/삭제에 대한 설명으로 잘못된 것을 고르시오.

```
--- RLR ---
RP/SELK13UA3/SELK13UA3 AA/SU 28JUN13/1126Z ZV5L6Y
 7770-3083
 1.KIM/AAAMR 2.KIM/BBBMSTR(CHD/25DEC05)
 3  KE5711 Y 10MAR 1 GMPHND HK2 0800 1005 10MAR E KE/ZV5L6Y
OPERATED BY JAPAN AIRLINES
 4 JL 091 Y 20MAR 4 HNDGMP HL2 0825 1100 20MAR E JL/ZV5L6Y
 5 AP -02-726-1234 TOPAS TOUR
 6 APM 010-1234-5678/P2
 7 TK OK28JUN/SELK13UA3
 7 SSR CHLD JL HK1 02MAR09
 8 SSR CHLD KE HK1 02MAR09
```

1) JL 091편의 날짜를 25MAR로 변경하는 Entry는 SB25MAR4 이다.

2) 2번 승객의 휴대폰 번호를 삭제하는 Entry는 XE6이다.

3) 2번 승객의 생년월일을 수정하는 Entry는 (CHD/15MAR07)P2 이다.

4) 여정을 전체 취소하고자 하는 경우 XI Entry를 사용할 수 있다.

40 PNR을 저장하지 않은 상태에서 승객명을 삭제하면 좌석수가 맞지 않아 다시 예약 해야 한다.

1) O   2) X

41 보호자 1명당 INFANT 동반은 1명까지만 가능하며 나머지 INF는 CHILD로 처리해 야 한다.

1) O   2) X

42 보호자 1명당 INFANT 동반 할인은 1명까지만 가능하다.

    1) O   2) X

43 미국의 주코드 CA를 Decode하는 Entry를 기재하시오.

44 아래 조건에 부합하는 가장 저렴한 운임의 KE Booking Class를 쓰시오.

> 1. 3/1 출발, SEL-SIN-SEL, KE 이용
> 2. 체류기간 : 10개월, 일반석

45 다음 조건으로 PNR을 작성한 뒤에 1번승객 PNR번호를 쓰시오.

> 승객 : 본인 + 송중기 + 강동원승객(남) − 총3명
> 여정 : 3월 01일 서울 − 파리, AF, BKG CLS Y
>   4월 10일 파리 − 서울, AF, BKG CLS Y
> 전화 : 여행사 전화번호, 1번 승객 휴대폰 번호
>   PNR 저장 후 1번 승객 돌아오는 날짜 변경 : 4/10 → 4/15(지정하지 않은
>   PNR 필수 구성 요소는 임의 입력)

46 다음 중 각 코드가 잘못 연결된 것을 고르시오.

    1) 인도네시아 발리(BALI)섬의 도시 코드는 DPS이다.

    2) 브라질의 국가 코드는 BR이다.

    3) 미국 콜로라도(COLORADO)의 주 코드는 CL이다.

    4) 하얏트(HYATT) 호텔 코드는 HY이다.

47 11월 10일 SEL에서 HNL까지의 AVAILABILITY를 조회한 후 KE001편에 대한 설명으로 틀린 것을 고르시오.

1) 중간에 NRT를 경유하게 된다
2) SEL에서 HNL까지 도착하는데 소요되는 시간은 총 10시간 40분이다
3) 중간 경유지에서의 지상조업시간은 1시간 20분이다
4) SEL에서 11월 10일 17시 40분에 출발하면 HNL에는 현지시각 기준으로 11월 11일 09시 20분에 도착하게 된다

48 다음 중 1번 승객, 야채식(VGML)을 요청하는 Entry로 맞는 것을 고르시오.

1) 41F VGML   2) 4F VGML/P1   3) S1R VGML   4) SR VGML/P1

49 10월 6일 이후 KE의 SEL에서 스페인 마드리드(MAD)까지의 운항 스케줄을 조회한 뒤 아래 내용에서 맞는 것을 고르시오.

1) KE의 운항 요일은 월,화,수,토요일이다
2) SEL에서 22:55분에 출발하여 같은 날, 5:50분에 MAD에 도착한다
3) 중간 경유지 없이 NON-STOP FLIGHT로 운항 중이다
4) 총 소요 지간은 14시간이다

50 다음 조건으로 GROUP PNR을 완성 후 5명의 승객이름(KIM/BMR, LEE/CMS, PARK/CMS, HUR/AMS, CHO/BMR)의 이름을 입력하고 PNR 번호를 쓰시오.

> 보기) 단체명 : 15BAU TOUR
> 　　　구간　 : 서울 – 시드니, KE, 2월 1일
> 　　　　　　 시드니 – 서울 , KE , 2월 10일
> 　　　연락처 : 소속여행사
> 　　　　　　 010-123-3000 KIM GUIDE

▶▷TOPAS Entry 모음

1. PNR 생성

Availability 예약가능편조회	AN01APRSELBKK/AKE
여정	SS1Y1
이름	NM1JUNG/TOPASMS
연락처	AP02-222-3333 ABC TRVL MS JUNG-T AP010-111-2222-M/P1
저장	ER (두번)

2. ENCODE/DECODE

도시/공항코드	DANPARIS	DACPAR
국가코드	DCFRANCE	DCFR
주(STATE)코드	DNSUSCA	DNSCALIFORNIA
항공사코드	DNAKE	DNAKOREAN AIR

3. AVAILABILITY / SCHEDULE / TIME TABLE조회

특정날짜 항공사 지정	AN01APRSELBKK/AKE
출발/복편 동시조회	AN01APRSELBKK/AKE*20APR
Flight 정보 조회	DO1 혹은 DOKE001/01APR
스케줄 조회	SN01APRSELBKK
Time Table 조회	TN01APRSELBKK

4. 이름(NAME)

성인	NM1JUNG/TOPASMS
소아	NM1HAN/KTMSTR(CHD/20APR10)
유아(보호자 이름뒤에 입력)	1/(INFHAN/AAMISS/01JAN18)

5. 여정(ITINERARY)

예약가능편 조회 후 좌석요청	SS2Y1
출발/복편 동시 좌석요청	SS2Y1*11
대기자 좌석 요청	SS1Y1/PE
비항공 운송구간	SIARNK
OPEN 여정 작성	SOKE Y LAXICN

6. 연락처(CONTACT)

여행사	AP 혹은 AP031-123-3000-T
1번승객 Mobile	AP010-111-2222-M/P1
회사	AP02-777-8888-B

7. 예약 의뢰자(RECIEVED FROM) / 발권사항(TICKET ARRANGEMENT)

| 예약 의뢰자 | RFPAX |
| 발권정보 | TKTL 혹은 TKOK |

8. PNR 저장

저장 후 마침	ET
저장 후 재조회	ER
예약코드 자동정리 후 저장	ETK 혹은 ERK
취소	IG
취소 후 재조회	IR

9. PNR 조회

PNR 번호로 조회	RT12345678 혹은 RT1G23RR
승객성명으로 조회	RT/JUNG
출발날짜/ 승객명으로 조회	RT/10DEC-JUNG
비행편명/출발날짜/승객명 조회	RTKE702/10DEC-JUNG

10. 여정 변경 및 취소

3번여정 20MAY로 변경	SB20MAY3
4번여정 특정Flight로의 변경	SBKE001*4
전체여정 취소	XI
3번부터 5번여정 취소	XE3-5

11. FACT 사항

OSI 일반서비스 정보 입력	OS KE VIP INFO
SSR 특별서비스 신청/승객/여정 지정	SRCHML/P1/S2

12. 기타(REMARKS) / SEAT MAP / 마일리지 번호

기타 정보입력	RM FARE KRW750000 TAX KRW50000
PNR 조회 후 Seat Map 조회	SM5
마일리지 번호 자동 이관	FFAKE-BK12345678
마일리지 번호 수동 입력	FFNAF-20BB

13. PNR 분리(SPLIT)

1단계	PNR 조회
2단계	SP1 혹은 SP1,3,5
3단계	EF(두번)
4단계	ER(두번)
5단계	해당 Split PNR 조회

14. 단체(GROUP) PNR 작성

단체인원 및 단체명 입력	NG15ABC TOUR
여정작성	AN01DECSELHKG/AKE/CG SS15G1/SG AN15DECHKGSEL/AKE/CG SS15G1/SG
연락처 입력	AP AP010-222-3333 KIM GUIDE-M
그룹 요금입력	SRGRPFKE-GV10
저장	ER
개별이름 입력	NM1JUNG/AAMS1HAN/BBMR
저장	ER
입력이름 조회/ 전체 PNR 조회	RTN / RTW

SABRE

1
Chapter

항공예약
들어가기

---

1) 초기 화면 구성

- 인터넷 실행 후 edu.myabacus.co.kr(교육용 온라인 시스템) 입력 후 최초 설치를 진행

- 설치 후 아이콘 클릭 후 접속가능

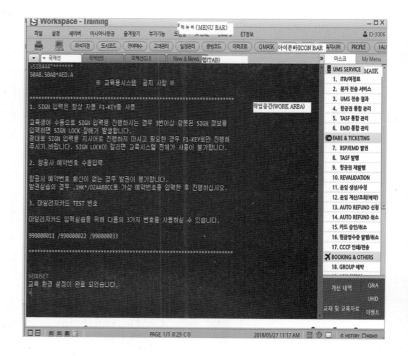

① 메뉴바(MENU BAR)	화면편집, 화면설정, 세이버 홈페이지 접속, Asiana 항공 홈페이지 접속 등 업무수행에 필요한 웹화면을 쉽게 찾을 수 있게 구성되어져 있다.
② 아이콘바(ICON BAR)	평상시 자주 조회해야 하는 기능 중 선별하여 메뉴 구성 화면인쇄/좌석지정/도시코드/잔여매수/부가기능 등
③ 탭(TAB)	업무 종류별로 구분된 지시어 입력공간(WORK AREA)분리, 국제/국내/국제선 GUI/ 국내선 GUI/NEW & NEWS 5개로 구성
④ 작업공간(WORK AREA)	사용자가 지시어를 입력하고 응답화면을 확인하는 공간
⑤ MASK	사용자가 지시어를 직접 입력하지 않고 해당 MASK 항목에 정보를 입력하면 지시어로 자동 전환되는 편리한 기능

2) KEY BOARD와 특수 기호의 사용

	Key Board	기능
1	Enter	Enter기능, 지시어 작업 수행
2	Pause	화면전체를 지워(Clear)시켜주며 Cursor나 SOM을 화면상단 좌측으로 이동시킴
3	HOME	Cursor를 해당 줄 맨앞으로 이동시킴
4	End	Cursor를 해당 줄 맨뒤로 이동시킴
5	Page Up, Page Down	전화면 조회, 다음 화면 조회
6	Ctrl + ↑	바로 전 지시어를 재생하고자 할 경우
7	Ctrl + ↓	바로 후 지시어를 재생하고자 할 경우

	특수기호	명칭	설명
1	*	Astrisk, Astar	예약기록을 조회(Display), 정리
2	@	Lozenge	입력내용 수정 및 삭제
3	–	Hyphen	이름 입력 지시어, 연속적인 범위 지정
4	/	Slash	다른 내용 입력 분류기능, 비연속적인 범위 지정
5	|	And The Item	복수의 지시어 연결
6	#	Sharp	발권지시어 연결 및 Plus(+)기능

3) Scrolling과 Folding

```
13    EKOKS    -    430000              E 26SEP-050CT -/  - EH01#
14    EKKSSQ   -            900000      E 26SEP-050CT -/  - EH02
15    MKKS     -            910000      M 26SEP-050CT -/  - EH01
16    HKKSSQ   -            960000      H 26SEP-050CT -/  - EH02
17    HKOKS    -    486000              H 26SEP-050CT -/  - EH01
18    MKKSSQ   -           1030000      M 26SEP-050CT -/  - EH02
19    EKOKSSQ  -    540000 1080000      E 26SEP-050CT -/  - EH02
20    MKOKS    -    546000              M 26SEP-050CT -/  - EH01
21    HKOKSSQ  -    576000 1152000      H 26SEP-050CT -/  - EH02
22    BKKS     -           1170000      B 26SEP-050CT -/  - EH01
23    BKKSSQ   -           1170000      B 26SEP-050CT -/  - EH02
24    MKOKSSQ  -    618000 1236000      M 26SEP-050CT -/  - EH02
25    YKKS     -           1400000      Y 26SEP-050CT -/  - EH01
26    BKOKSSQ  -    702000 1404000      B 26SEP-050CT -/  - EH02
27    BKOKS    -    702000              B 26SEP-050CT -/  - EH01
28    YKKSSQ   -           1410000      Y 26SEP-050CT -/  - EH02
29    YKOKS    -    720000              Y 26SEP-050CT -/  - EH01
30    UKAKS14  #           1460000      U 26SEP-050CT -/  - EH01
31    YRT      -           1512600      Y# ---       -/  - EH03
32    YKOKSSQ  -    776000 1552000      Y 26SEP-050CT -/  - EH02
33    UKKS     -           1600000      U 26SEP-050CT -/  - EH01
34    YOW      -    831500              Y# ---       -/  - EH03
35    ZKKS     -           1780000      Z 26SEP-050CT -/  - EH01#
```

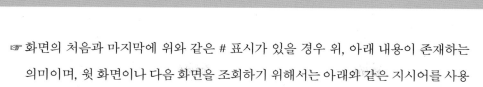

☞ 화면의 처음과 마지막에 위와 같은 # 표시가 있을 경우 위, 아래 내용이 존재하는 의미이며, 윗 화면이나 다음 화면을 조회하기 위해서는 아래와 같은 지시어를 사용하여 조회할 수 있다.

MD	다음 화면으로 이동
MU	윗 화면으로 이동
MB	가장 마지막 화면으로 이동
MT	가장 윗 화면으로 이동

 ## SIGN IN & OUT

CRS 사용자에게 부여되는 고유의 Log-In 번호가 Sign이다. 예약발권 업무 수행을 위해서는 화면상에 Sign을 입력하여야만 업무를 수행할 수 있으며, 예약기록에는 사용자 고유의 Sign 번호가 남게 된다.

1) 특징

- SABRE를 실행하는 시점에 SIGN 은 자동으로 입력되며 화면을 닫지 않는 이상 계속해서 작업진행이 가능하다.
- 사용 중인 컴퓨터 전원을 끄면 SIGN은 자동으로 삭제(OUT)된다.
- SIGN 입력 시 사용되는 Password는 보안정책에 따라 90일 단위로 자동 변경되도록 설정되어 있으며 사용자는 기능키인 F1을 입력하여 사용함으로써 별도의 변경 작업은 필요하지 않다. (단, Anywhere 사용자의 경우 관리방법이 다르다)

Z60D.Z60D*AAC.A

※ 교육용시스템 공지 사항 ※

****

1. 좌석확약 이후(HK) 항공사 예약번호 회신이 들어오지 않는 사례가 발생하는 경우 다음의 기능지시어로 항공사 예약번호를 수동 입력 후 발권 진행하시기 바랍니다.

항공사 예약번호 입력 기능: .1HK*/OZABCDEF
(단, HK 응답인 경우에만 입력 가능)

2. OZ 발권 시 DUPLICATE DOCUMENT 응답과 함께 발권이 불가한 상태가 자주 발생하고 있습니다. 평가때는 운임 및 지시어 저장 후 제출하시면 감점처리 하지 않으니 참고하시기 바랍니다.

3. 마일리지카드 TEST 번호
아래 번호로 마일리지카드 샘플 입력 진행하시기 바랍니다.
990000011 /990000022 /990000033

추가 문의가 있으신 경우 교육파트 02-2127-8931/8933으로 연락주십시오.

☞ Function Key (F1)을 누르면 자동으로 Sign 입력 지시어가 생성되어 동일한 효과가 나타난다.

2) 작업장 상태 확인

DI

```
DI
Z60D.Z60D*AAC.A
ACTIVE AGENT - KR ASIANA ABACUS -8555-Z60D
  KR T-ET       I-5106       H-5106
```

☞ Area A작업장만이 Sign이 입력된 상태로 ACTIVE AGENT로 표시 현재 사용 중인
   작업장임을 나타낸다.

Z60D	해당 여행사 PCC(Pseudo City Code)점소 코드
AAC	Agent Sign Code가 ED임을 의미
A	현재의 작업장 코드
8555	SIGN ID
T-ET	전자 발권가능 상태
I-5106, H-5106	ITR, 여정표 등의 문서 출력을 위한 Printer 번호

01 아래 응답화면의 설명이 잘못 기술된 내용을 고르시오.

> >DI
>
> 50A8.**50A8①***AED.B
>
> ACTIVE AGENT - KR TRAINING ROOM - **④8444**-50A8
>
> **②KR T-ET**　　　**③I-4007**　　H-4007

① 해당여행사 Pseudo City Code 접소 코드
② Electronic Ticket 발권가능상태
③ 현재 작업장 코드
④ Sign ID

02 다음은 특수기호의 기능이 바르게 연결된 것은 어느것인가?

① * (Asterisk) : 복수 item의 연결
② @ (Lozenge) : change
③ # (Sharp) : 연속적인 범위의 지정
④ − (Hyphen) : 비연속적인 범위의 지정

2
Chapter

DECODE와 ENCODE

1 DECODE와 ENCODE

항공업무를 수행하기 위해서는 먼저 월별코드(Monthly Code)와 IATA(International Air Transport Association)주관 하에 코드화하여 사용하고 있는 도시, 공항의 3-Letter 코드와 항공사의 2-Letter 코드를 알아야한다. 이는 항공업무의 신속성과 정확성을 통해 효과적인 업무수행을 위한 것이다. 도시, 공항, 항공사의 코드를 풀어서 설명해 주는 것을 DECODE라하며 반대로 코드화시켜 주는 것을 ENCODE라 한다.

1) 월별코드(Monthly Code)

	월	코드
1	JANUARY	JAN
2	FEBRUARY	FEB
3	MARCH	MAR
4	APRIL	APR
5	MAY	MAY
6	JUNE	JUN
7	JULY	JUL
8	AUGUST	AUG
9	SEPTEMBER	SEP
10	OCTOBER	OCT
11	NOVEMBER	NOV
12	DECEMBER	DEC

2) 주요 도시 및 공항 Code

일반적으로 도시에 공항이 하나만 있을 경우에는 도시코드와 공항코드가 동일하게 사용되어지나 두 개 이상의 공항이 있는 도시일 경우 도시코드와 공항코드는 별도로 존재한다.

	도시명	도시코드	공항명	공항코드
1	TAIPEI	TPE		
2	BANGKOK	BKK		
3	HONGKONG	HKG		
4	SINGAPORE	SIN		
5	MANILA	MNL		
6	BEIJING	BJS 혹은 PEK		
7	SHANGHAI	SHA	PU DONG	PVG
8	TOKYO	TYO	NARITA	NRT
			HANEDA	HND
9	OSAKA	OSA	KANSAI	KIX
			ITAMI	ITM
10	FRANKFURT	FRA		
11	PARIS	PAR	CHARLES DE GAULLE	CDG
			ORLY	ORY
12	LONDON	LON	HEATHROW	LHR
			GATWICK	LGW
13	NEW YORK	NYC	JOHN F KENEDDY	JFK
			LAGUARDIA	LGA
			NEWARK	EWR

	도시명	도시코드	공항명	공항코드
14	LOS ANGELES	LAX		
15	SAN FRANCISCO	SFO		
16	CHICAGO	CHI		
17	VANCOUVER	YVR		
18	SEOUL	SEL	INCHEON	ICN
			GIMPO	GMP

3) 주요 항공사 코드

	항공사명	항공사 코드
1	ASIANA AIRLINES	OZ
2	KOREAN AIR	KE
3	AMERICAN AIRLINES	AA
4	AIR CANADA	AC
5	BRITISH AIRWAYS	BA
6	AIR CHINA	CA
7	CATHAY PACIFIC AIRWAYS	CX
8	JAPAN AIRLINES	JL
9	LUFTHANSA	LH
10	SINGAPORE AIRLINES	SQ
11	THAI AIRWAYS	TG
12	UNITED AIRLIES	UA

2 DECODE

도시, 공항, 항공사코드 즉 3-Letter code, 2-Letter code를 풀어서 보여주는 것을
DECODE라 한다.

1	W/*LAX	도시코드 조회
2	W/*NRT	공항코드 조회
3	W/*OZ	항공사코드 조회
4	W/EQ*74M	비행기종 조회

1) 도시코드 조회

W/*LAX

W/*LAX
LAX **LOS ANGELES**, CA

☞ 도시명과 함께 해당 국가명이 조회된다.

2) 공항코드 조회

W/*NRT

W/*NRT
NRT **TOKYO NARITA**, JAPAN

☞ 공항명과 함께 해당 국가명이 조회된다.

3) 항공사코드 조회

W/*OZ

W/*OZ

OZ-988 <u>ASIANA AIRLINES</u>/ASIANA AIRLINES

☞ 항공사의 항공권 번호 3자리와 항공사명이 조회된다.

4) 비행 기종 조회

W/EQ*74M

>W/EQ*74M

74M MIXED PSGR FREIGHTER JET <u>BOEING 747</u>

   238 STD SEATS

5) 주(STATE)코드 조회

HCCWA

>HCCWA

 WA <u>WASHINGTON</u>

6) 국가코드 조회

HCCC/US

> \>HCCC/US
> US **UNITED STATES**

 ENCODE

도시, 공항, 항공사의 이름을 3-Letter, 2-Letter로 Code화 해주는 것을 ENCODE라 한다.

1	W/-CCTOKYO	도시코드 조회
2	W/-APNARITA	공항코드 조회
3	W/-ALCATHAY PACIFIC	항공사 코드 조회
4	W/-ATLAX	특정 공항 근처 10개 공항조회

1) 도시코드 조회

W/-CCTOKYO

- 기본지시어 : W/-CC
- 조회도시 : TOKYO

W/-CCTOKYO
TYO TOKYO, , JANPAN

2) 공항코드 조회

W/-APNARITA

- 기본지시어 : W/-AP
- 조회공항 : NARITA

```
W/-APNARITA
   * AIRPORT NAME *          * CITY NAME *      *STATE/COUNTRY*
NRT  NARITA                JP TOKYO NATIRA      JAPAN
```

☞ 공항코드와 함께 공항명, 해당 도시명, 해당 국가명이 조회된다.

3) 항공사코드 조회

```
W/-ALCATHAY PACIFIC
```

- 기본 지시어 : W/-AL
- 조회 항공사 : CATHAY PACIFIC

```
W/-ALCATHAY PACIFIC
CX-160 CATHAY PACIFIC AIRWAYS/CATHAY PACIFIC AIRWAYS LTD
```

☞ 항공사코드와 함께 항공사의 3자리 항공권번호가 조회된다.

4) 특정 공항 근처 10개 공항조회

```
W/-ATLAX
```

```
>W/-ATLAX

NEAREST AIR SERVICE FROM
```

```
LAX LOS ANGELES INTL,CA,US

TO
LGB LONG BEACH,CA,US              1 7 MI/      27 KM      SE
BUR BURBANK-HOLLYWOOD,CA,US        18 MI/      29 KM       N
SNA ORANGE CO SNTA ANA,CA,US       36 MI/      58 KM      SE
ONT ONTARIO INTL,CA,US             47 MI/      76 KM       E
OXR OXNARD VENTURA,CA,US           49 MI/      79 KM       W
SBD NORTON AIR FORCE B             68 MI/     109 KM       E
CLD CARLSBAD,CA,US                 86 MI/     138 KM      SE
SBA SANTA BARBARA,CA,US            89 MI/     143 KM       W
MYF MONTGOMERY,CA,US              107 MI/     172 KM      SE
SAN SAN DIEGO,CA,US               109 MI/     175 KM      SE
```

5) 주(STATE)코드 조회

HCCWASHINGTON

```
>HCCWASHINGTON
 WA WASHINGTON
```

6) 국가코드 조회

HCCC/UNITED KINGDOM

```
>HCCC/UNITED KINGDOM
 GB UNITED KINGDOM
```

01 다음 도시코드를 풀어 쓰시오.

    1) BJS

    2) MAD

    4) PAR

    5) NYC

02 다음 도시 코드를 쓰시오.

    1) SAN FRANCISCO

    2) BANGKOK

    3) JAKARTA

    4) LONDON

    5) MANILA

03 1월 ~12월까지의 Monthly Code를 쓰시오.

04 다음 도시와 공항CODE가 잘못 연결된 것을 고르시오.

1) PARIS- CDG ,ORY

2) SHANGHAI - PVG, SHA

3) TOKYO - NRT, HND

4) OSAKA - CGK

05 다음 중 유럽에 속한 도시가 아닌 것을 고르시오.

1) AMS   2) FRA

3) ROM   4) BOM

3 Chapter

예약 가능편 (Availability)와 스케줄 TIME TABLE

예약 가능편(Availability)

- 항공기의 좌석예약이 가능한지를 알아볼 수 있는 기능이다.
- 항공편의 출발, 도착시간, 좌석가능상태 등을 알 수 있다.
- 당일로부터 362일까지 조회가 가능하다.
- 특정항공사의 실시간 좌석상태 조회도 가능하다.

1	A01DECLAXSEL	일반 예약가능편 (General Seat Availability) 조회
2	A01SEPSELHKG@OZ	특정항공사 지정 실제 예약가능편(Last Seat Availability) 조회
3	VA*13	특정 항공편 세부정보 조회
4	S01MAYSELPAR	스케줄 TIME TABLE
5	S01AUGSELLON#OZ	항공사 지정 TIME TABLE

1) 일반 예약가능편 (General Seat Availability) 조회

- 지시어는 1 혹은 A로 시작한다.

A01DECLAXSEL	혹은	101DECLAXSEL

☞ 조회지시어/출발날짜/출발도시/도착도시

```
>A01DECLAXSEL

-01DEC+ THU   LAX/PST                   SEL/#17
요청일   요일   출발도시/태평양표준시간   도착도시/출발도시보다 17시간이 빠르다


1OZ   201 P9 F9 A9 J9 C9 D9 Z9 U9 Y9 LAXICN   1100 1730#1 388 0 LS DCA/E
  ①      B9 M9 H9 E9 Q9 K9 S9 V9 W9 TR L9 GR   ②


2SQ/OZ 5701 Z4 C4 J4 D4 Y9 B9 E9 M4 H9 LAXICN   1100 1730#1 388 0 LS DCA/E
  ③        W4 Q4      ④         ⑤                          ⑥
```

① 항공편명
② 출발시간/ 도착시간 (출발일보다 다음날 도착) : 각 도시의 현지시간
③ 공동운항편(Code share Flight) SQ(판매항공사 Marketing)/OZ(운항항공사 Operating)
④ 해당 Class 좌석 상태(좌석이 많음)
⑤ 출발공항/ 도착공항
⑥ 기종/ 경유지 횟수 / Meal Code/ SABRE 가입 Level/ 전자항공권 가능

참고

공동운항편(Code Share Flight)란?

두 항공사간에 이루어지는 마케팅 제휴의 일종으로 상대 항공사로부터 일정
한 좌석을 임차하여 자사의 항공편으로 판매함으로써 수익증대와 자사의 비 보
유 노선에 대한 운항편 확대 효과를 꾀하는 경우를 의미한다 일반적으로 판매 및
발권조건은 Marketing Carrier 규정에 따르며 실제 공항에서의 탑승수속 등은
Operating Carrier를 통해 진행하고 탑승규정에 대한 적용을 받는다.

(1) 기본 지시어 지정 후 간편 연속 지시어

A*	더 많은 예약가능편 조회
A01SEP	요청날짜 변경 조회
AR	복편(출발/도착 반대)조회
AR01SEP	요청날짜 변경 복편조회
A*R	예약가능편 재조회
A#1	+1일 즉 다음날 조회
A-1	-1일 즉 전날 조회

2) 특정항공사 지정 실제 예약가능편(Last Seat Availability) 조회

A01SEPSELHKG@OZ

```
>A01SEPSELHKG@OZ
-01SEP+ THU   SEL/Z#10    HKG/-2
OZ RESPONSE ** DIRECT CONNECT PARTICIPANT **
** ASIANA AIRLINES - AN **               88 TH 01SEP 0000
130Z     721 C9 D9 Z9 U9 Y9 B9 M9 H9 E9 ICNHKG   0900 1150   74E 0
             Q9 K9 S9 V9 W9 TR L9 GR
140Z     723 C9 D9 Z9 U8 Y9 B9 M9 H9 E9 ICNHKG   1000 1250   321 0
             Q9 K9 S9 V9 W9 TR L9 GR
150Z     745 C9 D9 Z9 U9 Y9 B9 M9 H9 E9 ICNHKG   1950 2240   772 0
             Q9 K9 S9 V9 W9 TR L9 GR
160Z     749 C9 D9 Z9 U9 Y9 B9 M9 H9 E9 ICNHKG   2010 2300   333 0
             Q9 K9 S9 V9 L9 W9 TR GR
```

☞ 항공사 지정 시 응답화면의 항공사 표시는 13번으로 시작하는 것에 유의한다.

(1) 특정 항공사 지정 후 간편 연속 조회 지시어

A@*	더 많은 실제 예약가능편 조회
A@23SEP	요청날짜 변경 조회
A@R	복편(출발/도착 반대 Return) 조회
A@R23SEP	요청날짜 변경 복편조회

(2) 기타 특정 항공편 세부정보 조회

예약가능편 조회 후 다음과 같은 지시어를 사용하여 특정 항공편의 세부정보 조회가 가능하다.

A01SEPSELBKK	혹은	A01SEPSELBKK@OZ

▼

VA*13

```
>VA*13
1SEP  FLT SEGMENT DPTR  ARVL   MEALS    EQP  ELPD MILES SM

13 OZ  741 ICN BKK 1830    2205    D        388  5.35    2286    N
항공편   출/도착공항 출발/도착시간 기내식    기종 비행시간 마일리지 Non-Smoking
```

2 스케줄 TIME TABLE

- 특정 두 구간을 운항하는 14일간의 항공편 운항정보를 확인하는 기능이다.
- 조회일로부터 331일 이내 항공편만 조회 가능하다.

1) 기본 형태

```
S01MAYSELPAR
```

```
>S01MAYSELPAR
 01MAY   MON - 15MAY   MON    SEL/Z#9     PAR/-7
 1KE      901 ICNCDG    1320 1830    388  0 1234567 01MAY-28OCT
 2OZ      501 ICNCDG    1230 1700    772  0 1.3.567  30OCT-31DEC
         ①        ②         ③          ④        ⑤         ⑥
 30K/KE 4191 ICNPRG    1245 1650   77W  0 1.3....   01APR-25OCT
 40K      766    CDG    1735 1925   319  0 1234567 01APR-25OCT
                 ⑦
```

① 운항항공사

② 출·도착 공항

③ 출·도착 시간(현지시간)

④ 기종

⑤ 운항요일(1:월 2:화 3:수 4:목 5:금 6:토 7:일)

⑥ 해당 항공편 운항기간

⑦ 연결편 [예 인천-프라하-샤를르 드골(파리)]

2) 추가 지정 및 연속 조회 지시어

S01AUGSELLON#OZ	항공사 지정 스케줄 조회
S01AUGSELLON/D	직항편 지정
S*	추가 스케줄 조회
SR	복편 조회

01 다음 주어진 조건으로 항공사 지정 좌석 가능상태(Last Seat Availablity)를 조회하는 지시
   어를 쓰시오.

> 날짜 : 7월 7일
> 출발지 : 서울(SEL)
> 목적지 : 샌프란 시스코(SFO)
> 항공사 : OZ

02 아래의 응답화면에 대한 설명으로 틀린 것을 고르시오.

```
01APR     DPTR      ARVL    MEALS    EQP  ELPD ACCUM MILES SM

ICN CDG①   1230      1750    LS②       77L  12.20 12.20③   626   N

DEP-TERMINAL 1④               ARR-AEROGARE 1

>
```

① 출발공항/도착공항
② 기내식
③ 출발지와 목적지간의 시차
④ 출발공항 터미널 번호

03 아래의 AVAILABILITY 조회 화면을 보고 잘못 설명된 것을 고르시오.

```
10MAY  MON  [PAR/Z#2    SEL/#7]  ①
1KE/AF 5902 C4 K4 M4 I4 Y4 S4 CDGICN 1625   1020#1 777 H 0 DC
            H4 Q4 L4 B4 U4
2AF     264 P4 H4 W4 T4 U4 L4 CDGICN 1625   1020#1 777 MS 0 DCA /E
            F4 A4 J4 C4 D4 Z4 Y4 K4                    ③
3KE     902 C4 P4 L4 K4 M4 J4 CDGICN 2150  [1605#1] 744 H 0 DC /E
            I4 Y4 W4 B4 E4 S4 H4 Q4 T4 U4
[4AF/KE] 262 J4 U4 L4 N4 G4 B4 CDGICN 2150   1605#1 744 MB 0 DCA
  ②         C4 D4 Z4 Y4 K4 [H4 W4 T4]
                              ④
```

① ①의 내용을 보면 SEL은 PAR보다 7시간 빠른 도시이다.

② ②에서 AF/KE의 의미는 CODE-SHARE FLIGHT를 의미하는 것으로 실제 운항은
  AF에서 진행하고 KE가 공동 판매를 하는 경우이다.

③ ③에서의 #1의 의미는 최종 도착일이 출발일의 하루 다음 날이라는 뜻이다.

④ ④에서의 T-CLASS 좌석은 현재 예약이 가능하다.

04 다음 응답화면 해설로 틀린 것을 고르시오.

```
01JAN SUN - 15JAN SUN   SEL/Z#9     LON/-9

1KE     907 ICNLHR  1300 1630   77W  0 1234567 30OCT-25MAR

2OZ     521 ICNLHR  1430 1750   77L  0 1234567 30OCT-25MAR

3BA      18 ICNLHR  1055 1425   788  0 1234567 27DEC-25MAR

4AY      42 ICNHEL  1115 1415   333  0 ..34567 27DEC-01JAN

5AY     833 LHR     1600 1710   32B  0 ......7 27DEC-01JAN
```

① DIRECT FLIGHT는 5편이다.

② KE907편은 Daily 운항한다.

③ 서울과 런던의 시차는 런던이 서울과 비교해서 9시간 느리다.

④ AY 42편은 수목금토일 운항한다.

4
Chapter

PNR의 여정
작성

 1 **PNR 여정의 작성**

1) PNR이란?

Passenger Name Record의 약자로 승객의 항공 여정 및 호텔, 렌터카, 부대 서비스 예약 등을 요청한 승객의 정보가 저장되어 있는 여객 예약 기록을 말한다

2) PNR 작성의 구성요소

PNR 작성을 위한 구성요소로는 필수입력 사항과 선택 입력사항으로 구분할 수 있다. 필수입력 사항은 반드시 입력하여야 PNR이 작성되는 사항이며, 선택 입력사항은 승객에게 제공되는 서비스를 선택적으로 입력해 주는 사항이다

● **필수입력사항**

기본지시어	설명	입력지시어 예
0 혹은 N	여정	N2Y1 N2Y1LL 0OZOPENY11NOVICNHKGDS2
–	이름	-HAN/A MR(성인 남) -HAN/B MISS*C11(소아 여) 　3CHLD/04FEB11-2.1(소아추가입력) -I/HAN/A MSTR*I12(유아 남) 　3INFT/HAN/A MSTR/04FEB19- 　1.1(유아추가입력)
9	연락처	9T*02-2127-8888 AAA TRVL MS KIM 9M*010-111-1234

● 선택입력사항

기본지시어	설명	입력지시어 예
3	특별서비스신청(SSR)	3VGML1-1.1
3OSI	일반정보 입력(OSI)	3OSI OZ LCTCF LAX 888-999-1234
4G	사전좌석배정	4G1/15AB
FF	마일리지카드번호 입력	FFOZ123456789-1.1
5	REMARKS	5PAX WL PAY CREDIT CARD
6	예약 의뢰자 RECEVIED FROM	6CHO IN SUNG
7	항공권 정보 입력	7TAW/

3) 여정(Itinerary Field)

항공, 호텔, 렌터카, 비행기를 안 타고 타 교통수산을 이용하는 구간인 비항공 운송구간을 포함하여 여정이라 한다.

1	N1Y13 혹은 01Y13	예약가능편 조회 후 1좌석 13번 좌석요청
2	N1Y13LL	예약가능편 조회 후 대기자 좌석요청
3	0OZ102Y29JUNICNNRTNN2	좌석이 가능할 때 직접입력 지시어
4	0OZ751L01AUGICNSINLL1	대기자 좌석 직접입력 지시어
5	N1Y13OPEN	예약가능편 조회 후 OPEN여정 작성
6	0AA	ARNK 자동입력
7	/1/3	1번 밑으로 3번 여정 이동

4) 예약 가능편(Availability)을 이용한 여정 작성

(1) 좌석 예약이 가능한 경우

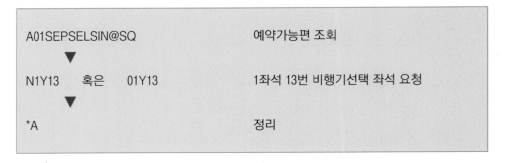

A01SEPSELSIN@SQ   예약가능편 조회

▼

N1Y13   혹은   01Y13   1좌석 13번 비행기선택 좌석 요청

▼

*A   정리

```
>A01SEPSELSIN@SQ
 -01SEP+ SAT   SEL/Z#9     SIN/-1
SQ RESPONSE ** DIRECT CONNECT PARTICIPANT **
** SINGAPORE AIRLINES - AN **          96 SA 01SEP 0000
13SQ    7 F2 A2 Z4 C4 J4 U4 D4 S9 T9 ICNSIN   0035 0555   77W 0
          P4 Y9 B9 E9 M9 H9 W9 Q9 N9 L9
14SQ    607 Z4 C4 J4 U4 D4 Y9 B9 E9 M9 ICNSIN   0900 1420   333 0
          H9 W9 Q9 N9 L9
                                    ▼
N1Y13
                                    ▼
>*A
NO NAMES
 1 SQ   7Y 01SEP 6 ICNSIN SS1  0035  0555  /DCSQ /E
50A8.50A8*AED 2143/27MAY18
```

(2) 대기자 좌석요청

A01AUGSELSIN@OZ	예약가능편 조회
▼	
N1L15LL	1좌석 15번 비행기선택 좌석 요청
▼	
*A	정리

```
>A01AUGSELSIN@OZ
 -01AUG+ WED   SEL/Z#9    SIN/-1
OZ RESPONSE ** DIRECT CONNECT PARTICIPANT **
** ASIANA AIRLINES - AN **            65 WE 01AUG 0000
*** OZ FIRST SUITE (77W) & OZ BUSINESS SMARTIUM (77L) ***
13OZ*   6725 D2 UL Q4 K4 S4            ICNSIN    0035 0555   77W 0
14OZ*   6781 C9 D9 UL Y9 B9 ML HL EL QL ICNSIN    0900 1420   333 0
           SL
15OZ    751 C9 D9 Z9 U8 P9 Y9 B9 M9 H9 ICNSIN    1610 2130   333 0
           E9 Q9 K9 S6 V6 LL G9
                              ▼
>N1L15LL
DIRECT CONNECT IN PROGRESS
                              ▼
>*A
NO NAMES
 1 OZ 751L 01AUG 3 ICNSIN LL1  1610  2130  /DCOZ /E
OZ ECONOMY CLASS
50A8.50A8*AED 2148/27MAY18
```

(3) 직접 입력 요청(Direct Segment Request)

예약가능상태 조회 없이 여정 작성을 직접 요청하는 방식으로 반드시 공항코드를 사용하여야하며 여정 작성을 위한 항공편 정보를 사용자가 미리 알고 있어야만 사용할 수 있다.

① 좌석 예약이 가능할 경우

0OZ102Y29JUNICNNRTNN2

☞ 기본지시어/항공편명/class/출발날짜/출도착공항코드/요청 2좌석

```
>0OZ102Y29JUNICNNRTNN2
 0900  1110  3 S  SEG 1 SS Y /DCOZ /E
                         ARR-TERMINAL 1
>*A
NO NAMES
 1 OZ 102Y 29JUN 3 ICNNRT SS2  0900  1110  /DCOZ /E
OZ ECONOMY CLASS
50A8.50A8*AED 2245/05JUN16
```

② 대기자로 예약할 경우

0OZ751L01AUGICNSINLL1

```
>0OZ751L01AUGICNSINLL1
 1610  2130  3 S  SEG 1 LL L /DCOZ /E
DEP-TERMINAL 1                 ARR-TERMINAL 3
```

```
SURNAME CHG NOT ALLOWED FOR OZ-L FARECLASS
>*A
NO NAMES
 1 OZ 751L 01AUG 3 ICNSIN LL1  1610  2130  /DCOZ /E
OZ ECONOMY CLASS
50A8.50A8*AED 2151/27MAY18
```

5) OPEN 좌석요청

여정 작성 시 구간은 정해졌으나 예약날짜가 미정인 경우 발권 및 여정의 연속성을 유지시켜 주기 위한 방법으로 미확정 구간(OPEN SEGMENT)의 여정을 작성한다.

● 방법1

0OZOPENY29JUNICNNRTDS2	지시어/항공사open/class/날짜/출도착공항code/ 2좌석
▼	
*A	정리

```
>0OZOPENY29JUNICNNRTDS2
01 OZ OPEN Y  29JUN ICNNRT DS02

            ▼

>*A
NO NAMES
 1 OZOPENY 29JUN 3 ICNNRT DS2
50A8.50A8*AED 2208/05JUN16
```

● 방법2

```
A01DECTPESEL@OZ
       ▼
N1M13OPEN                          좌석요청/1좌석/class/13번항공사/open
       ▼
*A                                 정리
```

```
>A01DECTPESEL@OZ
 -01DEC+ THU   TPE/Z#8      SEL/#1
OZ RESPONSE ** DIRECT CONNECT PARTICIPANT **
** ASIANA AIRLINES - AN **                  178 TH 01DEC 0000
13OZ     712 C9 D9 Z9 U9 Y9 B9 M9 H9 E9 TPEICN    1350 1710    772 0
         Q9 K9 S9 V9 L9 W9 T9 GR
                                    ▼
>N1M13OPEN
   OZOPENM   01DEC TPEICN DS01  00000  00000     /E
                                    ▼
>*A
NO NAMES
 1 OZOPENM 01DEC 4 TPEICN DS1
50A8.50A8*AED 2217/05JUN16
```

● 방법3 : 기타 조건 지시어

N1M13OPEN/ND	Availibility 조회 후 지시어
0YYOPENYTPEICNDS1	항공사 미지정/날짜 미지정 직접입력지시어

6) ARNK(Arrival Unkown) 여정의 작성– 비항공운송 구간

여행 중 항공편을 이용하지 않고 그 외의 운송수단으로 여행을 하게 되는 경우를 비항 공운송구간(Surface Sector)이라 하며 이러한 비항공운송구간이 발생할 경우 여정의 연속성 을 유지시켜 주기 위한 수단으로 ARNK여정을 작성한다

● 방법1

0A

```
NO NAMES
 1 OZ 761M 01OCT 6 ICNCGK SS1   1715   2215   /DCOZ /E
OZ ECONOMY CLASS
 2 OZ 752M 05OCT 3 SINICN SS1   2240   0600 06OCT 4   /DCOZ /E
OZ ECONOMY CLASS
 3 ARNK
50A8.50A8*AED 2225/05JUN16
```

/1/3	여정이동 1번 뒤로 3번 이동

```
NO NAMES
 1 OZ 761M 01OCT 6 ICNCGK SS1   1715   2215   /DCOZ /E
OZ ECONOMY CLASS
 2 ARNK
 3 OZ 752M 05OCT 3 SINICN SS1   2240   0600 06OCT 4   /DCOZ /E
OZ ECONOMY CLASS
50A8.50A8*AED 2230/05JUN16
```

☞ "0A" 사용시 입력순서대로 입력되므로 여정이동을 해야하는 경우가 발생한다.

● 방법2

/1A	1번여정 뒤에 ARNK 직접입력 지시어

```
NO NAMES
 1 OZ 761M 01OCT 6 ICNCGK SS1  1715  2215  /DCOZ /E
OZ ECONOMY CLASS
 2 OZ 752M 05OCT 3 SINICN SS1  2240  0600 06OCT 4  /DCOZ /E
OZ ECONOMY CLASS
50A8.50A8*AED 2233/05JUN16
```

▼

```
>/1A
SEG   ARNK
```

▼

```
NO NAMES
 1 OZ 761M 01OCT 6 ICNCGK SS1  1715  2215  /DCOZ /E
OZ ECONOMY CLASS
 2 ARNK
 3 OZ 752M 05OCT 3 SINICN SS1  2240  0600 06OCT 4  /DCOZ /E
OZ ECONOMY CLASS
50A8.50A8*AED 2234/05JUN16
```

● 방법3 : ARNK 자동입력 지시어

0AA	ARNK가 필요한 여정으로 자동입력 지시어

여정의 수정 및 취소

1	.1/30AUG	1번여정 날짜 변경
2	XI	전체여정 취소
3	X3	3번여정 취소

1) 출발일자 변경

예약 확약 후 동일한 항공편의 동일한 출발시간으로 출발일자만 변경하고자 할 경우 사용하는 것으로 좌석예약이 가능한 경우에만 적용할 수 있다.

```
1 OZ 102Y 01DEC 2 ICNNRT SS1   1000   1210 /DCOZ /E
                          ▼
>.1/30AUG
                          ▼
.1/30AUG
 1000   1210  2 SEG 1 SS Y DCOZ /E
*A
1 OZ 102Y 30AUG 2 ICNNRT SS1   1000   1210 /DCOZ /E
```

2) 여정의 취소

(1) 전체여정 취소

```
XI
```

```
< PNR - DVNZMX >
 1.1JUNG/HOJINMS
 1 OZ 102M 20AUG 5 ICNNRT HK1  1000  1210 /DCOZ*6UBS00 /E
 2 OZ 107M 30AUG 1 NRTICN HK1  0900  1130 /DCOZ*6UBS00 /E
PHONES
  1.SEL 02-777-8888 ABC TRVL JUNG-T
  2.SEL 010-777-9999-T
PASSENGER DETAIL FIELD EXISTS - USE PD TO DISPLAY
TICKET RECORD - NOT PRICED
GENERAL FACTS
  1.SSR ADTK 1B NBR TO OZ BY 10SEP10 SEL//OR WL BE XXLD
RECEIVED FROM - P
Z0F8.Z0F8*ANU 0906/06NOV09 DVNZMX H


XI
CNLD FROM  1.
```

```
< PNR - WFYFNV >
 1.1JUNG/AA MR  2.1HAN/BB MS
NO ITIN
TKT/TIME LIMIT
  1.TAW/
PHONES
  1.SEL02-123-3000 ABC TRVL MS KIM
  2.SEL010-123-3000
```

```
PASSENGER DETAIL FIELD EXISTS - USE PD TO DISPLAY
RECEIVED FROM - P
50A8.50A8*AED 0031/08JUN16 WFYFNV H
```

☞ 여정부분이 삭제되었음을 의미하며 예약취소 시 여정만 취소하고 저장 "E" enter를
하면 이름이나 다른 입력 사항을 취소할 필요 없이 취소작업은 마무리된다.

(2) 부분여정 취소

X3	3번째 여정만 취소
X2-4	2번째 여정부터 4번째 여정까지 취소
X2/4	2번째 여정과 4번째 여정만 취소

3 여정 작성 시 유의사항

1) 여정 작성 시 요청되는 좌석의 수는 각 여정마다 동일해야 한다.

2) 승객 중 유아(Infant)가 포함되어 있는 경우에는 좌석 수에 포함시키지 않는다.

3) 여정의 연속성이 이루어지지 않는 경우에는 PNR이 정상적으로 저장될 수 없다.

4) 동일한 날짜에 연결되는 연결편 비행기를 예약하는 경우에는 최소 연결 시간
(Minimum Connection Time) 을 감안하여 여정을 작성하도록 한다.

5) 여정이 모두 삭제되었던 PNR에 새로운 여정을 다시 작성하는 것은 CRS 시스템과 항
공사 시스템간의 불일치를 유발할 수 있으므로 취소한 PNR을 재활용하지 않는다.

01 다음은 PNR의 구성요소에 관한 설명이다. 알맞은 것은?

① 필수입력 사항은 여정, 이름, 항공권 번호입력이다.

② 여정의 지시어는 0 혹은 A이다.

③ 연락처 지시어는 7이다.

④ 이름의 지시어는 – 이다.

02 여정의 연속성을 지켜주기 위해 작성되는 ARNK 여정은 올바른 위치에 입력되어야 그 역할을 올바르게 수행할 수 있다. 다음 중 특정 위치를 지정해서 ARNK를 입력하는 기능으로 올바른 지시어는?

1) //1　　　　　　　　　　　　　2) /A1

3) /2A　　　　　　　　　　　　　4) /2S1

03 다음 응답화면이 조회될 수 있는 지시어는 어느 것인가?

```
0-01DEC+ THU    SEL/Z#9      LAX/PST-17
UA RESPONSE ** DIRECT CONNECT PARTICIPANT **
13UA      78 J9 C9 D9 Z9 P9 Y9 B9 M9 E9 ICNNRT    1325 1545    738 0
          U9 H9 Q9 V9 W9 S9 T9 L9 K9 G9 N9
```

① A01DECSELLAX　　　　　　　　② 101DECSELLAX@OZ

③ A01DECSELLAX@UA　　　　　　④ 101DECSELLAX

04 다음 조건에 맞는 여정지시어는 어느 것인가? (승객 : 성인 2명, 유아 1명)

```
  -01JAN+ SUN    SEL/Z#9     SIN/-1
SQ RESPONSE ** DIRECT CONNECT PARTICIPANT **
** SINGAPORE AIRLINES - AN **            207 SU 01JAN 0000
13SQ     603 Z4 C4 J4 U4 D4 Y9 B9 E9 M9 ICNSIN    0010 0600    333 0
            HL WL Q9 NL L9
14SQ     607 Z4 C4 J4 U4 D4 Y9 B9 E9 M9 ICNSIN    0900 1450    333 0
            HL WL Q9 NL L9
```

① 03Y13   ② 013Y3
③ N2Y13   ④ N13Y2

05 아래의 화면을 보고 여정의 순서를 바르게 정렬하기 위한 지시어는 무엇인가?

```
  1 OZ 102M 20DEC 7 ICNNRT SS1   1000   1210 /DCOZ /E
  2 OZ9113Y 30DEC 3 KIXICN SS1   0956   1141 /DCOZ
  3    ARNK
```

① /1S2   ② 2S1
③ /1/3   ④ /1/2

06 아래에 조회된 화면에서 표시된 항목별 설명으로 올바르지 못한 것은 어느 것인가?

```
-10JUL+ FRI    SEL/Z#9      PAR/-7
1KE      901 R4 A4 J4 C4 D4 I4 Z4 Y4 B4 ICNCDG       1320 1820    388 0 LD DC/E
             M4 H4 E4 K4 Q4 T4 G4
2AF/KE 5093 P2 F2 J9 C9 D9 I9 Z9 O0 Y9 ICNCDG       1320 1820    388 0 LD DCA/E
             B9 M9 U9 K9 H9 L9 Q9 T9 E0 N9 R0 V0 X0 G0
3OZ      501 C9 D9 Z9 U9 Y9 B9 M9 H9 E9 ICNCDG       1230 1750    772 0 LS DCA/E
             Q9 K9 S9 V9 L9 W7 T0 G0
4AF      267 P6 F6 J9 C9 D9 I9 Z9 O0 W9 ICNCDG       0930 1425    77W 0 MS DCA/E
             S9 A9 Y9 B9 M9 U9 K9 H9 L9 Q9 T9 E0 N9 R9 V0 X0 G0
5KE/AF 5901 J4 C4 D4 I4 Z4 Y4 B4 M4 H4 ICNCDG       0930 1425    77W 0 DC/E
             E4 K4 Q4 T4 G4
60K/KE 4191 J3 C3 D1 Y9 M9 B9 H9 K9 T9 ICNPRG       1245 1650    772 0 DCA/E
             A9 L9 X9 Q9 U9 V5 N0 S0 W0 G0 R0
7OK      766 J8 C8 D2 Y9 M9 B9 H9 K9 T9      CDG    1735 1925    320 0 O DCA/E
             A9 L9 X9 Q0 U0 V0 N0 S0 W0 G0 R0
8SU      251 J7 C7 D7 I7 Z6 O2 W7 S7 A1 ICNSVO       1310 1615    77W 0 LS DC/E
             Y7 B7 M7 U7 K7 H7 L7 X5 Q7 T7 E7 N7 R0 G0 V0
9SU      261 J7 C7 D7 I7 Z7 O3 Y7 B7 M7      CDG    1755 2055    320 0 L DC/E
             U7 K7 H7 L7 X5 Q7 T7 E7 N7 R0 G0 V0
10SU/KE 3891 J7 C7 Y7 B7 M7 U7 K7 H7 L7 ICNSVO       1335 1650    772 0 LD DC/E
             Q7
11SU     261 J7 C7 D7 I7 Z6 O3 Y7 B7 M7      CDG    1755 2055    320 0 L DC/E
             U7 K7 H7 L7 X5 Q7 T7 E0 N0 R0 G0 V0
```

① 2번라인의 AF/KE는 두 항공사간의 공동운항을 표시한 것으로 실제 운항은 KE가 진행하고 있다.

② KE901편은 출발일 기준 1일 뒤 18시20분에 도착한다.

③ 파리(PAR)는 서울(SEL)보다 7시간 느리다.

④ 해당 Availability는 A10JULSELPAR을 조회한 내용이다.

5
Chapter

PNR의 이름
(Name Field)

1 특징

- 승객의 여권상의 영문이름을 기본으로 성(Last Name)과 이름(First Name)을 구분하며 성별(title)을 사용하여 입력한다.
- 승객의 유형은 나이에 따라 성인(Adult) , 소아(Child), 유아(Infant)로 구분된다.
- 소아와 유아의 경우에는 이름을 입력 시 나이를 함께 입력한다.

▶▷ 승객유형 및 성별(Title)

구분	분류기준 (탑승일 기준)	성별
성인(ADT)	만 12세 이상	MS / MR / MRS PROF(Professor) : 교수 DR(Doctor) : 박사 또는 의사 CAPT(Captain) : 기장 REV(Reverend) : 성직자
소아(CHD)	만 2세 이상 ~ 만 12세미만	MISS / MSTR
유아(INF)	생후 14일이상 ~ 만 24개월미만	MISS / MSTR

2 이름 입력 지시어

1	–JUNG/ABACUS MR	성인이름 입력 지시어
2	–HAN/BB MSTR*C09 3CHLD/01JAN11–2.1	소아이름 입력 지시어
3	–I/HAN/CC MISS*I20 3INFT/HAN/CC MISS/01SEP19–1.1	유아이름 입력 지시어

1) 성인 (ADT: 만 12세 이상)

–JUNG/ABACUS MR	–성/이름 Title

```
–JUNG/ABACUS MR *
*A
 1.1JUNG/ABACUS MR
NO ITIN
NO DATA
```

☞ 위의 응답화면에서와 같이 이름입력 후 정리조회 지시어 "*A"로 조회하였을 경우
　1.1이라는 번호를 확인할 수 있다.

2) 소아 (CHD: 만 2세 이상 ~ 12세 미만의 승객)

▶▷ 소아(Child) 이름 입력

−HAN/BB MSTR*C09	−성/이름 Title*C나이
3CHLD/01JAN11−2.1	3소아/생년월일−승객번호(추가사항 입력

```
1.1HAN/AA MR  2.1HAN/BB MSTR*C09
 1 OZ 202Y 01SEP 4 ICNLAX SS2  1440  1030  /DCOZ /E
SKD CHG - TIMES DIFFER FROM BOOKED
OZ ECONOMY CLASS
PHONES
  1.SEL02-123-3000 ABC TRVL MS JUNG
  2.SEL010-123-3000
PASSENGER DETAIL FIELD EXISTS - USE PD TO DISPLAY
GENERAL FACTS
  1.SSR CHLD OZ HK1/01JAN11
```

☞ 소아는 이름 입력 후 반드시 추가사항인 생년월일을 입력해 주어야 한다.

3) 유아 (INF: 생후 14일 이상~만 24개월 미만)

유아는 좌석 수에 포함 시키지 않으므로 이름입력이외에 유아의 생년월일을 추가적으로 입력하여야 함과 동시에 보호자의 이름번호와 연결시켜 주어야 한다.

▶▷ 유아(Infant) 이름 입력

−I/HAN/CC MISS*I20	−I/성/이름 Tile*I개월수
3INFT/HAN/CC MISS/01SEP19−1.1	3유아/성/이름 Title/생년월일−보호자번호

```
1.1HAN/AA MR  2.1HAN/BB MSTR*C09  3.I/1HAN/CC MISS*I20
 1 OZ 202Y 01SEP 4 ICNLAX SS2  1440  1030  /DCOZ /E
SKD CHG - TIMES DIFFER FROM BOOKED
OZ ECONOMY CLASS
PHONES
  1.SEL02-123-3000 ABC TRVL MS JUNG
  2.SEL010-123-3000
PASSENGER DETAIL FIELD EXISTS - USE PD TO DISPLAY
GENERAL FACTS
  1.SSR CHLD OZ HK1/01JAN07
  2.SSR INFT OZ NN1 ICNLAX0202Y01SEP/HAN/CC MISS/01SEP19
50A8.50A8*AED 0053/08JUN16
```

☞ 유아는 이름 입력 후 반드시 추가사항인 생년월일을 입력해 주고 보호자 번호를 입력해 주어야하며, 이름입력 후 추가사항에도 반드시 똑같이 입력해 주어야 예약이 완성된다.

 ## 이름(Name)의 수정과 삭제

이름의 수정과 삭제는 PNR의 최초 저장 이전에만 가능하다. PNR 생성이후에는 항공사의 예약 규정에 따라 성 및 이름을 변경할 경우 항공사가 임의로 예약을 취소할 수도 있다.

| 1 | −1@MOON | 성 수정(PNR 저장 전만 가능) |
| 2 | −1.1@JINYOUNG MR | 이름 수정 |

3	–2.1@*C06	소아의 나이 수정
4	–3.1@*I10	유아의 개월수 수정
5	–2.1@	2번 승객이름 삭제(PNR 저장 전만 가능)

1) 성(Last Name)의 수정

```
–1@MOON
```

```
1.1JUNG/AA MR
NO ITIN
NO DATA
–1@MOON *
*A
 1.1MOON/AA MR
NO ITIN
NO DATA
```

☞ 성의 수정 시 이름번호는 반드시 1로 하여야한다. PNR 완성 전에만 가능하다.

2) 이름(First Name) 의 수정

```
–1.1@JINYOUNG MR
```

```
1.1MOON/AA MR
NO ITIN
NO DATA
–1.1@BBB MR *
        ▼
```

```
*A
1.1MOON/BBB MR
NO ITIN
NO DATA
```

3) 소아와 유아의 나이 및 개월 수 수정

-2.1@*C06	-승객번호@*C수정할 나이
-3.1@*I10	-승객번호@*I수정할 개월수

```
1.1HAN/AA MR  2.1HAN/BB MSTR*C09  3.I/1HAN/CC MISS*I20
 1 OZ 202Y 01SEP 4 ICNLAX SS2  1440  1030  /DCOZ /E
SKD CHG - TIMES DIFFER FROM BOOKED
OZ ECONOMY CLASS
PHONES
  1.SEL02-123-3000 ABC TRVL MS JUNG
  2.SEL010-123-3000
PASSENGER DETAIL FIELD EXISTS - USE PD TO DISPLAY
GENERAL FACTS
  1.SSR CHLD OZ HK1/01JAN11
  2.SSR INFT OZ NN1 ICNLAX0202Y01SEP/HAN/CC MISS/01SEP19
```
▼
```
>-2.1@*C06 *
>-3.1@*I10 *
```
▼
```
1.1HAN/AA MR  2.1HAN/BB MSTR*C06  3.I/1HAN/CC MISS*I10
1 OZ 202Y 01SEP 4 ICNLAX NN2  1440  1030  /E
```

```
PHONES
  1.SEL02-123-3000 ABC TRVL MS JUNG
  2.SEL010-123-3000
PASSENGER DETAIL FIELD EXISTS - USE PD TO DISPLAY
GENERAL FACTS
  1.SSR CHLD OZ HK1/01JAN14
  2.SSR INFT OZ NN1 ICNLAX0202Y01SEP/HAN/CC MISS/01SEP19
```

☞ 상기 지시어를 이용하여 소아와유아의 나이를 정상적으로 수정하였으며, 이에 따라 GENERAL FACTS 에도 수정된 내용이 추가로 입력되어야 한다. 따라서 기존 내용을 삭제한 후 다시 입력 한다.

4) 소아와 유아의 추가사항 삭제 및 재입력

31-2.XX	삭제
3CHLD/01MAY11-2.1	소아 추가사항 재입력
3INFT/HAN/CC MISS/01OCT19-1.1	유아 추가사항 재입력

5) 이름(Name)의 삭제

-2.1@	혹은	-2@

```
1.1HAN/AA MR  2.1HAN/BB MSTR*C06  3.I/1HAN/CC MISS*I10
                        ▼
>-2@ *
>*A
1.1HAN/AA MR  2.I/1HAN/CC MISS*I10
```

☞ 삭제는 최초의 PNR 완성 전에만 가능하며, PNR 완성 후에는 수정만이 가능하다.

 4 **이름**(Name Field)**작성 시 유의사항**

1) 유아는 좌석을 점유하지 않으므로 유아의 이름입력은 가장 마지막 순서로 입력하도록 한다.

2) 모든 승객의 이름은 PNR 완성 전에는 수정 또는 삭제가 가능하나, PNR 완성 후에는 삭제는 불가능하며 수정만 제한적으로 가능하다. (각항공사의 규정에 따른다)

01 다음에 승객이름의 입력 지시어로 적당한 것은 어느 것인가?

    ① -JUNG/ABACUS MSTR*I23

    ② -MOON/JUNHYUNG MSTR*C11

    ③ -C/LEE/SARANG MISS*C11

    ④ -I/LEE/SOMANG MSTR*I16-1.1

02 다음은 화면을 보고 소아와 유아의 추가 입력지시어를 입력하고자 한다. 적당한 것은 어느 것인가?

```
1.1MOON/JINHYUNGMR   2.1MOON/JUNGHYUNMSTR*C09
3.1I/MOON/SEOYOUNG MISS*I22
 1 OZ 202Y 01DEC 2 ICNLAX SS2  1630  1200 /DCOZ /E
PHONES
  1.SEL 02-777-8888 ABC TRVL JUNG-T
  2.SEL 010-777-9999-T
PASSENGER DETAIL FIELD EXISTS - USE PD TO DISPLAY
TICKET RECORD - NOT PRICED
ZOF8.ZOF8*ANU 1046/07NOV09
```

    ① 3INFT/MOON/SEOYOUNG MISS*I22-1.1

    ② 3CHLD/20MAY11-2.1

    ③ 3INFT/MOON/SEOYOUNG MISS/22DEC19-3.1

    ④ 3INFT/MOON/JINHYUNG MSTR/20MAY19-2.11

03 다음은 승객이름의 입력에 관한 유의사항 및 특징을 기술한 것이다. 그 내용이 적절하지 못한 것은 어느 것인가?

① 유아는 생후 14일 이상부터 24개월 미만을 대상으로 하며 유아는 운임을 지불하지 않기 때문에 좌석수에 포함시키지 않는다.

② 소아나 유아의 이름을 입력하는 경우에는 성별과 함께 나이를 반드시 표시해야 한다.

③ 유아는 좌석 비점유 승객이므로 시스템상에서 구분하기 위해 반드시 이름 앞에 I/라는 표시를 해 줌으로써 좌석 수에 포함되지 않는 승객임을 구분한다.

④ 승객유형의 나이구분은 여권상의 생년월일을 기준으로 항공권 탑승일자에 맞춰 계산하도록 한다.

04 다음의 지시어 중에서 저장 작업 지시어인 E(END TRANSACTION) 기능이 필요하지 않는 경우는 어느 것인가?

① XI

② N3B7

③ S20DECSELLAX/OZ

④ 902-2121-1111 ABC TRVL PARK/MY

6 Chapter

PNR의 연락처 (Phone Field) 입력 & PNR의 저장과 취소

1 연락처(Phone Field) 입력

연락처의 첫 번째는 반드시 여행사 연락처를 입력하며, 승객의 Mobile Phone도 추가적으로 입력해 주는 것이 좋다.

1) 연락처 입력

9T*02-777-8888 ABC TRVL MS KIM	여행사 전화번호 입력
9M*010-2345-7777	승객의 핸드폰전화 번호 입력

* 연락처의 유형구분을 위해 다음과 같이 사용할 수도 있다.

여행사	9T*02-777-8888 ABC TRVL MS KIM
모바일	9M*010-2345-7777
사무실	9B*02-3322-5555
집	9H*031-222-6666

```
  1.1KIM/AAAMR
NO ITIN
PHONES
   1.SEL 02-777-8888 ABC TRVL MS KIM-T
   2.SELM 010-2345-7777
```

2) 연락처 수정 및 삭제

(1) 수정

```
91@T*02-888-9999 BBC TRVL MS LEE
혹은
91@02-888-9999 BBC TRVL MS LEE
```

```
1.1KIM/AAAMR
NO ITIN
PHONES
  1.SEL 02-777-8888 ABC TRVL MS KIM-T
  2.SELM 010-2345-7777
91@T*02-888-9999 BBC TRVL MS LEE *
*A
 1.1KIM/AAAMR
NO ITIN
PHONES
  1.SEL 02-888-9999 BBC TRVL MS LEE-T
  2.SELM 010-2345-7777
```

☞ 연락처의 첫 번째 전화번호와 내용이 수정된 것을 확인할 수 있다. 두 번째 승객연락처를 수정하고자 할 경우는 92@.... 로 수정할 수 있다.

(2) 연락처 삭제

92@	연락처의 두 번째 항목을 삭제
91-2@	연락처의 첫 번째부터 두 번째 항목을 삭제
91/3@	연락처의 첫 번째와 세 번째 항목을 삭제

```
1.1KIM/AAAMR
NO ITIN
PHONES
  1.SEL 02-888-9999 BBC TRVL MS LEE-T
  2.SELM 010-2345-7777
```

```
92@ *
*A
 1.1KIM/AAAMR
NO ITIN
PHONES
 1.SEL 02-888-9999 BBC TRVL MS LEE-T
```

연습문제

01 다음 중 연락처 입력 및 수정, 삭제 지시어로 적당하지 않은 것은 어느 것인가?

① 91T@*777-8888 ABC TRVL MS JUNG

② 9T*02-666-8888 ABC TRVL MS KIM

③ 91-2@

④ 93@02-777-8888 BBC TRVL MS MOON

02 다음은 연락처에 대한 내용을 기술한 것이다. 적당하지 않은 것은 어느 것인가?

① 연락처의 첫 번째 항목은 반드시 여행사 전화번호를 입력하여야 한다.

② 연락처 입력은 2개 항목만 입력이 가능하다.

③ 연락처는 무제한으로 연락처를 입력할 수 있다.

④ 연락처 입력은 여행사 전화번호만 입력하여도 PNR은 완성된다.

2 PNR의 저장과 취소

PNR의 필수입력 사항인 여정, 이름, 연락처를 입력한 후 PNR 완성을 위한 마지막 작업이 저장이다. 저장작업이 완료되어야만 비로소 예약번호(PNR Address)가 형성되며 항공사 시스템으로 Data가 전송되어 좌석을 확보할 수 있다.

1) PNR 저장 순서

순서	입력사항	설명
1단계	I	Ignore로 작업을 모두 취소 종료하고 새로운 작업을 시작
2단계	여정, 이름, 연락처	PNR의 필수사항 입력
3단계	*A	PNR 입력 사항 확인
4단계	E	End Of Transaction으로 PNR 저장 후 종료
5단계	*RR	PNR 완성 후 재조회

1단계 : I

```
I
IGD
```

2단계 : 여정, 이름, 연락처 입력

```
130Z    741 C9 D9 Z9 U9 Y9 B9 M9 H9 E9 ICNBKK    1820 2210    388 0
          Q9 K9 S9 V9 L9 W9 T9 GR
>N1Y13
   OZ 741Y   01SEP ICNBKK SS1  1820  2210  /DCOZ   /E
```

```
SURNAME CHG NOT ALLOWED FOR OZ-Y FARECLASS
>-PARK/NN MR *
>9T*02-888-9999 AAA TRVL MS KIM *
>9M*010-234-2345 *
```

3단계 : *A

```
 1.1PARK/NN MR
 1 OZ 741Y 01SEP 4 ICNBKK SS1  1820  2210  /DCOZ /E
OZ ECONOMY CLASS
PHONES
  1.SEL02-888-9999 AAA TRVL MS KIM
  2.SELM010-234-2345
PASSENGER DETAIL FIELD EXISTS - USE PD TO DISPLAY
50A8.50A8*AED 0245/08JUN16
```

☞ 예약 작성 시 예약 진행 입력상태를 확인할 수 있다.

4단계 : E

```
 >E
OK 0245 SEOJAD
```

☞ 저장 지시어를 입력하면 상기와 같이 'OK' 라는 응답과 함께 해당 PNR 의 저장된
   예약번호가 표시된다.

5단계 : *RR

```
>*RR
< PNR - SEOJAD >
1.1PARK/NN MR
1 OZ 741Y 01SEP 4 ICNBKK HK1  1820  2210  /DCOZ*YOBYHJ /E
TKT/TIME LIMIT
 1.TAW/
PHONES
 1.SEL02-888-9999 AAA TRVL MS KIM
 2.SELM010-234-2345
PASSENGER DETAIL FIELD EXISTS - USE PD TO DISPLAY
RECEIVED FROM - P
50A8.50A8*AED 0245/08JUN16 SEOJAD H
```

☞ PNR 저장 작업이 완료된 후 재조회를 통하여 예약번호를 다시 확인함과 동시에 여
   정상의 좌석상태가 "SS"에서 "HK"로 변경된 것을 확인할 수 있다.

2) PNR 저장과 동시에 재 조회

ER	저장과 동시에 PNR 재조회(E + *RR)

```
>N1Y13
  OZ 761Y  01SEP ICNCGK SS1  1715  2215  /DCOZ   /E
SURNAME CHG NOT ALLOWED FOR OZ-Y FARECLASS
>-KIM/AA MR *
>9T*02-123-3000 AAA TRVL MS KIM *
```

```
>9M*010-123-5555 *
>*A
 1.1KIM/AA MR
 1 OZ 761Y 01SEP 4 ICNCGK SS1  1715  2215  /DCOZ /E
OZ ECONOMY CLASS
TKT/TIME LIMIT
 1.TAW/
PHONES
 1.SEL02-123-3000 AAA TRVL MS KIM
 2.SELM010-123-5555
PASSENGER DETAIL FIELD EXISTS - USE PD TO DISPLAY
RECEIVED FROM - P
50A8.50A8*AED 0248/08JUN16
```
ER
```
 < PNR - XITLDZ >
RECORD LOCATOR REQUESTED
 1.1KIM/AA MR
 1 OZ 761Y 01SEP 4 ICNCGK HK1  1715  2215  /DCOZ /E
TKT/TIME LIMIT
 1.TAW/
PHONES
 1.SEL02-123-3000 AAA TRVL MS KIM
 2.SELM010-123-5555
PASSENGER DETAIL FIELD EXISTS - USE PD TO DISPLAY
RECEIVED FROM - P
50A8.50A8*AED 0249/08JUN16 XITLDZ H
```

☞ E enter와 동시에 *RR의 단축지시어이다.

3) PNR 작성의 취소 후 종료 및 재조회

I	PNR 작성 취소 후 종료
IR	취소와 동시에 재 조회(I+ *RR) 최초의 PNR 작성 시에는 적용 안됨

(1) 최초의 PNR 작성 시 "I"

```
 01JUL  THU   SEL/Z#9     TYO/#0
JL RESPONSE ** DIRECT CONNECT PARTICIPANT **
 13JL 950 J9 M9 L9 V9 S9 N9 C9 D9 I9 Y9 ICNNRT 1120    744 0
        B9 H9 K9 X9
N1Y13
 1 JL 950Y   01JUL 4 ICNNRT SS1    855   1120 /DCJL /E
-LEE/YOUNGYOON MR *
9T*02-890-1234 BBB TRVL JUNG *
9M*011-234-5600 *
I
IGD
*A
NO DATA
```

☞ 상기의 화면처럼 'I' 라는 지시어를 입력하게 되면 최초의 PNR 완성 시는 모든 입력
   사항은 취소되며 새로운 PNR 작업을 진행할 수 있는 환경이 만들어진다.

(2) 완성된 PNR 상에 추가사항 입력 시 "I"

```
< PNR - XIVDHW >
 1.1HAN/KT MR
 1 OZ 751Y 01AUG 1 ICNSIN HK1   1610   2130   /DCOZ*YOBZLK /E
```

TKT/TIME LIMIT
  1.TAW/
PHONES
  1.SEL02-123-4000 ABC TRVL MS PARK
PASSENGER DETAIL FIELD EXISTS - USE PD TO DISPLAY
GENERAL FACTS
  1.SSR OTHS 1B OZ RSVN IS 6424-6513
  2.SSR ADTK 1B TO OZ BY 18JUN 1800 OTHERWISE WILL BE XLD
RECEIVED FROM - P
50A8.50A8*AED 0314/08JUN16 XIVDHW H
>XI
CNLD FROM 1
>I
IGD
>*RR
 < PNR - XIVDHW >
 1.1HAN/KT MR
 1 OZ 751Y 01AUG 1 ICNSIN HK1 1610 2130 /DCOZ*YOBZLK /E
TKT/TIME LIMIT
  1.TAW/
PHONES
  1.SEL02-123-4000 ABC TRVL MS PARK
PASSENGER DETAIL FIELD EXISTS - USE PD TO DISPLAY
GENERAL FACTS
  1.SSR OTHS 1B OZ RSVN IS 6424-6513
  2.SSR ADTK 1B TO OZ BY 18JUN 1800 OTHERWISE WILL BE XLD
RECEIVED FROM - P
50A8.50A8*AED 0314/08JUN16 XIVDHW H

☞ 전체여정을 취소하였으나 "I" 지시어를 입력하고 PNR을 재 조회 하였을 때 여정이
   취소되지 않은 것을 확인할 수 있다.

(3) PNR 작성의 취소 후 재조회 "IR"

```
< PNR - XIVDHW >
 1.1HAN/KT MR
 1 OZ 751Y 01AUG 1 ICNSIN HK1  1610  2130  /DCOZ*YOBZLK /E
 2 OZ 752Y 10AUG 3 SINICN SS1  2240  0600 11AUG 4  /DCOZ /E
OZ ECONOMY CLASS
TKT/TIME LIMIT
 1.TAW/
PHONES
 1.SEL02-123-4000 ABC TRVL MS PARK
PASSENGER DETAIL FIELD EXISTS - USE PD TO DISPLAY
GENERAL FACTS
 1.SSR OTHS 1B OZ RSVN IS 6424-6513
 2.SSR ADTK 1B TO OZ BY 18JUN 1800 OTHERWISE WILL BE XLD
RECEIVED FROM - P
50A8.50A8*AED 0314/08JUN16 XIVDHW H
IR
< PNR - XIVDHW >
 1.1HAN/KT MR
 1 OZ 751Y 01AUG 1 ICNSIN HK1  1610  2130  /DCOZ*YOBZLK /E
TKT/TIME LIMIT
 1.TAW/
PHONES
 1.SEL02-123-4000 ABC TRVL MS PARK
PASSENGER DETAIL FIELD EXISTS - USE PD TO DISPLAY
GENERAL FACTS
 1.SSR OTHS 1B OZ RSVN IS 6424-6513
```

```
  2.SSR ADTK 1B TO OZ BY 18JUN 1800 OTHERWISE WILL BE XLD
RECEIVED FROM - P
50A8.50A8*AED 0314/08JUN16 XIVDHW H
```

☞ 두 번째 여정인 SINICN 구간을 추가하여 좌석을 예약하였으나 "IR"지시어를 입력하게 되면 두 번째 여정은 취소됨과 동시에 PNR이 재 조회 되는 것을 확인할 수 있다.

(4) 완성된 PNR의 확인

완성된 PNR은 애바카스 PNR 번호와 항공사 AF의 자체의 PNR 번호를 가져야 한다. 즉 애바카스는 항공사의 좌석을 모아주는 역할을 수행하며 실질적인 것은 항공사의 좌석이 확보되어야 한다. 그러므로 좌석이 확보된 것을 의미하는 항공사 자체의 PNR번호를 항상 확인하여야 한다.

```
< PNR - YQDQFR >
 1.1JUNG/WOOJINMR
 1 SQ  15Y 01MAR 1 ICNSIN HK1  0830  1340 /DCASQ*I7TAP5 /E
PHONES
  1.SEL 02-666-5555 BNT TRVL JANG
  2.SELM010-234-5678
PASSENGER DETAIL FIELD EXISTS - USE PD TO DISPLAY
TICKET RECORD - NOT PRICED
GENERAL FACTS
  1.SSR ADTK 1B NBR TO SQ BY 08MAR10 SEL//OR WL BE XXLD
RECEIVED FROM - P
ZOF8.ZOF8*ANU 2012/07NOV09 YQDQFR H
```

7 Chapter

PNR 조회

PNR 조회는 여정의 마지막 비행편(Flight)이 출발한날로부터 24시간 이내 가능하고, 자동발권 된 PNR은 30일 이내까지 조회가 가능하다.

1	*XIVDHW	PNR 번호를 이용한 조회
2	*-PARK	승객의 성을 이용한 조회
3	*OZ751/01AUGICN-HAN	OK된 항공편명, 출발일, 출발지, 승객의 성을 이용한 조회

 ## 1 PNR 번호를 이용한 조회

*XIVDHW	완성된 PNR 번호를 이용한 조회

```
*XIVDHW
< PNR - XIVDHW >
 1.1HAN/KT MR
```

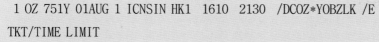

```
  1 OZ 751Y 01AUG 1 ICNSIN HK1  1610  2130  /DCOZ*YOBZLK /E
TKT/TIME LIMIT
  1.TAW/
PHONES
  1.SEL02-123-4000 ABC TRVL MS PARK
PASSENGER DETAIL FIELD EXISTS - USE PD TO DISPLAY
GENERAL FACTS
  1.SSR OTHS 1B OZ RSVN IS 6424-6513
  2.SSR ADTK 1B TO OZ BY 18JUN 1800 OTHERWISE WILL BE XLD
RECEIVED FROM - P
50A8.50A8*AED 0314/08JUN16 XIVDHW H
```

참고

PNR 조회를 위한 PHONETIC ALPHABET

예약업무 수행 시 전화상의 영문자에 대한 의사소통을 보다 원활하게하기 위해 국제민간항공기구(ICAO: International Civil Aviation Organization)가 권장하는 음성 알파벳(Phonetic Alphabet)을 사용한다.

LETTER	PHONETIC ALPHABET
A	ALPHA
B	BRAVO
C	CHARLIE
D	DELTA
E	ECHO

275

LETTER	PHONETIC ALPHABET
F	FATHER
G	GOLF
H	HOTEL
I	INDIA
J	JULIET
K	KILO
L	LIMA
M	MICHLE
N	NOVEMBER
O	OSCAR
P	PAPA
Q	QUEEN
R	ROMEO
S	SMILE
T	TANGO
U	UNIFORM
V	VICTORY
W	WHISKY
X	X-RAY
Y	YANKEE
Z	ZULU

2 승객의 성과 이름을 이용한 조회

1단계	*-PARK	KIM씨 성을 가진 승객을 모두 조회
2단계	*2	찾고자하는 승객의 번호를 조회

---

*-PARK
  1   PARK/MIYOUNG X   -   2   I/PARK/AGAMI 10SEP-
*2
< PNR - EQCNAJ >
 1.1KIM/SEOK   2.1I/PARK/AGAMISS*I10
 1 KE 701Y 10SEP 3 ICNNRT HK1 0920 1135 /DCKE*9N5HXA /E
PHONES
  1.SELM 011
PASSENGER DETAIL FIELD EXISTS - USE PD TO DISPLAY
TICKET RECORD - NOT PRICED
GENERAL FACTS
  1.SSR INFT KE KK ICNNRT0701Y10SEP/PARK/AGAMISS/10MTHS
  2.SSR ADTK 1B NBR TO KE BY 17SEP09 SEL//OR WL BE XXLD
RECEIVED FROM - P
Z0F8.Z0F8*ANU 0528/30JUL08 EQCNAJ H

☞PARK씨 성을 가진 승객이 모두 조회되며 이름 뒤에 일자는 출발일자를 나타나며
  "X"마크는 취소된 PNR임을 나타낸다.

```
*A
< PNR - EQCNAJ >
 1.1KIM/SEOK   2.1I/PARK/AGAMISS*I10
 1 KE 701Y 10SEP 3 ICNNRT HK1  0920  1135 /DCKE*9N5HXA /E
PHONES
 1.SELM 011
PASSENGER DETAIL FIELD EXISTS - USE PD TO DISPLAY
TICKET RECORD - NOT PRICED
GENERAL FACTS
 1.SSR INFT KE KK ICNNRT0701Y10SEP/PARK/AGAMISS/10MTHS
 2.SSR ADTK 1B NBR TO KE BY 17SEP09 SEL//OR WL BE XXLD
RECEIVED FROM - P
Z0F8.Z0F8*ANU 0528/30JUL08 EQCNAJ H
*N
 1.1KIM/SEOK   2.1I/PARK/AGAMISS*I10
*I
 1 KE 701Y 10SEP 3 ICNNRT HK1  0920  1135 /DCKE*9N5HXA /E
*P
PHONES
 1.SELM 011
GENERAL FACTS
 1.SSR INFT KE KK ICNNRT0701Y10SEP/PARK/AGAMISS/10MTHS
 2.SSR ADTK 1B NBR TO KE BY 17SEP09 SEL//OR WL BE XXLD
RECEIVED FROM - P
Z0F8.Z0F8*ANU 0528/30JUL08 EQCNAJ H
```

PNR 내의 부분입력사항 조회

*N	PNR내의 이름만 조회 시
*I	PNR내의 여정만 조회 시
*A	PNR내의 모든 입력사항을 조회 시
*P	PNR내의 전화번호 및 기타 선택사항 조회 시
*R	PNR내의 필수 입력사항만 조회 시

 ## 최초의 PNR 작성 시 사례별 오류 응답

ERROR RESPONSE	사례
ITINERARY REQUIRED TO COMPLETE TRANSACTION	여정이 없는 경우
NEE PHONE FIELD-USE9	전화번호가 없는 경우
NEED NAME IN PNR TO COMPLETE TRANSACTION	이름이 없는 경우
NUMBER OF NAMES NOT EQUAL TO RESERVATIONS 승객수와 좌석수가 일치하지 않습니다.	좌석수와 승객수가 일치하지않을 경우
* SIMULTANEOUS CHANGES TO PNR-USE IR TO IGNORE AND RETRIEVE PNR	동일한 PNR에 대해 항공사의 정보 전송과 PNR 작업이 동시에 진행된 것으로 진행 중인 작업을 IR(취소 재조회) 후 종전 작업을 다시 시도해야할 경우

1) 여정이 없는 경우

```
  1.1JUNG/AA MS
NO ITIN
PHONES
  1.SEL02-123-3000 ABC TRVL MS KIM
  2.SELM010-333-6666
PASSENGER DETAIL FIELD EXISTS - USE PD TO DISPLAY
50A8.50A8*AED 0332/08JUN16
>ER
ITINERARY REQUIRED TO COMPLETE TRANSACTION
```

2) 전화번호가 없는 경우

```
  1.1JUNG/AA MS
 1 OZ 721Y 01AUG 1 ICNHKG SS1  0900  1150  /DCOZ /E
OZ ECONOMY CLASS
TKT/TIME LIMIT
  1.TAW/
PASSENGER DETAIL FIELD EXISTS - USE PD TO DISPLAY
RECEIVED FROM - P
50A8.50A8*AED 0333/08JUN16
>ER
NEED PHONE FIELD - USE 9
```

3) 이름이 없는 경우

```
NO NAMES
 1 OZ 721Y 01AUG 1 ICNHKG SS1  0900  1150  /DCOZ /E
OZ ECONOMY CLASS
TKT/TIME LIMIT
  1.TAW/
PHONES
  1.SEL02-123-5000 ABC TRVL MS JUNG
  2.SELM010-222-7777
RECEIVED FROM - P
50A8.50A8*AED 0334/08JUN16
>ER
NEED NAME IN PNR TO COMPLETE TRANSACTION
```

4) 승객수와 좌석수가 일치하지 않을 경우

```
  1.1JUNG/HJ MS
 1 OZ 721Y 01AUG 1 ICNHKG SS2  0900  1150  /DCOZ /E
OZ ECONOMY CLASS
TKT/TIME LIMIT
  1.TAW/
PHONES
  1.SEL02-123-5000 ABC TRVL MS JUNG
  2.SELM010-222-7777
PASSENGER DETAIL FIELD EXISTS - USE PD TO DISPLAY
RECEIVED FROM - P
```

```
50A8.50A8*AED 0335/08JUN16
>ER
NUMBER OF NAMES NOT EQUAL TO RESERVATIONS
승객수와 좌석수가 일치하지 않습니다.
```

5) PNR 저장 작업과 항공사 정보 전송이 동시에 진행된 경우

```
< PNR - MSHXBX >
 1.1HAN/KTMR
 1 OZ 721Y 01AUG 6 ICNHKG HK1  0900  1150 SPM  /DCOZ*JOGE2Y /E
 2 OZ 746Y 05AUG 3 HKGICN HK1  0030  0450  /DCOZ*JOGE2Y /E
TKT/TIME LIMIT
  1.TAW/
PHONES
  1.SELT*02-123-4000 ABC TRVL MS PARK
  2.SELM*010-123-3000
PASSENGER DETAIL FIELD EXISTS - USE PD TO DISPLAY
GENERAL FACTS
  1.SSR OTHS 1B OZ RSVN IS 2571-0928
  2.SSR ADTK 1B TO OZ BY 14JUN 1700 OTHERWISE WILL BE XLD
  3.SSR OTHS 1B OZ RSVN IS 3918-3510
  4.SSR ADTK 1B TO OZ BY 14JUN 1900 SEL TIME ZONE OTHERWISE WIL
    L BE XLD
  5.SSR VGML OZ HK1 ICNHKG0721Y01AUG
RECEIVED FROM - P
Z60D.Z60D*AAC 0213/07JUN20 MSHXBX H
>35@ *
```

```
>ER
SIMULTANEOUS CHANGES TO PNR - USE IR TO IGNORE AND RETRIEVE PNR
IR 후 이전작업을 다시 시도하십시오.
>
```

☞ 동일한 PNR에 대해 항공사의 정보 전송과 PNR 작업이 동시에 진행된 경우로 진행
중인 작업을 취소 후 재 조회(IR)를 통해 항공사 정보 전송 내용을 확인한 뒤 다시 작
업을 진행한다.

01 승객의 이름을 이용하여 PNR을 조회하는 지시어는?

① *KIM/ABACUS

② *-KIM/ABACUS

③ **KIM/ABACUS

④ *N*-KIM/ABACUS

02 다음은 PNR 저장 및 취소에 대한 지시어를 설명한 내용이다. 틀리게 연결된 것은 어느 것인가?

① IR - 최초의 PNR 작성 시 방금 전에 수행하였던 작업은 취소하고 다시 재 조회 시

② ER - PNR 저장 후 재 조회 시

③ I - 최초의 PNR 작성 시에 입력된 모든 Data를 취소하고 새로운 PNR 작성환경 조성

④ E - PNR 필수입력사항 입력 후 PNR 저장 시

03 다음 사례별 오류 내용에 대한 정리이다. 틀리게 연결된 것은?

① 여정이 없는 경우 - NEED IDEXABLE SEG

② 승객 수와 좌석수가 일치하지 않은 경우 -
NUMBER OF NAMES NOT EQUAL TO RESERVATIONS

③ 전화번호가 없는 경우 - NEED PHONE FIELD - USE 9

④ "I" enter를 하여야 하는데 "E" enter를 한 경우 -
VERIFY ORDER OF ITINERARY SEGMENTS - MODIFY OR END
TRANSANTION

04 다음 화면을 보고 수행되어야할 작업은?

```
  1.1JUNG/BONGRAKMR   2.1LEE/KEUNJAMS
  1 QF 368Y 01MAY 6 ICNSYD SS2  2000  0710#1 /DCAQF
PHONES
  1.SEL 031-222-9999 YTO TRVL OH
  2.SELM 011-234-5678
PASSENGER DETAIL FIELD EXISTS - USE PD TO DISPLAY
TICKET RECORD - NOT PRICED
ZOF8.ZOF8*ANU 2032/07NOV09
```

① 돌아오는 여정을 입력하여야 한다.
② 승객이 두명으로 두명의 핸드폰번호를 다 입력하여야 한다.
③ 마무리 작업인 "E" enter로 PNR을 저장하여야 한다.
④ 최초의 PNR 작성 시 수행하여야 할 "I" enter을 수행하지 않았다.

8
Chapter

PNR 작성과
예약 코드

1 PNR 작성 연습

다음 조건에 맞는 PNR을 완성 하시오. (이름은 알아서)

1)

승객	: 성인 2명 (남자 1명, 여자 1명)
구간	: 서울 – 동경 – 서울
날짜	: 2~3개월 후 아무날짜
항공사	: OZ(M) OZ(M)
연락처	: 02-111-3333 ABC TRVL MS KIM
	승객의 핸드폰번호

2)

승객	: 성인 2명 (남자 1명, 여자 1명), 소아 1명 (7살, 여자아이)
구간	: 서울 – 싱가포르 – 서울
날짜	: 2~3개월 후 아무날짜
항공사	: SQ(Y) SQ(Y)
연락처	: 02-111-3333 ABC TRVL MS KIM
	승객의 핸드폰번호

3)

승객	: 성인 1명 (여자), 소아 1명 (7살, 여자), 유아 1명(20개월, 남)
구간	: 서울 – 로스앤젤레스 – 서울
날짜	: 2~3개월 후 아무날짜
항공사	: UA(B) UA(B)
연락처	: 02-111-3333 ABC TRVL MS KIM
	승객의 핸드폰번호

4)

승객	: 성인 1명 (여자)
구간	: 서울 – 뉴욕 X 로스앤젤레스 – 서울 (X : 비항공운송 구간)
날짜	: 2~3개월 후 아무날짜
항공사	: OZ(B) (X-비항공운송구간 의미) OZ(B)
연락처	: 02-111-3333 ABC TRVL MS KIM
	승객의 핸드폰번호

5)

승객	: 성인 2명 (남자)
구간	: 서울 – 방콕 X 홍콩 – 서울 (X : 비항공운송 구간)
날짜	: 2~3개월 후 아무날짜
항공사	: TG(Y) CX(Y)
연락처	: 02-111-3333 ABC TRVL MS KIM
	승객의 핸드폰번호

2 예약 코드

1) 요청코드 (Action Code) : 여행사에서 항공사로

SS	좌석요청 시 좌석이 확보 중임을 의
LL	대기자로 예약 요청(Waiting Segment)
NN	좌석 및 부대 서비스를 직접 요청할 때 사용(Requesting Segment Need)
GK	항공사로 직접 예약된 여정 혹은 ABACUS 이외의 시스템으로 예약된 여정을 발권의 목적으로 작성하고자 할 때 사용(Guaranteed Booking Code)
XK	해당 항공사에 취소 전문을 보내지 않고 ABACUS PNR 상에서만 취소 (Cancel Without Generating Message)

2) 응답코드 (Advice Code) : 항공사에서 여행사로

KK	요청된 내용이 확약되었음을 통보(Confirming)
KL	대기자로부터 좌석이 확약되었음을 통보(Confirming From Waiting List)
DL	대기자로부터 좌석이 확약되었음을 통보받았으나 좌석확약 상태코드 변경작업(EWR)을 수행하지 않음으로 인하여 다시 대기자 상태로 되돌려졌음을 알려주는 코드
UU	대기자로 예약되었음을 통보 (Unable-Have Waitlisted)
US	좌석예약을 확보하였으나 해당항공사에서 대기자로 예약되었음을 통보
UC	대기자 예약도 불가함을 통보(Unable to Confirm)
UN	요청된 항공기가 운항하지 않음을 통보
NO	요청사항이 잘못되었거나 요청사항에 응답을 하지 않음을 통보(No Action Taken)
HX	항공사에 의해 여정이 취소되었음을 통보(Have Cancelled)
TK	항공사 스케줄이 변경되어 변경된 시간으로 좌석이 확약되었음을 나타냄
TL	항공사 스케줄이 변경되어 변경된 시간으로 대기자로 예약되었음을 나타냄
PN	좌석은 이미 요청되어 있는 상태이며 아직 응답을 받지 못한 상태

3) 상태코드 (Status Code)

완성된 PNR의 여정상태는 아래의 3가지 중 1가지 상태로 유지되어 있어야 한다.

HK	예약이 확약되어 있는 상태
HL	대기자로 예약이 되어있는 상태

4) 응답코드 변경

EWR	응답코드인 "KK, KL, UU, UC, UN, NO, HX"를 상태코드 "HL, HK"로 혹은 여정 취소 등을 수행해 주는 동시에 PNR을 재조회 해준다.

③ 예약코드의 흐름

세 가지로 분류되는 예약 코드는 상황에 따라 일련의 흐름을 가지고 있다.

---

① SS → HK → .1RR → RR

② NN → KK → EWR enter → HK

③ LL → HL → KL → EWR enter → HK

④ LL → HL → KL → no action → DL

⑤ LL → HL → UC → EWR enter → 해당여정 취소

< PNR - XTNHIY >

　1.1JUNG/ABACUS MS

　1 OZ 301Y 01MAY 6 ICNHKG **KL**1　0900　1150 /DCOZ /E

PHONES

　1.SEL 02-777-8888 ABC TRVL MS KIM-T

PASSENGER DETAIL FIELD EXISTS - USE PD TO DISPLAY

TICKET RECORD - NOT PRICED

GENERAL FACTS

　1.OSI OZ VIP PAX

　2.SSR VGML OZ KK ICNHKG0301Y01MAY

　3.SSR ADTK 1B NBR TO OZ BY 08MAY10 SEL//OR WL BE XXLD

REMARKS

　1.PLZ CHK PAX C/C

RECEIVED FROM - MS JUNG

Z0F8.Z0F8*ANU 0807/06NOV09 XTNHIY H

```
EWR
< PNR - XTNHIY >
 1.1JUNG/ABACUS MS
 1 OZ 301Y 01MAY 6 ICNHKG HK1  0900  1150 /DCOZ /E
PHONES
  1.SEL 02-777-8888 ABC TRVL MS KIM-T
PASSENGER DETAIL FIELD EXISTS - USE PD TO DISPLAY
TICKET RECORD - NOT PRICED
GENERAL FACTS
  1.OSI OZ VIP PAX
  2.SSR VGML OZ KK ICNHKG0301Y01MAY
  3.SSR ADTK 1B NBR TO OZ BY 08MAY10 SEL//OR WL BE XXLD
REMARKS
  1.PLZ CHK PAX C/C
RECEIVED FROM - MS JUNG
Z0F8.Z0F8*ANU 0807/06NOV09 XTNHIY H
```

☞ 좌석 응답코드 "KL"은 좌석이 대기자에서 확약되었음을 알리는 것으로 상태코드 "HK"로 변경하기 위해선 "EWR"지시어로 PNR을 정리해 주어야한다. 그러나 위와 같은 조치를 취하지 않았을 경우에는 "KL → DL"로 자동 변경되어 원래의 상태인 대기자로 변경된다.

01 다음은 예약코드의 흐름에 대한 내용이다. 적절하지 않은 것은?

① SS → HK → RR
② NN → KK → HK
③ UC → HL → KL
④ LL → KL → HK

02 다음화면을 보고 어떤 조치를 취하여야 하는지 바르게 설명한 것은?

```
< PNR - XTNHIY >
 1.1JUNG/ABACUS MS
 1 OZ 301Y 01MAY 6 ICNHKG KL1  0900  1150 /DCOZ /E
PHONES
 1.SEL 02-777-8888 ABC TRVL MS KIM-T
PASSENGER DETAIL FIELD EXISTS - USE PD TO DISPLAY
TICKET RECORD - NOT PRICED
GENERAL FACTS
 1.OSI OZ VIP PAX
```

① 좌석이 확약되었다는 응답코드로서 EWR 로 예약상태를 변경하면 된다.
② 이미 좌석이 확약되었다는 응답코드로서 예약상태 그대로를 유지한다
③ EWR로 예약상태를 변경하게 되면 여정이 취소된다.
④ EWR로 예약상태 코드를 변경하게 되면 여정은 "DL"로 상태코드가 변경된다.

9
Chapter

PNR의 선택
사항 I

	기본지시어	설명
1	3	특별서비스 신청(SSR)
2	3OSI	기타 승객정보 입력
3	5	참고사항(Remarks)
4	6	예약의뢰자(Received From)
5	7	항공권 정보 입력(Ticketing)
6	4G	사전 좌석예약(Pre Reserved Seat)
7	FF	상용고객 마일리지 입력

 특별서비스(SSR : Special Service Request)

　PNR을 완성한 후 승객이 추가적으로 요청하는 채식이나 휠체어와 같은 부가적인 서비스를 요청할 경우에 입력하는 선택 입력사항으로 특별기내식이나 특수 고객을 위한 서비스, 애완동물의 운송과 같은 부가적인 서비스 사항을 항공사에 요청하는 서비스이다. 그러므로 특별서비스 요청은 항공사의 가능여부에 관한 회신을 받아야 하는 서비스이므로 다음과 같은 사항에 주의하여야 한다.

1) 특정서비스를 정확하게 요청하기 위해서는 지정된 코드(4-Letter Code)로 요청한다.
2) 항공사로부터 가능여부를 회신 받아야 하므로 최소한 항공편 출발 24시간이전 에 요청한다.

3) 항공사로부터의 회신은 가능일 경우 "KK", 불가능일 경우 "UC"라는 응답코드로
변환하여 제공하여 준다.

4) 회신이 완료된 PNR은 "EWR"로 정리하여 준다.

이외에도 특별서비스 요청은 입국국가의 요청에 의하여 여권정보 등의 승객정보를
입력하는데 사용되어진다.

1) 서비스 요청

3VGMLA-1.1	3/야채식코드/모든여정-요청승객번호
*P	서비스신청 사항만 조회

```
< PNR - XTNHIY >
 1.1JUNG/ABACUS MS
 1 OZ 301Y 01MAY 6 ICNHKG HK1  0900  1150 /DCOZ /E
 2 OZ 304Y 05MAY 3 HKGICN HK1  0930  1400 /DCOZ*4RBS9P /E
PHONES
  1.SEL 02-777-8888 ABC TRVL MS KIM
PASSENGER DETAIL FIELD EXISTS - USE PD TO DISPLAY
TICKET RECORD - NOT PRICED
GENERAL FACTS
  1.SSR ADTK 1B NBR TO OZ BY 08MAY10 SEL//OR WL BE XXLD
RECEIVED FROM - MS JUNG
ZOF8.ZOF8*ANU 0807/06NOV09 XTNHIY H
3VGMLA-1.1 *
*P
PHONES
```

```
   1.SEL 02-777-8888 ABC TRVL MS KIM
GENERAL FACTS
   1.SSR ADTK 1B NBR TO OZ BY 08MAY10 SEL//OR WL BE XXLD
   2.SSR VGML OZ NN ICNHKG0301Y01MAY
   3.SSR VGML OZ NN HKGICN0304Y05MAY
RECEIVED FROM - MS JUNG
ZOF8.ZOF8*ANU 0807/06NOV09 XTNHIY H
```

☞ 서비스 요청 코드인 "NN"을 확인할 수 있다.

● 응답 : ER

```
1.1JUNG/ABACUS MS
 1 OZ 301Y 01MAY 6 ICNHKG HK1  0900  1150 /DCOZ /E
 2 OZ 304Y 05MAY 3 HKGICN HK1  0930  1400 /DCOZ*4RBS9P /E
PHONES
   1.SEL 02-777-8888 ABC TRVL MS KIM
PASSENGER DETAIL FIELD EXISTS - USE PD TO DISPLAY
TICKET RECORD - NOT PRICED
GENERAL FACTS
   1.SSR ADTK 1B NBR TO OZ BY 08MAY10 SEL//OR WL BE XXLD
   2.SSR VGML OZ KK ICNHKG0301Y01MAY
   3.SSR VGML OZ KK HKGICN0304Y05MAY
RECEIVED FROM - MS JUNG
ZOF8.ZOF8*ANU 0807/06NOV09 XTNHIY H
```

☞ 서비스 응답 코드인 "KK" 즉, 항공사로부터 가능하다는 응답을 받은 것을 확인할
   수 있다.

● 정리 : EWR

```
1.1JUNG/ABACUS MS
 1 OZ 301Y 01MAY 6 ICNHKG RR1  0900  1150 /DCOZ /E
 2 OZ 304Y 05MAY 3 HKGICN HK1  0930  1400 /DCOZ*4RBS9P /E
PHONES
  1.SEL 02-777-8888 ABC TRVL MS KIM
PASSENGER DETAIL FIELD EXISTS - USE PD TO DISPLAY
TICKET RECORD - NOT PRICED
GENERAL FACTS
  1.SSR ADTK 1B NBR TO OZ BY 08MAY10 SEL//OR WL BE XXLD
  2.SSR VGML OZ HK ICNHKG0301Y01MAY
  3.SSR VGML OZ HK HKGICN0304Y05MAY
RECEIVED FROM - MS JUNG
ZOF8.ZOF8*ANU 0807/06NOV09 XTNHIY H
```

☞ PNR은 항상 "HK"와 "HL"로 유지되어 있어야 하므로 "EWR"지시어를 통하여 응답
코드를 정리하여 주어야 한다.

● 기내식 코드의 종류

	4 Letter Code	풀이	설명
1	BBML	Baby Meal	유아식(이유식 혹은 분유 등)
2	BLML	Bland Meal	자극적이지 않은 부드러운 음식
3	CHML	Child Meal	소아식
4	DBML	Diabetic Meal	당뇨식
5	VGML	Vegeterian Meal	야채식
6	HNML/KSML/MOML	Hindu Meal	각종 종교식

● 기타 코드의 종류

	4 Letter Code	풀이	설명
1	BSCT	Bassinet	아기 바구니
2	CBBG	Cabin Baggage	기내운송 요청 수하물
3	PETC	Pet In Cabin	기내운송 애완용 동물
4	UMNR	Unaccompanid Minor	보호자를 동반하지 않은 비동반 소아
5	EXST	Extra Seat	추가좌석 신청

2) 기타 서비스 요청

	지시어	설명
1	3BSCTA-1.1	아기바구니 신청 보호자 승객번호로 지정
2	3CBBG2-2.1	2번여정에 2번승객을 위한 기내운송 수하물
3	3PETC1/PUPPY-1.1	1번여정에 1번승객을 위한 기내운송 강아지
4	3UMNRA/UM10-1.1	모든여정에 10살 비동반 소아인 1번 승객
5	3EXST1/OVER SIZED PAX-1.1	1번여정에 1번승객을 위한 추가 좌석

3) APIS(Advanced Passenger Information System: 사전입국심사) 정보 입력

(1) 특징

① APIS(Advanced Passenger Information System)는 사전 입국심사 정보를 사용 하는 국가에 대한 입국과 출국 시 여권정보(DOCS), 체류지 정보(DOCA), 거주지 정보(DOCA) 등을 입력하는 기능을 말한다.

② 중국, 호주로의 출국 또는 한국 입국 시 여권정보를 필수적으로 입력해야 하고, 미주노선의 경우 여권정보와 함께 체류지/거주지 정보를 필수적으로 입력해야 한다.

③ SFPD(Secure Flight Passenger Data)의 경우 미국 교통보안청(TSA)의 요청으로 입력해야 하는 정보로서, 생년월일, 승객명, 성별 정보가 필요하며, 테러 리스트 정보 검색을 통해 해당 승객의 탑승 가능 여부를 결정하는 정보로 활용된다.

④ SFPD 정보는 APIS 정보와 중복되어 추가로 입력할 필요는 없으므로 APIS 정보로 대체하여 사용하는 것이 가능하다.

⑤ 해당 정보를 미입력하는 경우 일부 항공사는 발권을 제한하기도 하며, 각 국가의 보안당국 및 미 교통보안청에 해당 자료를 제출하지 않는 경우 페널티를 부과받을 수도 있다.

⑥ 정보가 미입력된 PNR의 경우 42번 QUEUE에 자동으로 전송되기도 하고, 별 도의 지시어로 대상 명단을 조회할 수 있으므로 누락되지 않도록 유의한다.

(2) MASK를 이용한 입력

입력하고자 하는 PNR을 조회 후 MASK 상의 19번 APIS(SFPD)를 Click후 각각의 항목에 맞는 내용을 입력하면 된다.

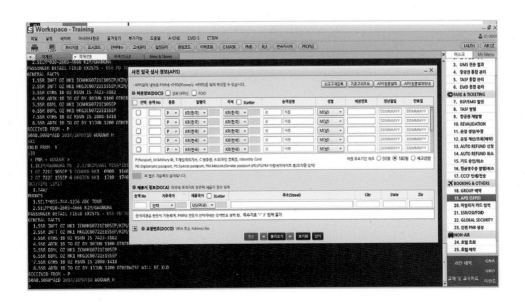

(3) 지시어를 통한 APIS 입력방법

1단계	여권정보입력	3DOCS/P/KR/SC123456/KR/06MAY72/M/15OCT09/HAN/ABACUS-1.1
2단계	체류지 정보입력	3DOCA/D/US/987MAIN STREET/LAX/CA/76040-1.1
3단계	거주지 정보입력	3DOCA/R/KR-1.1
	조회	*P3

● 1단계

3DOCS/P/KR/SC123456/KR/06MAY72/M/15OCT09/HAN/ABACUS-1.1

1	3DOCS/P	기본지시어/여권(Passport)
2	/KR/SC123456	/여권발급국가(한국)/여권번호
3	/KR/06MAY72	/국적(한국)/생년월일(DDMMMYY)
4	/M/15OCT09	/성별(남 Male, 여 Female)/여권만료일
M	/HAN/ABACUS-1.1	/성/이름 – 승객번호

```
< PNR - SFTMEW >
 1.1JUNG/HJ MS
 1 OZ 202Y 01AUG 1 ICNLAX HK1  1440  1030  /DCOZ*YOB2K3 /E
 2 OZ 203Y 10AUG 3 LAXICN HK1  0020  0500 11AUG 4
                                   /DCOZ*YOB2K3 /E
TKT/TIME LIMIT
 1.TAW/
PHONES
 1.SEL02-123-5000 ABC TRVL MS JUNG
```

2. SELM010-222-7777
PASSENGER DETAIL FIELD EXISTS - USE PD TO DISPLAY
RECEIVED FROM - P
50A8.50A8*AED 0343/08JUN16 SFTMEW H
>3DOCS/P/KR/SC123456/KR/06MAY72/M/15OCT09/JUNG/HJ-1.1 *
>*P3D
GENERAL FACTS
  1. SSR DOCS OZ HK1/P/KR/SC123456/ 1.1 JUNG/HJ MS
    KR/06MAY72/M/15OCT09/JUNG/HJ

- 2단계

3DOCA/D/US/987 MAIN STREET/LAX/CA/76040-1.1		
1	3DOCS/D	기본지시어/목적지(Destination)
2	/US/987 MAIN STREET/LAX	/목적지국가(미국)/주소/도시
3	/CA/76040	/주(캘리포니아)/우편번호(Zip Code)
4	-1.1	-승객번호

>3DOCA/D/US/987 MAIN STREET/LAX/CA/76040-1.1 *
>*P3D
GENERAL FACTS
  1. SSR DOCS OZ HK1/P/KR/SC123456/ 1.1 JUNG/HJ MS
    KR/06MAY72/M/15OCT09/JUNG/HJ
  2. SSR DOCA OZ HK1/D/US/987 MAIN 1.1 JUNG/HJ MS
    STREET/LAX/CA/76040

● 3단계

3DOCA/R/KR-1.1	

1	3DOCS/R	기본지시어/거주지(Residence)
2	/KR-1.1	/거주지국가코드(한국)-승객번호

```
>*P3D
GENERAL FACTS
   1.SSR DOCS OZ HK1/P/KR/SC123456/  1.1 JUNG/HJ MS
     KR/06MAY72/M/15OCT09/JUNG/HJ
   2.SSR DOCA OZ HK1/D/US/987 MAIN    1.1 JUNG/HJ MS
     STREET/LAX/CA/76040
   3.SSR DOCA OZ HK1/R/KR             1.1 JUNG/HJ MS
```

● 완성 : ER

```
ER
< PNR - XPFTLX >
 1.1PARK/JUNGHEEMR
 1 OZ 202Y 01DEC 2 ICNLAX HK1  1630  1200 /DCOZ* /E
 2 OZ 201Y 30DEC 3 LAXICN HK1  1401  1830#2 /DCOZ* /E
PHONES
   1.SEL 02-777-8888 AAA TRVL JUNG
   2.SELM 010-234-5678
PASSENGER DETAIL FIELD EXISTS - USE PD TO DISPLAY
```

```
TICKET RECORD - NOT PRICED
GENERAL FACTS
  1.SSR ADTK 1B NBR TO OZ BY 08DEC09 SEL//OR WL BE XXLD
  2.SSR DOCS OZ NN1/P/KR/SC123456/KR/06MAY72/M/15OCT09/HAN/ABACUS
  3.SSR DOCA  KK D/US/987 MAIN STREET/LAX/CA/76040
  4.SSR DOCA  KK R/KR
RECEIVED FROM - P
ZOF8.ZOF8*ANU 0542/07NOV09 XPFTLX H
```

4) 삭제 및 조회

31@	3번지시어 사항의 1번을 삭제
31-3@	3번지시어 사항의 1번부터 3번까지 삭제
31/4@	3번지시어 사항의 1번과 4번만 삭제
*P3D	APIS/SFPD 입력항목 조회

01 다음은 특별서비스(SSR)에 대한 내용이다. 바르지 못한 것은 어느 것인가?

① SSR 요청은 최소한 여행개시 72시간 전에 요청하여야 한다.

② 비동반소아 요청은 항공사마다 규정이 다르므로 항공사로 확인한 후 요청한다.

③ SSR은 항공사에 요청 후 가능여부에 대한 확답을 받는 서비스 항목이다.

④ SSR은 특별코드인 4Letters 코드를 이용하여 요청하여야 한다.

02 다음은 특별서비스(SSR)요청 지시어와 설명을 연결한 것이다. 바르지 못한 것은 어느 것인가?

① 3VGMLA-1.1 : 모든여정에 첫 번째 승객에게 야채식 요청

② 3PETC2-1.1 : 두 번째 여정에 첫 번째 승객에게 애완용 기내서비스 요청

③ 3BBML3-4.1 : 세 번째 여정에 네 번째 승객에게 유아식 서비스 요청

④ 3UMNR1/UM10-1.1 :10번째 여정에 첫 번째 승객 비동반 소아 서비스 요청

03 다음은 특별서비스(SSR)요청 단계에 대하여 기술한 것이다. 순서가 바르게 연결된 것은?

① 3VGMLA-1.1 → *A → KK → EWR enter → HK

② 3VGMLA-1.1 → *A → NN → ER → KK → EWR enter → HK

③ 3VGMLA-1.1 → NN → *A → KK → ER → HK

④ 3VGMLA-1.1 → NN → ER → KK → ER → HK

2 일반 정보서비스(OSI : Other Service Information)

승객에 대한 일반적인 정보나 승객의 여행에 관련된 정보를 항공사에 알려줌으로써 항공사에서 참고하도록 하는데 목적이 있으며 항공사로부터 회신을 받을 필요가 없다. 입력형식은 해당항공사를 지정한 후 전달하고자 하는 사항을 자유롭게 입력한다.

1) 기본 입력 지시어

	3OSI OZ LCTC LAX 777-8888 HILTON HOTEL ROOM NO 302 MS KIM	
1	3OSI	기본 입력 지시어
2	OZ	해당 내용을 전달하고자 하는 항공사
3	LCTC LAX ...	LAX의 현지연락처(Local Contact)를 나타냄

```
< PNR - SFTMEW >
  1.1JUNG/HJ MS
 1 OZ 202Y 01AUG 1 ICNLAX HK1  1440   1030  /DCOZ*YOB2K3 /E
 2 OZ 203Y 10AUG 3 LAXICN HK1  0020   0500 11AUG 4
                                          /DCOZ*YOB2K3 /E
TKT/TIME LIMIT
  1.TAW/
PHONES
  1.SEL02-123-5000 ABC TRVL MS JUNG
  2.SELM010-222-7777
PASSENGER DETAIL FIELD EXISTS - USE PD TO DISPLAY
SECURITY INFO EXISTS *P3D OR *P4D TO DISPLAY
```

```
GENERAL FACTS
  4.OSI OZ LCTC LAX 777-8888 HILTON HOTEL ROOM NO 302 MS KIM
RECEIVED FROM - P
50A8.50A8*AED 0343/08JUN16 SFTMEW H
```

☞ 왕복여정일 경우 항공사의 사정상 결항이나 지연 등의 이유나 예약의 재확인을 위한 것으로 승객의 불편을 최소화하는데 도움을 준다.

2) 기타 입력 지시어 예

3OSI CX SPEAKS KOREAN ONLY	특정언어에 대한 정보
3OSI OZ VIP INFO CEO OF LG-1.1	특정승객에 대한 VIP정보
3OSI TG PLZ DAPO CFM SEG 2 X TKS	특정여정에 대한 확약부탁 정보

3) 수정 및 삭제와 조회

특별서비스와 일반 서비스 항목은 General Facts 사항으로 입력되며 수정, 삭제 조회 지시어는 동일하게 적용된다.

32@	3번지시어의 2번 항목을 삭제
31-2@	3번지시어의 1번부터 2번 항목을 삭제
31/3@	3번지시어의 1번과 3번 항목을 삭제
32@OSI OZ SPEAKS FRENCH ONLY	3번지시어의 2번 항목내용 수정
*P3	3번지시어 사항만 조회

참고

General Facts 사항 중 1번째 항목에서 항공사 표시가 되어 있지 않고 1B로 표시되어진 내용은 항공사에서 SABRE 사용자에게 어떤 내용을 전달하고자 할 때 나타나는 사항으로써 위의 경우는 2016년 6월 18일까지 항공권을 발권하여야하며 그렇지 않을 경우 취소된다는 내용이다.

```
< PNR - ASMZZI >
 1.1JUNG/AA MS
 1 OZ 202M 01OCT 6 ICNLAX HK1  1440  1000  /DCOZ*YOBY60 /E
 2 OZ 203M 10OCT 1 LAXICN HK1  0020  0520 11OCT 2
                                         /DCOZ*YOBY60 /E
TKT/TIME LIMIT
  1.TAW/
PHONES
  1.SEL02-123-4000 ABC TRVL MS KIM
  2.SEL010-222-3333
PASSENGER DETAIL FIELD EXISTS - USE PD TO DISPLAY
GENERAL FACTS
  1.SSR OTHS 1B OZ RSVN IS 2765-3370
  2.SSR ADTK 1B TO OZ BY 18JUN 1800 OTHERWISE WILL BE XLD
RECEIVED FROM - P
50A8.50A8*AED 0304/08JUN16 ASMZZI H
```

01 다음 일반서비스(OSI)에 대한 내용이다. 바르지 못한 것은 어느 것인가?

① 기본지시어는 3OSI이며 형식은 해당항공사 입력 후 전달내용을 자유롭게 기술한다.

② PNR의 필수 입력사항으로 항공사로부터 회신을 받을 필요가 없다.

③ 항공사에 참고적으로 필요할 경우 사용하라는 내용으로 특별한 형식은 없다.

④ PNR의 구성요소 중 General Facts사항에 입력 확인된다.

02 다음은 일반서비스(OSI)에 대한 지시어이다. 바르지 못한 것은 어느 것인가?

① 3OSI OZ SPEAKS KOREAN ONLY : 특정 언어사용에 대한 정보

② 32-3@ : General Facts 사항의 2번 항목부터 3번 항목까지 삭제

③ *P : General Facts 사항만 조회 시

④ 32/5@ : 3번지시어 사항 중 2번 항목과 5번 항목만 삭제

03 다음 내용 중 일반서비스(OSI)에 해당되지 않는 것은 어느 것인가?

① 한국말만을 할 수 있다는 정보를 해당항공사에 알려준다.

② 현지연락처를 해당항공사에 알려준다.

③ 당뇨병이 있어 당뇨식을 해당항공사에 요청한다.

④ 국회의원임을 해당항공사에 알려준다.

10
Chapter

PNR의 선택 사항 II

1 **사전좌석 예약**(Pre Reserved Seat)

모든 항공사 및 좌석이 허용되는 것이 아니므로 허용여부 및 규정을 확인하고 배정한다.

1단계	Y/AAI/PRS	좌석배정 가능항공사 조회
2단계	Y/P8	해당항공사 규정 조회

● 1단계

```
>Y/AAI/PRS
CATEGORY-AAI SUBJECT-PRS                          PAGE   001
01 **********************************************************
02                  INDEX PAGE FOR CARRIERS
03                  PARTICIPATING IN
04              PRE-RESERVE SEAT ASSIGNMENT
05 **********************************************************
06 CC    CARRIER NAME              PARTICIPATING TYPE    PAGE
07 —     ————————                  ————————————         ————
08 AA    AMERICAN AIRLINES         INTERACTIVE PRS       Y/P8
09 AF    AIR FRANCE                INTERACTIVE PRS       Y/P9
10 BA    BRITISH AIRWAYS           INTERACTIVE PRS       Y/P10
11 B7    UNI AIRWAYS               INTERACTIVE PRS       Y/P11
12 HM    AIR SEYCHELLES            INTERACTIVE PRS       Y/P12
13 AM    AEROMEXICO                NON I PRS             Y/P13
14 CX    CATHAY PACIFIC AIRWAYS    INTERACTIVE PRS       Y/P14
15 DL    DELTA AIRLINES            NON I PRS             Y/P15
16 GF    GULF AIR                  INTERACTIVE PRS       Y/P16
17 KA    HONG KONG DRAGON AIRLINES INTERACTIVE PRS       Y/P17
18 KL    KLM ROYAL DUTCH AIRLINES  INTERACTIVE PRS       Y/P18
19 LH    LUFTHANSA                 INTERACTIVE PRS       Y/P19
20 NH    ALL NIPPON AIRWAYS        INTERACTIVE PRS       Y/P20
21 AV    AVIANCA                   NON I PRS             Y/P21
```

• 2단계

```
>Y/P8
CATEGORY-AAI SUBJECT-PRS                        PAGE    008
01 ***********************************************************
02                 PRE-RESERVED SEAT INFORMATION
03                           FOR
04                    AMERICAN AIRLINES
05 ***********************************************************
06
07 *** PARTICIPATION TYPE : INTERACTIVE PRS
08
09 BOOKABLE DATE RANGE FOR PRS :
10 -----------------------------
11 MINIMUM : 4HOURS BEFORE FLIGHT DEPARTURE
12 MAXIMUM : 331 DAYS AHEAD
13
14 CLASS APPLICABLE : ALL
15
16 MAXIMUM NO. OF SEATS MAY BE REQUESTED : 9
17
18 ACCEPTABLE SEAT REQUESTS :
19 --------------------------
20 AA ACCEPTS EITHER GENERIC OR SPECIFIC SEAT REQUESTS.
21 E.G.    ENTRY FOR GENERIC PRS : 4G1/NA
```

1) 좌석예약 절차

1단계	4G1*	1번 여정의 좌석상황을 확인
2단계	4G1/18C 혹은 4G1/18C18D	1번 여정에 좌석번호 배정 요청
3단계	ER 후 *B	저장 및 좌석배정 상황 확인
4단계	4G1HK	항공사로부터 확약 받은 후 좌석상태 정리
5단계	ER 후 *B	좌석상태 정리 후 저장 확인

● 1단계 : 4G1*

```
AUTH-290   333
 0 - ICN  1 - HKG
NO SMOKING FLIGHT
PRICE PER SEAT: KRW 0, KRW 30000
        LAV                      LAV

           GAL  GAL  GAL  GAL

     A   C      D    E    F    G      H    K
10  * B  *P    * B  *P   *P   * B    *P   *P    X10
11  /P   /P    /P   /P   /P   QP     QP   QP    11
12  /P   /P    /    /    /    QP     QP   QP    12
14  /P   /P    /P   /P   /P   QP     QP   QP    14
W15  .   .     *    *    *    *      *    *     15W
W16  *   *     *    *    *    *      *    /     16W
W17  *   *     *    *    *    *      *    *     17W
W18  .   .     *    *    *    *      *    *     18W
W19  .   .     *    *    *    *      *    *     19W
W20  *   *     *    *    *    *      *    *     20W
W21  *   *     *    *    *    *      *    *     21W
```

```
AVAIL NO SMK: *    BLOCK  : /  LEAST PREF: U  BULKHEAD: BHD
FWD OR MID CBN: D    PREMIUM: Q  UPPER DECK: J   EXIT ROW:  X
SEAT TAKEN: .  WING: W PAID: P LAVATORY: LAV GALLEY:GAL  BED:S
PREF ACCESS LAV: PAL  DOOR: DOR    SCREEN: SCR   CLOSET: CLS
PREF ACCESS:H  BASSINET:B  LEGROOM:L  UMNR:M  REARFACE:@#
```

☞ 좌석번호가 있는 좌석만이 배정이 가능하며 더 많은 좌석상황을 보고 싶을 경우 @
MD를 통하여 상황을 확인할 수 있다.

● 2단계 : 4G1/25C

```
>4G1/25C
25C  OZ 721Y 01AUGICNHKG N                    HAN/KT MR
```

☞ 여러 사람일 경우 4G1/25C등으로 인원수만큼 요청할 수 있다.

● 3단계 : ER 후 *B

```
< PNR - XIVDHW >
 1.1HAN/KT MR
 1 OZ 721Y 01AUG 1 ICNHKG HK1  0900  1150 HRS  /DCOZ*YOBZLK /E
TKT/TIME LIMIT
  1.TAW/
PHONES
  1.SEL02-123-4000 ABC TRVL MS PARK
PASSENGER DETAIL FIELD EXISTS - USE PD TO DISPLAY
RECEIVED FROM - P
```

```
50A8.50A8*AED 0314/08JUN16 XIVDHW H B
>*B
SEATS/BOARDING PASS
 1 OZ 721Y 01AUG ICNHKG KK 25C NA       1.1 HAN/KT MR
```

☞ 항공사로부터 좌석배정이 가능함 "KK"을 회신 받았다.

● 4단계 : 4G1HK

```
>4G1HK
#DONE#
```

● 5단계 : ER 후 *B

```
>ER
 < PNR - XIVDHW >
 1.1HAN/KT MR
 1 OZ 721Y 01AUG 1 ICNHKG HK1  0900  1150 HRS  /DCOZ*YOBZLK /E
TKT/TIME LIMIT
  1.TAW/
PHONES
  1.SEL02-123-4000 ABC TRVL MS PARK
PASSENGER DETAIL FIELD EXISTS - USE PD TO DISPLAY
GENERAL FACTS
  1.SSR OTHS 1B OZ RSVN IS 6424-6513
  2.SSR ADTK 1B TO OZ BY 18JUN 1800 OTHERWISE WILL BE XLD
```

```
RECEIVED FROM - P
50A8.50A8*AED 0314/08JUN16 XIVDHW H B
>*B
SEATS/BOARDING PASS
 1 OZ 721Y 01AUG ICNHKG HK 25C NA      1.1 HAN/KT MR
```

☞ 좌석상황 상태 정리 저장 후 좌석상태가 "HK"인 것을 확인할 수 있다.

2) 취소

4GX1	1번 구간에 대한 좌석 취소
4GXALL	좌석 배정된 모든 구간에 대한 좌석 취소

3) 사전좌석 배정의 유의사항

① 예약이 확약된 경우만 가능하므로 대기자나 유아일 경우는 좌석배정이 불가능
하다.

② 최소한 출발 24시간 전까지 요청되어야 한다.

③ 요청된 좌석은 확약 "KK"와 불가능 "UC"로 응답 받을 수 있다.

④ 좌석배정이 실시된 여정을 취소할 경우 배정된 좌석도 같이 취소된다.

01 다음 사전좌석 배정에 대한 화면을 보고 다음에 취해야할 상황에 알맞은 지시어는?

```
*B
SEATS/BOARDING PASS
 1 OZ 202Y 01DEC ICNLAX KK 18C          1.1 PARK/JUNGHEEMR
```

① 4GX1
② 4G.1HK
③ 4G1XK
④ 4G1HK

02 다음은 사전좌석배정에 대한 내용이다. 바르지 못한 것은 어느 것인가?

① 대기자일 경우라도 추후 "HK"가 되었을 경우에는 좌석배정이 가능하다.
② 최소한 출발 24시간 전까지는 요청되어져야 한다.
③ 항공사마다 모두 허용이 되는 것이 아니므로 사전확인 후 요청하여야 한다.
④ 최소한 출발 72시간 전까지라면 모든 좌석상태는 "KK"로 응답받을 수 있다.

03 다음은 사전좌석배정 지시어와 설명에 대한 내용이다. 바르지 못한 것은 어느 것인가?

① 4G1* : 1번여정 좌석상황 조회
② 4GXALL : 모든 좌석배정 구간 취소
③ *B : 좌석배정 상황 조회
④ 4G1/2* : 1과 2번 여정 좌석상황 조회

04 사전좌석배정에 대한 유의사항 중 틀린 것은 어느 것인가?

① 2살 미만의 유아나 대기자 승객은 사전좌석배정 기능을 사용할 수 없다.

② 확약된 승객은 반드시 항공기 출발전 24시간 이내에 사전좌석배정을 해야만 한다

③ 좌석배정에 대한 내역을 취소하는 경우에는 4GX1 혹은 4GXALL 등의 지시어를 이용한다.

④ 항공사에 따라서 좌석배정이 가능한 좌석 및 인원수가 다르게 설정될 수 있다.

2 상용고객 마일리지 입력(Frequent Flyer Program)

항공사에서 제공하는 마일리지 적립을 통하여 승객은 탑승하는 구간의 거리를 적립하여 차후 적립된 마일리지 접수에 따라 무상으로 항공권을 제공받거나 차상위 CLASS로 탑승할 수 있도록 서비스를 제공받을 수 있다.

1) 지시어

FF OZ12345689-1.1	FF/OZ 마일리지카드 번호-승객번호
FFOZ123456789/SQ-1.1	FF/OZ 마일리지카드 번호/탑승항공사-승객번호
*FF	입력된 마일리지 조회
FF1@	FF1번 입력사항 삭제

```
< PNR - YLXWOY >
 1.1MOON/ABACUSMR
 1 OZ 202Y 01DEC 6 ICNLAX HK1  1440  0840  /DCOZ*MTRVUI /E
 2 OZ 201Y 30DEC 7 LAXICN HK1  1100  1730 31DEC 1
                                      /DCOZ*MTRVUI /E
TKT/TIME LIMIT
  1.TAW/
PHONES
  1.SELT*02-777-8888 ABC TRVL MS JUNG
  2.SELM*010-234-5678
PASSENGER DETAIL FIELD EXISTS - USE PD TO DISPLAY
GENERAL FACTS
  1.SSR OTHS 1B OZ RSVN IS 1644-1851
```

 2.SSR ADTK 1B TO OZ BY 19JUN 1200 OTHERWISE WILL BE XLD

RECEIVED FROM - P

50A8.50A8*AED 2113/04JUN18 YLXWOY H

>FFOZ990000011-1.1 *

>*FF

FREQUENT TRAVELER

 1.OZ 990000011   HK OZ   1.1 MOON/ABACUSMR

>FF1@ *

>*FF

#NO PSGR DATA#

2) 기타 지시어

CH*7402191000000	CH*주민번호(OZ 마일리지 카드 번호조회)
PT*KE	PT*KE (KE 마일리지 프로그램 제휴사 조회)

CH*7402191000000

A/C MEMBER INFORMATION PROFILE - SLVR 00 467 300 2

   APPLIED DTE - 12JAN93

   CREATED DTE - 12JAN93

   ADJUSTED DTE - 12JAN93

>---

	RV_BNS	AV_BNS	TTL_ML	AIR_ML	OZ_CNT
TM.	0	9,949	9,949	1,500	3

>---

```
    PHONE
01/9B*82-0-2127-8433
    FACTS
02/4FOSIOZ SLVR CLUB-HONG/GILDONGMR
03/4FOSIOZ LADY CLUB
    FREQUENT FLYER NUMBER
04/4FSSRFQTVOZHK/OZ004673002
>-------------------------------------------------
    NAMES
01/-HONG/GILDONGMR
02/ 홍길동
```

```
PT*KE
FQTV PARTICIPATING AIRLINE EXCHANGE/PARTNERSHIP AGREEMENTS
----------------------------------------------------------
USE. FF OC  FF NUMBER / RC -N.N TO TRANSMIT FLIGHT INFO
        OC-OWNING        RC-RECEIVING
          CARRIER           CARRIER


        /*/ SEGMENT SPECIFIC ALLOWED


KE-180 KOREAN AIR
    ACCEPTS FF ACCOUNT NUMBERS IN THE PROGRAMS LISTED
    AF  AM  AR* AS  AZ  CI  CZ  DL  EK  EY  FM* GA  HA
    KE  KL  ME  MF* MU  OK  RO  SU  SV  UX  VN  9W*
```

3 REMARKS

   예약과 발권과 관련된 내부적인 참고사항을 입력할 때 사용하며 항공사로 전송되는 내용은 아니다. 자유롭게 입력할 수 있다.

1) 지시어

5SKD CHG BY PARK/MIRA 031-222-3333 05DEC	5... 자유입력
5**DEP RCFM BY PAX AT 03MAY	5....자유입력
*P	5번지시어 입력사항 조회
51@	5번의 1번 사항 삭제

<u>**5SKD CHG BY PARK/MIRA 031-222-3333 05DEC ***</u>

<u>***P**</u>

PHONES

  1.SEL 02-777-8888 AAA TRVL JUNG-T

  2.SEL 010-234-5678-T

GENERAL FACTS

  1.SSR ADTK 1B NBR TO OZ BY 08DEC15 SEL//OR WL BE XXLD

<u>**REMARKS**</u>

  <u>**1.SKD CHG BY PARK/MIRA 031-222-3333 05DEC**</u>

RECEIVED FROM - P

ZOF8.ZOF8*ANU 0542/07NOV15 XPFTLX H B

<u>**51@ ***</u>

<u>***P**</u>

PHONES

  1.SEL 02-777-8888 AAA TRVL JUNG-T

  2.SEL 010-234-5678-T

GENERAL FACTS

```
  1.SSR ADTK 1B NBR TO OZ BY 08DEC15 SEL//OR WL BE XXLD
RECEIVED FROM - P
ZOF8.ZOF8*ANU 0542/07NOV15 XPFTLX H B
```

 ## 4 RECEIVED FROM

예약 의뢰자 또는 예약 변경을 요청한 사람의 이름과 연락처를 입력하는 기능이며, 입력된 결과는 항상 하나만 보여주는 SINGLE FIELD이다. 최초 저장된 사항은 삭제되지 않는다.

1) 지시어

6MR PARK 031-222-3333	예약 의뢰자와 연락처 입력
6P	예약 의뢰한 사람이 예약자임을 표기
6@	삭제

```
< PNR - XTNHIY >
 1.1JUNG/ABACUS MS
 1 OZ 301Y 01MAY 6 ICNHKG RR1  0900  1150 /DCOZ /E
 2 OZ 304Y 05MAY 3 HKGICN HK1  0930  1400 /DCOZ*4RBS9P /E
PHONES
  1.SEL 02-777-8888 ABC TRVL MS KIM-T
PASSENGER DETAIL FIELD EXISTS - USE PD TO DISPLAY
TICKET RECORD - NOT PRICED
GENERAL FACTS
  1.SSR ADTK 1B NBR TO OZ BY 08MAY15 SEL//OR WL BE XXLD
RECEIVED FROM - MR PARK 031-222-3333
ZOF8.ZOF8*ANU 0807/06NOV14 XTNHIY H
```

11 Chapter

DIVIDE

1 특징

PNR의 완성 후 동일한 PNR에 예약되어 있는 일부의 승객이 여정을 취소하거나 변경하고자 하는 경우에 사용하는 기능이 바로 DIVIDE이다. DIVIDE는 최초 하나의 PNR에 존재하던 복수의 승객들이 분리 기능을 통해 그 중의 일부 승객이 또 다른 새로운 예약번호를 구성하여 존재하도록 나누는 기능으로 동일한 PNR 내에서는 여정이 변경된 승객이 함께 존재할 수 없기 때문에 별도의 새로운 PNR로 분리시켜야만 하는 것이다. 이러한 분리 작업을 시작하기 전의 PNR을 ORIGIN PNR이라고 하고, 분리 작업을 진행한 후 새롭게 생성된(분리된) PNR을 DIVIDE PNR이라고 한다. 여기서 DIVIDE 작업의 최종 목적은 분리된 승객의 여정 취소 혹은 변경이다.

2 순서

1단계	*IBPBPA	PNR 조회
2단계	D2 혹은 D1*3	2번 승객분리 (1번과 3번 승객분리)
3단계	6P	RECIEVED FROM 사항 입력
4단계	F	중간 저장
5단계	E	저장 완료
6단계	*RR	예약변경에 해당되는 PNR 조회 후 작업진행

● 1단계 : PNR 조회

```
< PNR - SFVOBT >
 1.1JUNG/AAMR  2.1HAN/BBMS
 1 OZ 741Y 01AUG 1 ICNBKK HK2  1820  2210  /DCOZ*YOB2WQ /E
 2 OZ 744Y 10AUG 3 BKKICN HK2  0210  0920  /DCOZ*YOB2WQ /E
TKT/TIME LIMIT
 1.TAW/
PHONES
 1.SEL02-123-7777 ABC TRVL JUNG
 2.SEL010-111-2222
PASSENGER DETAIL FIELD EXISTS - USE PD TO DISPLAY
RECEIVED FROM - P
50A8.50A8*AED 0352/08JUN16 SFVOBT H
```

● 2단계 : D2(승객분리)

```
>D2
< PNR - WGKZOM >
 1.1HAN/BBMS
 1 OZ 741Y 01AUG 1 ICNBKK HK1  1820  2210  /DCOZ /E
 2 OZ 744Y 10AUG 3 BKKICN HK1  0210  0920  /DCOZ /E
TKT/TIME LIMIT
 1.TAW/
PHONES
 1.SEL02-123-7777 ABC TRVL JUNG
 2.SEL010-111-2222
```

```
PASSENGER DETAIL FIELD EXISTS - USE PD TO DISPLAY
REMARKS
  1.DIVIDED/50A8*AED 0353/08JUN16 SFVOBT
  2.H-SPLIT FR/035316/08JUN16 SFVOBT 02/02 01/01 HAN/BBMS
RECEIVED FROM - P
50A8.50A8*AED 0352/08JUN16 WGKZOM H
```

- 3단계 : 6P

```
6P *
```

- 4단계 : F(중간저장)

```
>F
 < PNR - SFVOBT >
RECORD FILED
 1.1JUNG/AAMR
 1 OZ 741Y 01AUG 1 ICNBKK HK1  1820  2210  /DCOZ*YOB2WQ /E
 2 OZ 744Y 10AUG 3 BKKICN HK1  0210  0920  /DCOZ*YOB2WQ /E
TKT/TIME LIMIT
  1.TAW/
PHONES
  1.SEL02-123-7777 ABC TRVL JUNG
  2.SEL010-111-2222
```

```
PASSENGER DETAIL FIELD EXISTS - USE PD TO DISPLAY
REMARKS
  1.DIVIDED/50A8*AED 0353/08JUN16 WGKZOM
  2.H-SPLIT TO/035316/08JUN16 WGKZOM 02/02 01/01 JUNG/AAMR
RECEIVED FROM - P
50A8.50A8*AED 0352/08JUN16 SFVOBT H
```

● 5단계 : E

```
< PNR - SFVOBT >
RECORD FILED
  1.1JUNG/AAMR
  1 OZ 741Y 01AUG 1 ICNBKK HK1  1820  2210  /DCOZ*YOB2WQ /E
  2 OZ 744Y 10AUG 3 BKKICN HK1  0210  0920  /DCOZ*YOB2WQ /E
TKT/TIME LIMIT
  1.TAW/
PHONES
  1.SEL02-123-7777 ABC TRVL JUNG
  2.SEL010-111-2222
PASSENGER DETAIL FIELD EXISTS - USE PD TO DISPLAY
REMARKS
  1.DIVIDED/50A8*AED 0353/08JUN16 WGKZOM
  2.H-SPLIT TO/035316/08JUN16 WGKZOM 02/02 01/01 JUNG/AAMR
RECEIVED FROM - P
50A8.50A8*AED 0352/08JUN16 SFVOBT H
```

```
>E
OK 0354 SFVOBT
>*RR
```

 3 **DIVIDE 작업의 유의사항**

1) DIVIDE 작업과 여정의 변경이나 취소 작업은 동시에 이루어져서는 안 된다. 따라서, PNR의 DIVIDE 작업이 모두 완료되고 난 후에 해당 PNR을 조회하여 여정 변경 작업을 진행하도록 한다.

2) DIVIDE 작업후의 분리된 각각의 PNR 내용은 항공사 예약기록에도 동일하게 반영되었는지 반드시 확인해야 한다.

3) DIVIDE가 한 번 진행된 PNR을 다시 DIVIDE 하는 것은 항공사와 GDS 시스템간 상호 DATA 전송에 문제가 발생할 소지가 있으므로 가급적 피하는 것이 좋다.

01 다음은 DIVIDE 작업과 관련된 주의사항 및 특징에 대해 설명한 것이다. 올바르지 않은 내용은 무엇인가?

① DIVIDE 할 경우 ORIGIN PNR과 DIVIDE PNR상호간에 서로의 예약번호가 기록된다.

② DIVIDE는 동일한 PNR에 있었던 승객 중 일부가 여정을 취소하고자 할 때 사용된다.

③ DIVIDE 작업과 특정 승객의 여정 변경 및 취소작업은 동시에 이루어지는 것이 좋다.

④ DIVIDE 했던 PNR을 또 다시 DIVIDE 하는 것은 항공사와 GDS간의 DATA 전송 문제가 발생할 수 있으므로 가급적 피하는 것이 좋다

02 다음은 DIVIDE 진행내용이다. 빈 칸에 알맞은 지시어를 쓰시오.

1단계	*IBPBPA	PNR 조회
2단계		1번과 3번 승객분리
3단계	6P	RECIEVED FROM 사항 입력
4단계		중간 저장
5단계	E	저장 완료

03 다음의 조건으로 PNR을 작성하시오.

승객: 본인(본인이름필수) 외 추가 성인 1명

날짜 : 익월 또는 2-3개월 이내 아무일자

여정: SEL-HKG "OZ" M-Class

　　　4일 뒤 SHA-SEL "MU" B-Class

연락처: 자유입력

　　　- 현지 연락처를 입력하시오. (HILTON HTL RM1202)

추가사항 : PNR을 저장한 후 본인을 DIVIDE 완료한 뒤

　　　SHA-SEL구간을 동일한 날짜의 HKG-SEL "OZ" M -CLASS 로 여

　　　정을 변경하시오.

12 Chapter

사례별 PNR 작성

1 노선별 PNR 작성 연습

1) 일본 노선

승객	: 성인 2명(남녀 각 1명) , 소아 1명 (여,9살)
노선	: 인천 – 나리타 – 인천
항공사	: OZ OZ
CLASS	: Y Y
일자	: 2~3개월 후 아무날짜
전화번호	: 02-111-2222 AAI TRVL MS KIM
	011-777-8888 (핸드폰)
SSR 사항	: 1번 승객을 위해 인천 나리타 구간에 야채식
	(VGML)신청

2) 동남아 노선

승객	: 성인 1명(여자) , 소아 1(여,9살), 유아 1명(남,17 개월)
노선	: 인천 – 홍콩 X 싱가포르 – 인천
항공사	: OZ SQ
CLASS	: B B
일자	: 2~3개월 후 아무날짜
전화번호	: 02-111-2222 AAI TRVL MS KIM
	011-777-8888 (핸드폰)
SSR 사항	: 전구간에 아기 바구니(BSCT) 신청
OSI 사항	: 현지연락처 싱가포르777-8888 MS LIM

3) 미주 노선

승객 　　　: 성인 1명(여자)

노선 　　　: 인천 - 로스앤젤레스 X 뉴욕 - 인천

항공사 　　: 　OZ　　　　　　　UA

CLASS 　　: 　M　　　　　　　M

일자 　　　: 　　2~3개월 후 아무날짜

전화번호 : 02-111-2222 AAI TRVL MS KIM

　　　　　011-777-8888 (핸드폰)

SSR 사항 : APIS 정보입력과 OZ구간에 당뇨식 신청(DBML)

　　　　　성인-JR1234567/KR/09JUN72

　　　　　여권만료일 -15OCT29

　　　　　주소-987 MANIN STREET LAX, CA 76040

2 종합문제 1

01 다음은 여정작성의 특징 및 유의사항이다. 그 내용이 올바르지 않은 것은 어느 것
인가?

1) 모든 여정은 연속성이 이루어져야 하므로, 비항공 운송구간이 발생할 경우에는
ARNK여정을 입력한다.

2) 승객의 여행 동반인원에 따라 구간별 좌석의 개수는 달라질 수도 있다.

3) 승객의 수와 좌석의 수가 일치해야 하므로 성인 2명인 경우 2개의 좌석을 요청한다.

4) 승객 중 유아가 있는 경우에는 좌석의 수에 포함시키지 않는다.

02 보기에 있는 기호 중에서 다음 기능에 적당한 기호를 고르시오.

> 보기) 특정 항목의 입력 내용을 수정하거나 삭제하는 경우에 사용하는 기능

1) @   2) *   3) #   4) -

03 다음의 조회 지시어 중 도시 및 공항코드를 이용하여 FULL NAME을 조회하기 위해 사용되는 기능으로 올바른 것은 어느 것인가?

1) W/-CC   2) W/*
3) W/-AP   4) HCCC

04 11월 17일 서울에서 홍콩을 여행하고자 하는 승객이 있어서 좌석가능여부를 확인 하였더니 모든 항공사의 항공편이 만석인 상태였다. 항공사를 지정하지 않고 조회 한 상태에서 다음 날짜의 좌석상태를 조회하고자 하는 경우 사용되는 연속 지시어 는 다음 중 어느 것인가?

1) 1R   2) 1#1
3) 1@R   4) 1@#1

05 다음 여정작성의 기본 형태를 설명한 내용으로 올바르지 않은 것은 어느 것인가?

> 02Y3

1) 여정작성의 기본 지시어는 0 이다.
2) 요청하고자 하는 좌석은 Y-CLASS 이다.
3) 3개의 좌석을 요청하고자 하는 경우이다.
4) 조회되어 있는 AVAILABILITY 상의 항목 중 3번째 항공편을 이용한 요청이다.

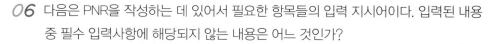

06 다음은 PNR을 작성하는 데 있어서 필요한 항목들의 입력 지시어이다. 입력된 내용 중 필수 입력사항에 해당되지 않는 내용은 어느 것인가?

1) N2Y3

2) 902-333-6666ABCTRVLMSKIM

3) A10MAYSELTYO

4) -I/KIM/KYUNGBOKMSTR*I10

07 다음은 승객의 이름을 입력하는 기능에서의 특징 및 유의사항을 설명한 것이다. 바르지 않은 것은 어느 것인가?

1) 소아나 유아의 이름을 입력하는 경우에는 국제선 여정이 적어도 하나는 존재해야 한다.

2) 승객 중 여성과 남성을 구분하는 TITLE 외에도 신분을 나타내는 TITLE도 사용할 수 있다.

3) 유아의 경우 이름입력과 함께 반드시 OSI 지시어를 이용하여 나이정보를 추가 입력해야 한다.

4) 유아의 경우 I/라는 코드와 함께 성과 이름, 나이 등을 입력해야 한다.

08 다음은 예약코드에 대한 설명이다. 내용이 올바르지 않은 것은 어느 것인가?

1) NN : REQUESTING SEGMENT NEED 의 의미로써 가장 기본적인 좌석요청 코드이다.

2) DS : DESIREDSEGMENT아직 일정이 확정되지 않는 여정을 OPEN으로 작성할 때 사용한다.

3) KL : 대기상태였던 좌석에 대하여 판매가 허용되었음을 알려주는 경우의 응답코드이다.

4) UC : 좌석요청 시 요청된 좌석의 확보가 가능함을 의미함.

09 OSI 사항의 입력 예로써 알맞지 않은 것은 어느 것인가?

    1) 미국여행 예정인 승객의 현지호텔 연락처

    2) 승객의 동반자 예약번호

    3) 당뇨병 승객의 당뇨식 신청

    4) 혼자 여행하는 어린이의 현지 보호자 연락처

10 기내식과 같은 특별 서비스를 신청하는 경우에 사용되는 SSR 신청기능은 입력한 뒤에 해당 항공사가 요청된 내용을 제공해 주는지 여부를 확인할 필요가 있다. 만약, 요청된 SSR 사항에 대해 KK라는 응답코드가 회신되었을 경우 이것을 재확인 하면서 동시에 HK코드로 변경해 주는 기능을 하는 지시어는 다음 중 어느 것인가?

    1) EWR

    2) ER

    3) IR

    4) E

11 다음은 사전좌석 배정을 위한 진행과정이다. 빈 곳에 알맞은 지시어를 고르시오.

> 1. 좌석배치도의 조회 → 4G1*
> 2. 특정 좌석의 배정(20A20B) → (   )
> 3. 좌석배정 결과의 조회 → *B

    1) 4G1*20A20B

    2) 4G1/20A20B

    3) 4G1/20A-20B

    4) 4G1*20A-20B

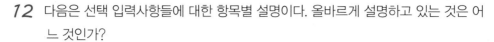

12 다음은 선택 입력사항들에 대한 항목별 설명이다. 올바르게 설명하고 있는 것은 어느 것인가?

1) 상용고객을 위한 마일리지 카드를 입력하기 위해서는 반드시 PT*OZ을 통해서 제휴 항공사를 확인해야만 한다.

2) RECEIVED FROM항목은 기본 지시어 5를 이용하여 예약 요청자에 대한 내용을 입력하는 것이다.

3) 마일리지카드 입력을 위한 지시어는 FFOZ1234567/2)1 이다.

4) TICKETING FIELD는 본래 발권 예정일을 입력하는 기능이었으나 항공권 번호를 수동으로 입력하는 기능으로도 사용된다

13 다음 중 항공사들이 여러 종류의 BOOKING CLASS를 설정하는 이유, 목적이라고 볼 수 없는 것은 어느 것인가?

1) 승객의 운임종류에 따라 BOOKING CLASS를 설정 하므로 수익을 예측할 수 있다.

2) BOOKING CLASS를 구분함으로써 항공사의 수입을 극대화하는데 도움을 받는다.

3) 한시성, 일시성의 특징을 가진 좌석의 손실을 방지하는데 도움이 된다.

4) 승객 스스로 자신의 BOOKING CLASS를 알고 있어야 좌석배정 시 올바른 절차가 진행된다.

14 PNR을 저장하는 과정에서 아래와 같은 오류 메시지의 응답이 나왔다. 이에 대해 올바르게 수정하기 위해 진행해야 되는 과정으로 올바른 것은 어느 것인가?

> PNR LOCATOR NOT FILED
> NUMBER OF NAMES NOT EQUAL TO RESERVATIONS

1) 전화번호를 입력해 준다.

2) 유아의 추가정보를 입력한다.

3) 여정의 연속성을 확인한다.

4) 승객수와 좌석수가 일치하는지 확인한다.

15 다음 중 DIVIDE 작업이 필요한 상황은 어느 경우인가?

    1) 함께 여행하던 승객 2명이 동시에 목적지를 변경하는 경우

    2) 출발 전에 일행 전체가 여정을 취소하는 경우

    3) 출발하기 전에 일행 중 한 명만 여정을 취소하는 경우

    4) 출발한 뒤 일행 전체가 중간 여정의 날짜를 변경하는 경우

16 다음 중 수정 및 삭제 지시어로 올바르지 않은 것은 어느 것인가?

    1) X2

    2) 31@OSIOZLCTCHKG109-0292MRKIM

    3) 4G1@

    4) -2)1@

17 다음은 DIVIDE의 진행과정을 나타낸 것이다. 빈 칸에 알맞은 지시어로 올바른 것은 어느 것인가?

> 2번 승객을 분리시작 > D2
>   ↓
> RECEIVED FROM 사항 입력 > 6MR KIM
>   ↓
> DIVIDE PNR의 저장 > (   )
>   ↓
> ORIGIN PNR의 최종 저장 > E

    1) ER

    2) F

    3) FR

    4) EWR

18 아래의 조건에 맞게 PNR 작성 지시어를 차례대로 나열하시오.

> 본인외 추가 성인1명, 소아1명
> 여정 : 2월20일 SEL-AMS, KL, H CLASS
>   2월27일 PAR-SEL, OZ, M-CLASS
> 여행사 연락처 02-123-5566 ABC TRVL
> 본인의 핸드폰 번호 010-222-3333
>
> PNR을 저장한 후 본인을 DIVIDE 완료한 뒤
> PAR-SEL 구간을 동일한 날짜의 AMS-SEL, KL, H-CLASS오 여정을 변경하시오.

19 다음의 조건으로 PNR 작성을 위한 지시어를 나열하시오.

> *좌석확약이 불가한 경우 조건일 기준 2-3일 이내로 조정가능
> (단, CODE-SHARE FLIGHT 제외)
> *승객: 본인, 유아 1명
> 날짜 :금월기준 1~2개월뒤 (일자 상관없음)
> *여정: SEL - NYC "OZ" M-Class
> LAX - SEL "OZ" M-Class
> *연락처: 자유입력
> *NYC의 현지연락처 입력 :NYC ABC HTL ROOM1202
> *전구간 아기바구니 요청
> *1번 구간에 대한 좌석배정을 진행하시오.

20 다음의 조건으로 PNR 작성을 위한 지시어를 나열하시오.

> *좌석확약이 불가한 경우 조건일 기준 2-3일 이내로 조정가능
> (단, CODE-CHARE FLIGHT 제외)
> 승객: 본인 외 추가성인 1명
> 날짜 :금월기준 1~2개월뒤(일자 상관없음)
> 여정: ICN - PEK "OZ" B-CLASS
>   SHA- ICN "OZ" B-CLASS
> 연락처: 자유입력
>   ⇒ 현지 연락처 입력: SHA HYATT HTL RM 1029
>   ⇒ 본인을 DIVIDE진행한 후 여정을 변경하시오. (SHA-ICN을 PEK-
>   ICN으로 하고 날짜, 항공사, CLASS 동일하게)

 3 종합문제 2

01 다음은 AVAILABILITY 기능에 대한 설명이다. 그 내용으로 올바르지 못한 것은 어느 것인가?

1) AVAILABILITY 기능에는 일반 좌석상태 조회와 실제 좌석상태 조회 기능이 있다.

2) 항공사의 실제 좌석상태를 조회하기 위해서는 #지시어를 사용하여 조회한다.

3) 실제 좌석상태 조회 시 해당 조회 내용은 실시간의 좌석정보와 운항정보를 제공하게 된다.

4) AVAILABILITY 조회화면에서 출도착시간을 확인할수 있다.

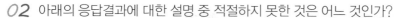
02 아래의 응답결과에 대한 설명 중 적절하지 못한 것은 어느 것인가?

```
-20MAR+ FR1   ICN/Z#9     BKK/-2
1TG       659 C9 D9 J9 Z9 I9 R2 Y9 B9 M9 ICNBKK    0935 1330    773 0 M DCA/E
              H9 Q9 G0 T9 K9 S9 X9 V9 W5 N0
2OZ/TG 6761 C9 Y9 B9 M9 H9              ICNBKK    0935 1330    773 0 M DCA/E
3KE       657 P4 A4 J4 C4 D4 I4 Z4 Y4 B4 ICNBKK    0900 1300    744 0 L DC/E
              M4 S4 H4 E4 K4 L4 U4 Q4 N4 T4 G4
4KE       651 R4 P4 A4 J4 C4 D4 I4 Z4 Y4 ICNBKK    1715 2105    772 0 D DC/E
              B4 M4 S4 H4 E4 K4 L4 U4 Q4 N4 T4 G4
5OZ       741 C9 D9 Z9 U9 Y9 B9 M9 H9 E9 ICNBKK    1820 2210    772 0 D DCA/E
              Q9 K9 S9 V9 L9 W9 T0 G0
6AC/OZ 6996 J9 C9 D9 Z9 Y9 B9 M9 U9 H9 ICNBKK    1820 2210    772 0 DCA/E
              Q9 V9 W9 S9 T9 L9
7KE       659 P4 A4 J4 C4 D4 I4 Z4 Y4 B4 ICNBKK    1850 2255    333 0 D DC/E
              M4 S4 H4 E4 K4 L4 U4 Q4 N4 T4 G4
87C      2203 Y9 B9 K9 N9 Q9 M9 T9 W9 O9 ICNBKK    1930 2345    737 0 G DC/E
              R9 X9 S9 L9 H9 E9 J9 F9 V9 G9 Z9 D9 C9 A9 I9 P9 U9
97C      2205 Y9 B9 K9 N9 Q9 M9 T9 W9 O9 ICNBKK    2040 0045#1 737 0 G DC/E
              R9 X9 S9 L9 H9 E9 J9 F9 V9 G9 Z9 D9 C9 A9 I9 P9 U9
10TG      657 C9 D9 J9 Z9 I9 R9 Y9 B9 M9 ICNBKK    2125 0120#1 330 0 M DCA/E
              H9 Q9 G0 T9 K9 S9 X9 V9 W9 N0
11OZ/TG 6763 C9 Y9 B9 M9 H9              ICNBKK    2125 0120#1 777 0 M DCA/E
12TG      629 C9 D9 J9 Z9 I9 R4 Y9 B9 M9 ICNBKK    1050 1645    777 1 M DCA/E
              H9 Q9 G0 T9 K9 S9 X9 V9 W9 N0
```

1) 조회일자는 3월 20일 기준이며, 서울에서 방콕을 운항하는 항공편에 대한 정보이다.

2) TG 659는 경유지가 없는 flight이다.

3) 상기 결과를 조회하기 위해 사용된 지시어는 A20MARSELBKK이다

4) TG 657편은 3월 20일 21:25에 출발하여 같은 날 01:20에 도착하는 스케줄을 갖고 있다.

03 다음은 비항공운송구간과 여정의 연속성에 대한 설명이다. 내용이 올바르지 않은 것은 어느 것인가?

1) 비항공운송구간이란 승객의 여정 중 항공편을 이용하지 않는 구간을 의미한다.

2) 앞 구간의 도착지와 뒷 구간의 출발지가 동일한 공항으로 이루어져 있다면 여정의 연속성이 맞는 경우이다.

3) 비항공운송구간이 발생하더라도 승객이 실제로 항공편을 탑승하지 않기 때문에 PNR상에는 여정이 존재하지 않아도 된다.

4) 여정의 연속성이 맞지 않는 경우에는 비항공운송구간 위치에 ARNK여정을 대신 입력함으로써 그 사실을 인지시켜야 한다.

04 다음 보기에서 설명하고 있는 항공편을 AVAILABILITY 화면에서 고른다면 올바른 것은 어느 것인가?

```
-15MAR+ SUN    SEL/Z#9      LAX/PDT-16
1OZ      202 P9 F9 A5 J9 C9 D9 Z9 U9 Y9 ICNLAX    1450 0930    388 0 BD DCA/E
             B9 M9 H9 E9 Q9 K9 S9 V9 L9 W9 T0 G0
2SQ/OZ 5702 Z4 C4 J4 D4 Y9 B9 E9 M4 H9 ICNLAX    1450 0930    388 0 BD DCA/E
             W4 Q4
3KE       17 R4 A4 J4 C4 D4 I4 Z4 Y4 B4 ICNLAX    1500 1000    388 0 DB DC/E
             M4 S4 H4 E4 K4 L4 U4 Q4 N4 T4 G4
4OZ      204 J9 C9 D9 Z9 U5 Y9 B9 M9 H9 ICNLAX    2000 1440    77L 0 DS DCA/E
             E9 Q9 K9 S9 V9 L9 W9 T0 G0
5SQ/OZ 5704 Z4 C4 J4 D4 Y9 B9 E9 M4 H9 ICNLAX    2000 1440    77L 0 DS DCA/E
             W4 Q4
6KE       11 R4 A4 J4 C4 D4 I4 Z4 Y4 B4 ICNLAX    1950 1450    388 0 DB DC/E
             M4 S4 H4 E4 K4 L4 U4 Q4 N4 T4 G4
7TG      692 C9 D9 J8 Z0 I0 R0 Y9 B9 M9 ICNLAX    2220 1855    773 0 M  DCA/E
             H9 Q9 G0 T9 K9 S9 X9 V9 W9 N5
8DL      198 J7 C6 D6 I5 Z4 Y9 B9 M9 S9 ICNSEA    1705 1126    76W 0 H  DCA/E
             H9 Q9 K5 L0 U0 T0 X0 V0 E0
 DL      198 J7 C6 D6 I5 Z4 Y9 B9 M9 S9    LAX     1236 1520    75W 0 L  DCA/E
             H9 Q9 K5 L0 U0 T0 X0 V0 E0
9JL      954 J4 C2 D4 X4 I4 Y4 B4 H4 K4 ICNNRT    1340 1605    767 0 M  DC/E
             M4 L4 V4 S4 N4 Q4 O4 G4
10JL      62 F2 A4 J4 C2 D4 X4 I4 W4 E4    LAX     1705 1050    773 0 M  DC/E
             Y4 B4 H4 K4 M4 L4 V4 S4 N4 Q4 O4 G4
11UA      78 C4 D4 Z0 P0 Y4 B4 M4 E0 U4 ICNNRT    1330 1545    738 0 L  DCA/E
             H4 Q4 V4 W4 S4 T4 L0 K0 G0 N0
12UA/NH 7946 F4 A4 J4 C4 D4 Z0 P0 Y4 B4    LAX     1705 1050    77W 0 M  DCA/E
             M4 U4 H4 V4 W4 S4 T4 L0 K0
```

보기) 1. 공동 운항을 하지 않는다.
　　　 2. 경유지가 없다.
　　　 3. 기종이 773이다.
　　　 4. 편명은 692편이다.

1) OZ 　　　 2) KE 　　　 3) SQ 　　　 4) TG

05 다음 중 OSI 사항의 입력 예로써 알맞지 않은 것은 어느 것인가?

1) 미국여행 예정인 승객의 현지호텔 연락처

2) 승객의 동반자 예약번호

3) 당뇨병 승객의 당뇨식 신청

4) 혼자 여행하는 어린이의 현지 보호자 연락처

06 아래의 작성중인 여정에 대한 설명 중 그 내용이 올바른 것은 어느 것인가?

```
-20APR+ MON    SEL/Z#9     SIN/-1
OZ RESPONSE ** DIRECT CONNECT PARTICIPANT **
** ASIANA AIRLINES - AN **                  104 MO 20APR 0000
*** OZ FIRST SUITE (77W) & OZ BUSINESS SMARTIUM (77L) ***
13OZ*   6783 C9 D9 Y9 B9 M9 H9 E0 Q9 K0 ICNSIN    0015 0535    333 0
14OZ*   6781 C9 D0 Y9 B9 M9 H9 E9 Q9 K0 ICNSIN    0900 1420    333 0
15OZ     751 C9 D9 Z9 U9 Y9 B9 M9 H9 E9 ICNSIN    1620 2145    333 0
             Q9 K9 S9 V9 L9 W9 T0 G0
16OZ*   6789 C2 D2 Y4 B4 M4 H4 E4 Q4 K4 ICNSIN    1640 2200    333 0
             S4
17OZ*   6787 C2 D0 Y4 B4 M4 H4 E4 Q4 K0 ICNSIN    1935 0050#1 77W 0
>01Y13
  OZ6783Y   20APR ICNSIN SS1  0015  0535  /DCOZ   /E
```

1) 조회된 항공편 중 OZ751에 대한 여정을 작성한 상태이다.

2) 요청된 항공편의 좌석은 제공이 가능한 상태임을 나타내고 있다.

3) 요청된 좌석은 1개이며 B-CLASS이다.

4) 요청된 항공편의 좌석은 대기자 상태로 접수가 되어 있다.

07 다음은 PNR을 작성하는 데 있어서 필요한 항목들의 입력 지시어이다. 입력된 내용 중 필수 입력사항에 해당되지 않는 내용은 어느 것인가?

1) N2Y3

2) 902-333-6666 ABC TRVL MS KIM

3) A10MAYSELTYO

4) -I/KIM/KYUNGBOKMSTR*I10

08 사전좌석배정에 대한 유의사항 중 틀린 것은 어느 것인가?

1) 2살 미만의 유아나 대기자 승객은 사전좌석배정 기능을 사용할 수 없다.

2) 확약된 승객은 반드시 항공기 출발전 24시간 이내에 사전좌석배정을 해야만 한다.

3) 좌석배정에 대한 내역을 취소하는 경우에는 4GX1 혹은 4GXALL 등의 지시어를 이용한다.

4) 항공사에 따라서 좌석배정이 가능한 좌석 및 인원수가 다르게 설정될 수 있다.

09 아래 보기의 설명에서 공통으로 들어갈 알맞은 예약코드는 다음 중 어느 것인가?

> 최초 여정 작성 시 예약코드가 SS로 작성된다면 좌석 확보가 가능하다는 의미이며, 이것은 저장 작업 이후 확약된 좌석에 대한 최종 상태 코드인 (   )로 변경된다. 또한 (   )는 승객의 출발 재확인에 대한 추가 작업을 통해 RR로 변경될 수도 있다.

1) HK   2) KK   3) DL   4) HX

10 다음에서 설명하고 있는 SSR 서비스 코드로 올바른 것은 어느 것인가?

> 1. 성인을 동반하지 않는 소아에 대한 부가 서비스를 요청
> 2. 비동반 소아의 나이정보도 함께 입력해야 함
> 3. 항공사에 사전에 운송 동의를 받아야 하며 도착지에서 인계 받을 수 있는 보호자와 연락이 가능해야 한다.

1) UMNR   2) PETC
3) CBBG   4) ESXT

11 다음은 사전좌석 배정을 위한 진행과정이다. 빈 곳에 알맞은 지시어를 고르시오.

> 1. 좌석배치도의 조회 → 4G1*
> 2. 특정 좌석의 배정(20A20B) → (   )
> 3. 좌석배정 결과의 조회 → *B

1) 4G1*20A20B   2) 4G1/20A20B
3) 4G1/20A-20B   4) 4G1*20A-20B

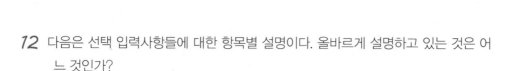

12 다음은 선택 입력사항들에 대한 항목별 설명이다. 올바르게 설명하고 있는 것은 어느 것인가?

1) 상용고객을 위한 마일리지 카드를 입력하기 위해서는 반드시 PT*OZ을 통해서 제휴 항공사를 확인해야만 한다.

2) RECEIVED FROM 항목은 기본 지시어 5를 이용하여 예약 요청자에 대한 내용을 입력하는 것이다.

3) 마일리지카드 입력을 위한 지시어는 FFOZ1234567/2)1 이다.

4) TICKETING FIELD는 본래 발권 예정일을 입력하는 기능이었으나 항공권 번호를 수동으로 입력하는 기능으로도 사용된다.

13 다음의 PNR에 애완동물을 운송하기 위한 특별 서비스를 신청하고자 한다. 사용할 지시어로 올바른 것은 어느 것인가?

```
< PNR - HPKZIX >
RECORD LOCATOR REQUESTED
 1.1LEE/TESTMS
 1 OZ 721Y 10MAR 2 ICNHKG HK1  0900   1150   /DCOZ /E
 2 OZ 746Y 20MAR 5 HKGICN HK1  0030   0450   /DCOZ /E
TKT/TIME LIMIT
  1.TAW/
PHONES
  1.SEL02-222-4568
PASSENGER DETAIL FIELD EXISTS - USE PD TO DISPLAY
RECEIVED FROM - P
Z60D.Z60D*AED 0141/16FEB15 HPKZIX H
```

1) 3UMNR/UM02-1)1

2) 3PETC/PUPPY-1)1

3) 3CBBG/CAT-1)1

4) 3EXST/PUPPY-1)1

14 아래의 PNR 작성 시 사용되지 않은 기능의 지시어는 다음 중 어느 것인가?

```
< PNR - LIBTBB >
RECORD LOCATOR REQUESTED
 1.1LEE/TESTMS  2.I/1KIM/AGIMSTR*I20
 1 OZ6783Y 10MAY 7 ICNSIN HK1  0015  0535 SPM  /TAOZ /E
OPERATED BY SINGAPORE AIRLINES
TKT/TIME LIMIT
  1.TAW/
PHONES
  1.SEL5555
PASSENGER DETAIL FIELD EXISTS - USE PD TO DISPLAY
GENERAL FACTS
  1.SSR INFT OZ NN1 ICNSIN6783Y10MAY/KIM/AGIMSTR/20JUN13
  2.SSR BSCT OZ NN1 ICNSIN6783Y10MAY
  3.SSR VGML OZ NN1 ICNSIN6783Y10MAY
  4.OSI OZ LCTC SIN 458-456-5552 MS LEE
RECEIVED FROM - P
Z60D.Z60D*AED 0221/16FEB15 LIBTBB H
```

1) N1Y1

2) -LEE/TESTMS

3) 3INFT/KIM/AGIMSTR/25JUN10-1)1

4) 0OZOPENY10MAYICNSINQQ1

15 다음 중 DIVIDE 작업이 필요한 상황은 어느 경우인가?

    1) 함께 여행하던 승객 2명이 동시에 목적지를 변경하는 경우

    2) 출발전에 일행 전체가 여정을 취소하는 경우

    3) 출발하기 전에 일행 중 한 명만 여정을 취소하는 경우

    4) 출발한 뒤 일행 전체가 중간 여정의 날짜를 변경하는 경우

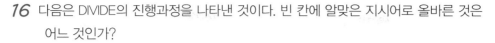

16 다음은 DIVIDE의 진행과정을 나타낸 것이다. 빈 칸에 알맞은 지시어로 올바른 것은 어느 것인가?

> 2번 승객을 분리시작 > D2
>
> ↓
>
> RECEIVED FROM 사항 입력 > 6MR KIM
>
> ↓
>
> DIVIDE PNR의 저장 > (　　　)
>
> ↓
>
> ORIGIN PNR의 최종 저장 > E

1) ER 　　　　 2) F 　　　　 3) FR 　　　　 4) EWR

17 다음의 조건으로 PNR작성 지시어를 순서대로 나열하시오.

> *승객: 본인, 유아 1명
> *여정: SEL - NYC "OZ" M-Class. 12월 2일
> 　　　　 LAX - SEL "OZ" M-Class , 12월 20일
> *연락처: 자유입력
> *NYC의 현지연락처 입력 :NYC ABC HTL ROOM1202
> *전구간 아기바구니 요청
> *1번 구간에 대한 좌석배정을 진행하시오. (좌석번호는 23A로 지정하시오)

18 다음 중 수정 및 삭제 지시어로 올바르지 않은 것은 어느 것인가?

　　1) X2

　　2) 31@OSI OZ LCTC HKG 109-0292 MR KIM

　　3) 4G1@

　　4) -2)1@

19 다음의 조건으로 PNR작성 지시어를 순서대로 나열하시오.

> 승객: 본인 1명, 소아 1명
>
> 여정: SEL-SIN "OZ" Y – Class , 12월 1일
>
> 　　　SIN - SEL "OZ" Y- Class, 12월 2일
>
> 연락처: 자유입력
>
> 　　　⇒ 본인을 위한 마일리지카드 정보를 입력하시오.(OZ990000011)
>
> 　　　⇒ 다음의 내용을 REMARKS로 입력하시오. RCFM BY MR KIM
>
> 　　　　010-999-9999

20 다음의 조건으로 PNR작성 지시어를 순서대로 나열하시오.

> 승객: 본인 외 추가성인 1명
>
> 여정: ICN - PEK "OZ" B-CLASS, 12월 1일
>
> 　　　SHA- ICN "OZ" B-CLASS , 12월 20일
>
> 연락처: 자유입력
>
> 　　　⇒ 현지 연락처 입력: SHA HYATT HTL RM 1029
>
> 　　　⇒ 본인을 DIVIDE진행한 후 여정을 변경하시오. (SHA-ICN을 PEK-
>
> 　　　　ICN으로 하고 날짜, 항공사, CLASS 동일하게)

GALILEO

1 Chapter

항공예약
들어가기

 GALILEO의 LOG IN 화면

1) 초기 화면 구성

갈릴레오 홈페이지(www.galileo.co.kr)상의 웹터미널 바로가기 실행 후 가입 시 등록된 개인 ID와 PASSWORD를 사용하여 로그인한다.

☞홈페이지 상단의 왼쪽에 위치한 웹터미널 바로가기를 Click한다.

☞ 개인에 부여받은 ID와 PASSWORD를 입력한다.

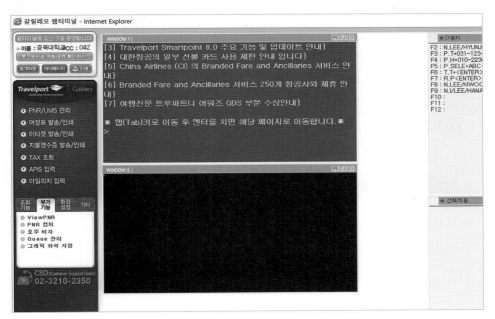

☞ 위와 같이 두 개의 화면이 나타나며 두 개의 화면을 자유롭게 사용할 수 있다.

2) 특수기호

	특수기호	명칭	설명
1	*	Astrisk, Astar	여러용도로 사용
2	〉	SOM	명령어의 시작위치
3	)	괄호	내용이 추가로 더 있음을 의미
4	–	Hyphen	연속된 번호
5	.	Dot	비연속 번호

3) Scrolling과 Folding

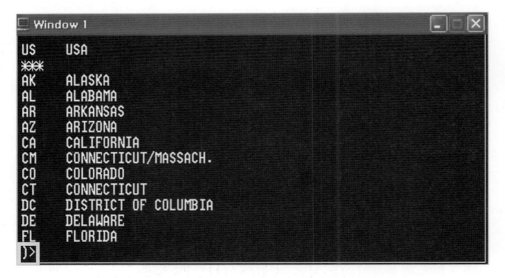

☞ 화면의 마지막에 위와 같은)〉 표시가 있을 경우 아래 내용이 존재하는 의미이며,
　다음 화면을 조회하기 위해서는 아래와 같은 지시어를 사용하여 조회할 수 있다.

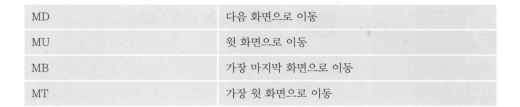

MD	다음 화면으로 이동
MU	윗 화면으로 이동
MB	가장 마지막 화면으로 이동
MT	가장 윗 화면으로 이동

- 화면 지우기 : Ctrl + W
- 이전 입력한 명령어 불러오기 : Ctrl + ↑
- Cursor 이동 : Tab

2
Chapter

DECODE와
ENCODE

 DECODE와 ENCODE

● 월별코드(Monthly Code)

	월	코드
1	JANUARY	JAN
2	FEBRUARY	FEB
3	MARCH	MAR
4	APRIL	APR
5	MAY	MAY
6	JUNE	JUN
7	JULY	JUL
8	AUGUST	AUG
9	SEPTEMBER	SEP
10	OCTOBER	OCT
11	NOVEMBER	NOV
12	DECEMBER	DEC

1) 도시코드/ 공항코드

DECODE	ENCODE	설명
.CDSEL	.CESEOUL	도시코드 조회
.CDGMP	.CEGIMPO	공항코드 조회
.CRICN		ICN공항에 대한 정보조회

▶▷ 지시어 : .CRICN

```
Window 1
ICN A   INCHEON INTERNATIONAL      KR       SEL
  AP    INCHEON                          KR
  AS    TELE NO   :  82 32 741-0104
  BA    LOCATION  : 24.8MLS/40KMS W OF SEOUL
  CX    APT TAX   : TOURISM PROMOTION & DEVELOPMENT
                  : Y FUND: INTERNATIONAL KRW10000
                  : Y (NATIONALS)
  DA    TRANSPORT : TAXI= KRW36000-63000, JOURNEY TIME
                  : 60-70MIN
                  : BUS: KAL LIMOUSINE TO DOWNTOWN HOTELS,
                  : EVERY 10MINS.
                  : EXPRESS SERVICE TO HOTELS
                  : KRW10000-13000, JOURNEY TIME 60-
```

2) 국가(COUNTRY)코드/ 주(STATE) 코드

DECODE	ENCODE	설명
.LDKR	.LESOUTH KOREA	국가코드 조회
.RDUSCA		미국의 CA주 조회
.RDUS		미국내 모든 주 조회

▶▷ 지시어 : .RDUSCA

3) 항공사(AIRLINE) 코드/ 기종코드

DECODE	ENCODE	설명
.ADKE	.AEKOREAN AIR	항공사 코드 조회
.ED380	.EEAIRBUS	기종코드 조회

▶▷ 지시어 : .AEKOREAN AIR

연습문제

01 도시 코드 연습

1) FUKUOKA

2) CEBU

3) PUDONG

4) DPS

5) LIM

6) CNS

02 1월 ~12월까지의 Monthly Code를 쓰시오

03 국가 코드 연습

1) AUSTRALIA

2) NZ

3) MY

04 항공사 코드 연습

1) THAI AIRWAYS

2) JEJU AIR

3) TK

4) QF

05 기종 코드 연습

1) 727

2) CR9

3) 380

3
Chapter

예약 가능편 (Availability)과 스케줄 TIME TABLE

1 예약 가능편(Availability)

조회일 기준으로 331일 이내의 날짜까지 Availability조회가 가능하다.

1	A10MARICNJFK	중립 MODE에서의 Availability 조회
2	A10MARICNJFK*DL	특정항공사 지정 Availability 조회
3	TTL2	특정 항공편 세부정보 조회
4	TT10MARICNTPE	스케줄 TIME TABLE
5	TT10MARICNTPE/KE	항공사 지정 TIME TABLE

1) 중립 MODE에서의 Availability 조회

▶▷ 지시어 : A10MARICNJFK

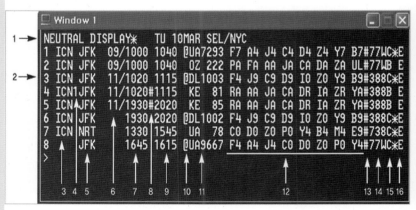

1	요일, 날짜, 출발/도착지, 시간대를 명시
2	라인번호
3	출발지 공항코드
4	중간 STOP 횟수
5	도착지 공항코드
6	여정개시일
7	출발시간
8	도착일 표시 (#: 다음날 도착, *: 이틀 후 도착, −:하루 전날 도착)
9	도착시간
10	공동운항표시(CODE−SHARE FLIGHT)
11	항공사와 항공편명
12	CLASS와 예약가능한 좌석 상태(1−9: 예약가능좌석, A: 예약가능, 0:대기자 가능)
13	CLASS가 더 있다는 표시
14	기종
15	CARRIER LINK INDICATOR
16	E−TICKET 가능 여부 (E: 가능, X: 불가능)

2) 기타 OPTION

	지시어	설명
1	A25DECICNHKG/KE/OZ	중립모드에서 항공사지정 조회
2	A25DECICNLAX.NRT	경유도시 지정 조회
3	A25DECICNLAX/KE.NRT/UA	항공사, 경유도시 지정 조회
4	A*KE	특정항공사 모드 조회
5	A@#3	3번의 모든 CLASS 조회
6	TTL2	예약가능편 조회 후 특정비행편의 비행정보조회

3) 특정항공사 MODE에서의 Availability조회

	지시어	설명
1	A10MARICNJFK*DL	특정항공지정 예약가능편 조회
2	AM*DL	항공사 지정시 다음화면 추가 조회

▶▷ 지시어 : A10MARICNJFK*DL

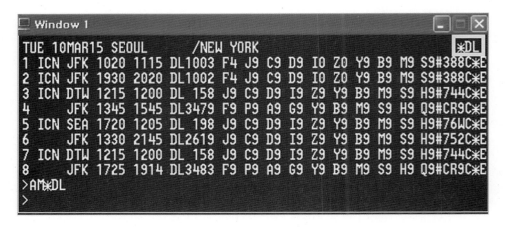

☞ 위의 화면에서와 같이 항공사 모드로 조회하면(오른쪽 상단에 *DL표시) 좌석상황은 항공
사의 실시간 상황을 그대로 보여주게 된다.

▶▷ 지시어 : TTL2

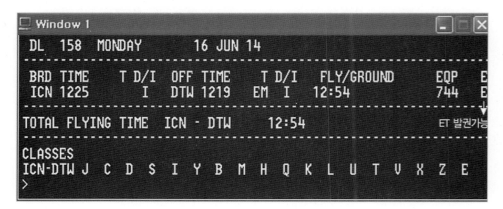

☞ Availability 조회 후 항공편의 출도착 터미널, 비행시간, 경유지, 공동운항 여부 등의 정보를 확인할 수 있다.

2 TIME TABLE 조회

28일간, 일주일 단위로 해당구간, 항공사의 운항스케줄 조회가 가능하다

▶▷ 지시어 : TT10MARICNTPE

```
□ Window 1                                                    _ □ ✕
10MAR15-06APR15  MTWTFSS  SEOUL        /TAIPEI
         28MAR    1234567  ICN  TPE  0910  1100   KE 691   333 B
         28MAR    1234567  ICN  TPE  0910  1100  @CI9037   333 B
         28MAR    1234567  ICN  TPE  0920  1105   CX 421   773✳C
30MAR             12345..  ICN  TPE  0925  1055   CX 421   773✳C
29MAR             .....67  ICN  TPE  0925  1055   CX 421   772✳C
29MAR             1234567  ICN  TPE  1035  1205   KE 691   333 B
29MAR             1234567  ICN  TPE  1035  1205  @CI9037   333 B
17MAR    20MAR    .2345..  ICN  TPE  1100  1240  @BR2147   772✳C
  ↑        Discontinue after  ↑
Effective on              운항요일
```

	지시어	설명
1	TT10MARICNTPE/KE	항공사 지정 TIMETABLE조회
2	TTKL866/1NOV	특정편수에 대한 정보사항 조회
3	TT10OCTICNLHR.NRT/JL	특정항공사와 경유도시 지정 조회

01 6월6일 인천(ICN)– 방콕(BKK) 타이항공(TG) 17시 30분 출발 Availability를 조회 후 다음 사항에 대해 기재하시오.

1) 경유지

2) TOTAL GROUND TIME

3) 기종

02 5월 6일 LA(LAX) – 나리타(NRT) 델타항공(DL) DL69편의 비행정보를 기재하시오.

1) 경유지

2) TOTAL JOURNEY TIME:

3) 나리타 도착 일/시간

03 다음 화면을 참조로 답을 기재하시오

```
MON 10SEP18 SEOUL        /BANGKOK                      *TG
** THAI AIRWAYS INTERNATIONAL - SN **     143 MO 10SEP 0000
1 ICN BKK 0935 1325   TG 659 C9 D9 J9 Z2 Y9 B9 M9 H9 Q9 T9#359C*E
2 ICN BKK 2120#0110   TG 657 C9 D9 J9 Z9 Y9 B9 M9 H9 Q9 T9#773C*E
3 ICN1BKK 1730 2250   TG 635 C9 D9 J9 Z9 Y9 B9 M9 H9 Q9 T9#773C*E
```

위에 Availability 화면에서 3번 라인의 TG 635편의 출발지와 목적지 사이에 1이라는 숫자가 있다. TG 635편이 경유하는 도시는?

① HKG   ② TPE   ③ DPS   ④ HAN

04 TG 635편의 운항정보 (경유지/터미널/운항시간 등) 를 조회할 수 있는 명령어와 해당 운항
시간을 적으시오.

1) 지시어는?

2) TOTAL JOURNEY TIME :

05 다음 조건에 해당하는 지시어를 기재하시오

조건) 5/10일, 인천(ICN) - 취리히(ZRH) , 듀바이(DXB) 경유, EK 항공사

지시어 :

06 다음 조건에 해당하는 편명에 대한 정보를 기재하시오

조건) 5/10일, KE012편 정보

1) 출발지

2) 목적지

3) 도착일/시간

4
Chapter

PNR 작성

1 PNR 작성

▶▷ PNR 작성의 구성요소 〈필수입력 사항〉

Phone	여행사 또는 승객의 연락처
Received from	수신자 기록
Itinerary	여정
Name	이름
Ticketing	발권사항

▶▷ 필수입력사항

기본지시어	설명	입력지시어 예
N.	이름	N.KIM/GALILEOMR(성인) N.PARK/JONGROMISS*P-C10 DOB10APR10(소아) N.I/PARK/ AGAMSTR*01APR18(유아)
N 혹은 0	여정	N2Y3 N2Y3*(연결편)
P.	연락처	P.T*02-3210-2350 MS KIM(.여 행사) P.H*010-1111-2222(핸드폰)
T.	발권사항	T.T* (날짜 미지정) T.TAU/20APR (날짜 지정)
R.	수신자 기록	R.P (승객본인)

▶▷ 선택입력사항

기본지시어	설명	입력지시어 예
NP.	Notepad(참조사항)	NP.PAX FARE KRW500000
M.	마일리지 번호입력	M.P1/UA2345678(승객1번지정)
SI.	특별서비스 신청(SSR)	SI.P1/WCHR (승객1번 전여정 휠체어신청)
SI.	일반서비스 정보(OSI)	SI.YY*VIP KIM/GALILEO FILM STAR
S.	사전좌석 예약	S.NW (모든승객 모든여정 금연석창가)
V.	항공사에 메시지 전송	V.ACX*PLS AUTH CHG FRM HYUN TO HYEON

2 NAME FIELD

- 이름을 기입 할 때는 여권상의 이름을 기준으로 한다.
- 성을 먼저 입력하여야 하며 성을 알파벳 2자 이상이어야 한다.
- 유아의 이름은 여정 저장 후에도 입력 가능하다.

	지시어	설명
1	N.KIM/GALILEOMR	승객 이름 입력(성인)
2	N.PAR/GALILEOMISS*P-C10 DOB10APR10	소아 이름 입력
3	N.I/CHOI/GALILEOMSTR*06APR18	유아 이름 입력
4	N.P2@	2번 승객이름 삭제(ER전만 가능)
5	N.P1@HONG/GALILEOMR	1번 승객이름 변경(ER전만 가능)
6	N.P2@*P-C10	소아 나이 변경 및 추가

▶▷ TITLE의 종류 및 구분기준 – 출발일 기준

	성별에 따른 TITLE		구분기준
1	MR / MS	성인남자/여자	만12세 이상~
2	MSTR / MISS	소아남 / 소아여	만2세이상~ 만 12세 미만
3	MSTR / MISS	유아남 / 유아여	만 24개월 미만

☞ 항공사마다 적용하는 기준이 다를 수 있으므로 반드시 항공사로 확인 요망

3 PHONE FIELD

- 첫 번째 전화번호는 여행사 전화번호를 입력해야 한다.
- 항공사에는 첫 번째로 입력한 전화번호만 전송된다.

	지시어	설명
1	P.T*02-222-3333 CSD KIM GALILEO	여행사 연락처와 예약한 사람 입력
2	P.H*010-2222-3333	승객의 핸드폰번호 입력
3	P.B*02-666-3333	승객의 회사전화번호 입력
4	P.SELE*GALILEO//GALILEO.CO.KR	E-MAIL 주소 입력
5	P.SELE*AHN—1988//GALIEO.CO.KR	E-MAIL 주소 입력 (AHN_1988@GALILEO)
6	P.3@	연락처 3번 삭제
7	P.2@H*010-3333-5555	연락처 2번 수정

☞ 전자우편주소 입력시 @는 //로 _는 -- 로 표시한다.

4 **TICKETING ARRANGEMENT FIELD**(발권사항 기입)

- 항공사에 미전송 사항이며 TICKET TIME LIMIT을 지정하는 사항이 아니라 QUEUE 관리를 하기 위해 사용할 수 있다.
- 지정한 날짜가 되면 해당 PNR은 QUEUE 10번 방으로 이동된다.

	지시어	설명
1	T.T*	발권 날짜 미지정
2	T.TAU/20APR	발권 날짜 지정
3	T.@	발권 사항 삭제
4	T.@TAU/25APR	발권 날짜 지정 변경
5	T.@T*	발권 날짜 미지정 변경

 5 **ITINERARY FIELD**(여정)

	지시어	설명
1	N2Y3	좌석2개 Y CLASS 3번 라인 선택
2	N2Y3LL	대기자 예약
3	N2Y3*	좌석2개 3번 라인과 연결편 선택
4	N2K1M2	연결편 좌석예약시 서로 다른 CLASS 선택
5	0KE901Y04MAYICNCDGNN1	특정편수 직접입력
6	0YYOPENYICNFCONO1	항공사/날짜 미지정 OPEN 예약

	지시어	설명
7	0DLOPENM25AUGATLICNNO1	항공사/날짜 지정 OPEN 예약
8	0A 혹은 Y	ARNK(비항공운송구간) 입력
9	/2S6	6번 여정을 2번 여정 뒤로 이동
10	X2	2번 여정 삭제
11	X1.3-5	1,3,4,5 여정 삭제
12	XI	전체여정 삭제

▶▷ 부분 여정 수정

	지시어	설명
1	@2/Y	2번 여정 Y CLASS로 변경
2	@3/20MAY	3번 여정 20MAY로 변경
3	@1/KE701	1번 여정 KE701로 변경
4	@2/3	2번 여정 승객 3명으로 변경
5	@A/2	모든 여정 승객 2명으로 변경

6 RECEIVED FROM FIELD(수신자 기록)

	지시어	설명
1	R.P	승객으로부터 요청 받았을 때
2	R.KIM/CHULSOO	KIM/CHULSOO로부터 요청 받았을 때
3	R.@KIM/GALILEO	수신자 이름 변경(ER전에 가능)

 7 END TRANSACTION / IGNORE

	지시어	설명
1	E	저장 (END TRANSACTION)
2	ER	저장 후 PNR 다시 조회
3	I	IGNORE 취소
4	IR	취소 후 PNR 다시 조회

▶▷ LINK SALE ACKNOWLEDGEMENTS

● 주의

갈릴레오 시스템을 통한 예약시 여정의 상태코드가 HK인 경우 아래의 두 가지를
꼭 확인해야한다.

1. VL* (VENNDOR LOCATOR 항공사 예약번호)의 유무

2. O* (LINK SALE ACKNOWLEDGEMENT(O나 S)옆의 *)유무

만일 2가지 중에 하나라도 없을 경우 절대로 좌석 확약 통보가 나가서는 안되며, 항
공사나 갈릴레오로 확인한다.

*VL과 O*유입이 지연되는 시간은 최대 4시간이며 기다릴 여유가 없는 경우 항공사
로 예약 상황을 확인해야 한다.

▶▷ 예약하기

1. 시작

   I

2. 이름 입력하기

   N. KIM/GALILEOMR

3. 여정 입력하기

   A10MAYICNSFO*UA

   N1Y2

   A15MAYSFOICN*UA

   N1Y1

4. 정리

   *R

5. 전화번호 입력

   P. T*02-123-3000 ABC TRVL MS KIM

   P. H*010-111-2222-3333

6. 발권사항 입력하기

   T. T*

7. 수신자 입력

   R. P

8. 저장하기

   ER

▶▷ PNR 작성 연습

● CASE1

탑승객	본인		
여정	9/13일	인천 - 홍콩	KE613편 Y CLASS
연락처	담당자 전화번호		
발권시한	3/8일		
수신자	YOO/JAESEOK		

● CASE2

탑승객	성인, 소아(여, 3세), 유아(남, 2017년 1월 1일생)		
여정	9/15일	인천 - 방콕	TG635편 Y CLASS
	9/19일	방콕- 싱가포르	TG403편 Y CLASS
연락처	담당자 전화번호		
	본인 핸드폰 번호		
	본인 이메일 주소		
발권시한	미지정		
수신자	탑승객 본인		

5
Chapter

PNR 조회

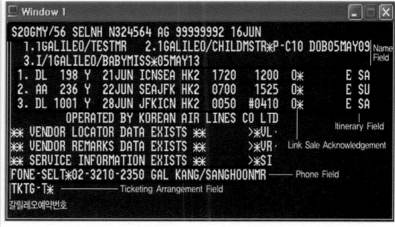

① PNR 조회

1	*MJSSJY	PNR 번호를 이용한 조회
2	*-GALILEO/TEST	승객의 성과 이름을 이용한 조회
3	*OZ751/01AUGICN-HAN	항공편명, 출발일, 출발지, 승객의 성을 이용한 조회
4	*20JUN-PARK	출발일, 승객성을 이용한 조회
5	*R	작업중인 PNR 재조회

▶▷ 지시어 : *MJSSJY

```
Window 1                                              _ □ ✕
S20GMY/56 SELNH N324564 AG 99999992 16JUN
  1.1GALILEO/TESTMR    2.1GALILEO/CHILDMSTR✳P-C10 DOB05MAY09 Name
  3.I/1GALILEO/BABYMISS✳05MAY13                             Field
1. DL  198 Y  21JUN ICNSEA HK2 1720    1200   0✳      E SA
2. AA  236 Y  22JUN SEAJFK HK2 0700    1525   0✳      E SU
3. DL 1001 Y  28JUN JFKICN HK2 0050   #0410   0✳      E SA
        OPERATED BY KOREAN AIR LINES CO LTD
                                                     Itinerary Field
✳✳ VENDOR LOCATOR DATA EXISTS ✳✳      ✳VL·
✳✳ VENDOR REMARKS DATA EXISTS ✳✳      ✳VR· Link Sale Acknowledgement
✳✳ SERVICE INFORMATION EXISTS ✳✳      ✳SI
FONE-SELT✳02-3210-2350 GAL KANG/SANGHOONMR —— Phone Field
TKTG-T✳ ————————— Ticketing Arrangement Field
갈릴레오예약번호
```

항공사 예약번호 조회

▶▷ 지시어 : *VL

예약된 PNR의 축약된 부분 없이 모든 사항 조회

▶▷ 지시어 : *ALL

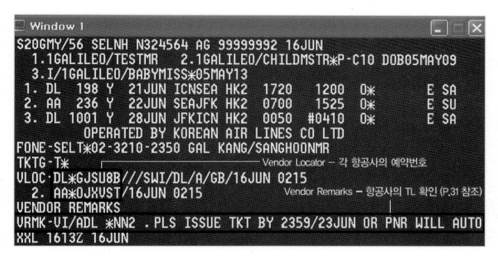

승객의 성(LAST NAME)과 이름(FIRST NAME)으로 PNR을 찾을 수 있다.

▶▷ 지시어 : *-GALILEO/TEST

조회 후

▶▷ 지시어 : *2

참고

PNR 조회를 위한 PHONETIC ALPHABET

예약업무 수행 시 전화상의 영문자에 대한 의사소통을 보다 원활하게 하기 위해 국제민간항공기구(ICAO: International Civil Aviation Organization)가 권장하는 음성 알파벳(Phonetic Alphabet)을 사용한다.

LETTER	PHONETIC ALPHABET
A	ALPHA
B	BRAVO
C	CHARLIE
D	DELTA
E	ECHO
F	FATHER
G	GOLF
H	HOTEL
I	INDIA
J	JULIET
K	KILO
L	LIMA
M	MICHLE
N	NOVEMBER
O	OSCAR
P	PAPA
Q	QUEEN
R	ROMEO
S	SMILE
T	TANGO
U	UNIFORM
V	VICTORY
W	WHISKY
X	X-RAY
Y	YANKEE
Z	ZULU

6 Chapter

PNR의 선택 입력사항

1 NOTEPAD FIELD

- 여행사에서 승객에 대해 참조 할 만한 사항을 넣는다.
- 특수문자나 한글은 입력되지 않으며 영문이나 숫자로

  만 가능(항공사로 전송되는 사항은 아님)

	지시어	설명
1	NP.PAX FARE KRW700000 TAX KRW60000	NP. 필요사항 입력
2	NP.2@	2번째 NOTEPAD 삭제
3	NP.2@NEW TEXT	2번째 NOTEPAD 수정
4	*NP	입력된 NOTEPAD 조회

2 MILEAGE MEMBERSHIP FIELD

- 항공사 회원번호 입력

	지시어	설명
1	M.KL1234567893	KL 항공사 회원번호 입력
2	M.P2/BA22345678	2번승객 BA항공사 회원번호 입력
3	M.P1/UA1234567 890/LH/AC	탑승항공사 LH.AC에 대한 UA항공 사 회원번호 입력
4	M*UA	UA항공사 마일리지 제휴항공사 조회
5	M.@	항공사 회원번호 삭제
6	M.P2@	2번 항공사 회원번호 삭제
7	*MM	입력된 항공사 회원번호 조회

SPECIAL SERVICE REQUIREMENT(SSR 특별서비스 요청)

- 승객의 요구 사항이 각각의 항공사로부터 응답을 받아야 하는 것으로 해당 항공사는 이를 PNR에 반영하고 각각의 항공사들로부터 응답을 받아야 한다.
- 일정 4LETTER-CODE와 FORMAT이 있다.
- MEAL SERVICE CODE 참조 : H/MEAL
- ASSORTED SERVICE CODE 참조 : H/ASSC

	지시어	설명
1	SI.WHCR	전승객, 전여정 휠체어 신청
2	SI.S3/VGML	3번 여정에 야채식 신청
3	SI.P1/BSCT	전여정 1번 승객에게 아기바구니 신청
4	SI.P2S3.4/SPML*NO EGGS	2번 승객의 3,4번 여정에 특별식 신청
5	SI.P1/SPML@*NO EGGS	1번 승객의 특별식 사항을 변경
6	SI.ALL@	모든 SSR 삭제
7	SI.P1S2@	1번 승객의 2번 여정에 대한 SSR 삭제
8	*SR	모든 SSR 사항 조회

 OTHER SUPPLEMENTARY INFORMATION(OSI : 일반 서비스 정보)

승객에 관련된 정보가 예약된 항공사들에게 정보의 전달만을 목적으로 하며 응답이 필요 없는 경우 이를 OSI 사항으로 입력한다. (자유형식 입력)

	지시어	설명
1	SI.KL*VIP PAX FILM STAR	KL 항공사에 승객이 VIP임을 알림
2	SI.YY*CTCT 8610-6501- IN SHA	모든 항공사에 현지 연락처 입력
3	SI.1@BA*NEW TEXT	OSI 1번 사항 변경
4	SI.2@	OSI 2번 사항 삭제
5	SI.2-4.6.8@	OSI 2,3,4,6,8번 사항 삭제
6	*SO	모든 OSI 사항 조회
7	*SI	모든 OSI와 SSR 사항 조회

▶▷ TICKET 번호 입력하기

1. SSR 방식으로 입력하는 방법
   - 1단계 : 항공권의 CHECK DIGIT 확인하기

     지시어 : XX1603106806723/7

   ```
   XX1603106806723/7
   EQUALS 23,300,972,389 REM 2
   (REM 우측의 숫자 2가 Check Digit)
   ```

   - 2단계 : SI.P1/TKNM*16031068067232 (항공권 14자리를 승객별로 입력한다)

2. TICKET 번호 삭제하기

   지시어 : SI.P1/TKNM@

3. 주의사항

   1) TKNE로 발권 시 자동 입력된 TICKET 번호는 삭제 불가

   2) 반드시 정확한 CHECK DIGIT을 계산하여 입력한다

   3) 실제 이티켓 번호로 인정하지 않으므로 입력 전에 항공사 별로 확인 후 작업
      한다.

▶▶ APIS : ADVANCED PASSENGER INFORMATION SYSTEM 사전입국심사 제도

● 사전 입국 심사제도로 미국구간의 경우에는 반드시 입력 요망

* APIS 입력 프로그램 사용 방법

승객번호 선택시 승객이름은 예약사항으로부터 자동 조회되며 여권번호, 만료일,
생년월일, 발급국가, 국적, 성별 사항을 입력하고 입력 버튼을 클릭하면 자동으로
PNR에 입력된다.

웹터미널 > APIS 입력 메뉴를 통해 입력가능

1) 해당 PNR 조회 후 APIS 입력 메뉴를 클릭한다.
2) 마크스 화면이 나오면 승객을 한사람씩 클릭하여 여권, 체류지 주소를 입력한다.

3) 삭제 지시어 : *SI

후에 라인번호 지정 삭제

SI. 1@

5 ADVANCE SEAT RESERVATION(사전좌석 예약)

좌석 예약과 동시에 승객이 선호하는 좌석 번호를 함께 지정해 주는 기능으로 모든 항공사가 가능한 것은 아니다.

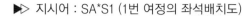

▶▷ 지시어 : SA*S1 (1번 여정의 좌석배치도)

```
🖵 Window 1                                          _  □  ✕
TG 0659 Y  20JUN ICNBKK  773 TOTAL AVAIL SEATS:251
     A    B    C    D   E    F    H    J    K
    :X    X    /  :31:PANT PANT PANT:31:    X    X  :
    :NWP  NP      :32:X    X    X  :32:    NP      :
    :             :33:     NP       :33:NAP  NP  NWP:
    :NWP  NP      :34:X    X    NAP :34:NAP  NP  NWP:
    :NWP  NP  NAP :35:     NP       :35:NAP  NP  NWP:
    :NWP  NP  NAP :36:X    X    NAP :36:NAP  NP  NWP:
    :NWP          :37:          NAP :37:NAP  NP  NWP:
    :NWP  NP  NAP :38:NAP  NP   NAP :38:NAP  NP  NWP:
    :NWP  NP  NAP :39:NAP  NP   NAP :39:NAP  NP  NWP:
    :NWP  NP  NAP :40:NAP  NP   NAP :40:NAP  NP  NWP:
    :NWP  NP  NAP :41:NAP  NP   NAP :41:NAP  NP  NWP:
)>
```

☞ N : 금연석 NON-SMOKING, W : WINDOW SEAT 창가, A : AISLE 통로

X : BLOCKED SEAT, P : 선호좌석(상위 마일리지 고객만 배정가능)

BLANK : AVAILABLE SEAT 배정 가능 좌석

	지시어	설명
1	S.NA	모든 승객 전여정 금연석 통로 요청
2	S.NW	모든 승객 전여정 금연석 창가 요청
3	S.P1/NA	1번 승객 전여정 금연석 통로 요청
4	S.P1S2@	1번 승객 2번여정 좌석 삭제
5	S.@	모든 좌석 삭제
6	*SD	예약된 사전 좌석 조회

6 VENDOR REMARKS(항공사에 메시지 전송하기)

항공사와 여행사간의 의사 소통 FIELD로 VENDOR REMARKS를 이용하여 DUPE CHECK 요청 내용 등의 각종 정보를 보내고 받을 수도 있으며, 항공사에 따라 발권 결제 시한(TL) 확인이 가능하다.

	지시어	설명
1	V.ACX*KOREA PLS AUTH CHG FRM HYUN TO HYEON	CX 항공사에 이름 변경 요청 메시지 전송
2	V.2@AKE*PLS CONFIRM FLIGHT	2번 내용변경(KE항공으로)
3	V.2@	2번 REMARKS 삭제
4	*VI	VENDOR로부터 받은 사항 조회
5	*VO	VENDOR로 보낸 사항 조회
6	*VR	모든 REMARKS 조회

7 CHANGE STATUS CODE(예약 상태 코드 변경)

	상태코드	설명
1	KK	요청된 내용이 OK 되었음을 알림
2	KL	대기자 명단에 있던 승객이 대기자로부터 좌석이 OK 되었음을 알림
3	NO	요청 사항이 잘못되었거나, 기타의 이유로 ACTION을 취하지 않았음을 통보
4	TK	확약된 여정에 대하여 항공사 스케줄이 변경되었음을 알려주는 코드로서 승객에게 반드시 변경 내용을 통보 해야함

	상태코드	설명
5	TL	대기 예약된 여정에 대하여 항공사 스케줄이 변경되었음을 알려주는 코드로서 승객에게 반드시 변경 내용을 통보 해야함
6	TN	PN(PENDING)으로 예약된 FLIGHT의 시간이 변경됨을 알림
7	UC	요청한 내용의 OK가 불가능하며 대기자 또한 불가능함을 통보
8	UN	요청한 비행편이 운항을 하지 않거나 요청한 서비스가 제공되지 않음을 통보
9	US	대기자 명단에 있음을 통보
10	UU	요청된 내용이 현재는 불가피하며 대기자 명단에 있음을 통보
11	HX	항공사에 의하여 취소되었음을 알림

@ALL : 여정의 모든 상태코드를 자동으로 한번에 바꿀 때 사용

      TK, KL, KK를 HK로 변경

      UU를 HL로 변경

      NO, UN, UC, HX를 삭제

 ## 8 DIVIDED BOOKING FILE

- 승객 구성원 중 일부가 여정의 추가, 취소, 변경하고자 하는 경우에 사용한다.
- 반드시 DIVIDE 후에 해당 승객의 PNR을 찾은 후 여정의 추가, 취소, 변경 작업을 실시한다.
- 작업 완료 후 DIVIDE 된 PNR에 대하여 새로운 항공사 예약번호가 들어온 것을 반드시 확인 후 변경 작업을 하도록 한다.

▶▷ DIVIDE 진행 순서

1단계	PNR 조회	
2단계	DP1 혹은 DP1-3,6	1번승객 혹은 1,2,3,6번 승객 분리
3단계	R.P	RECEIVED FIELD 입력
4단계	F	중간 저장
5단계	R.P	RECEIVED FIELD 입력
6단계	저장	ER

 DISPLAY SERVICES

9 DISPLAY SERVICES

출발, 도착, 터미널, 식사제공 여부, 비행시간 등의 부대 서비스를 확인 할 수 있다.

	지시어	설명
1	*SVC	전 여정의 서비스 사항 조회
2	*SVC1	1번 여정의 서비스 사항 조회

종합문제

※ 9월 10일 ICN 출발 – BKK 도착하는 TG 항공사 모드로 Availability를 Display 한 후 답을 적으시오. (괄호 안은 각 문항 배점 표시) 1번–2번

```
MON 10SEP18 SEOUL        /BANGKOK                        ✳TG
✱✱ THAI AIRWAYS INTERNATIONAL - SN ✱✱    143 MO 10SEP 0000
1 ICN BKK 0935 1325    TG 659 C9 D9 J9 Z2 Y9 B9 M9 H9 Q9 T9#359C✳E
2 ICN BKK 2120#0110    TG 657 C9 D9 J9 Z9 Y9 B9 M9 H9 Q9 T9#773C✳E
3 ICN1BKK 1730 2250    TG 635 C9 D9 J9 Z9 Y9 B9 M9 H9 Q9 T9#773C✳E
```

01 위에 Availability 화면에서 3번 라인의 TG 635편의 출발지와 목적지 사이에 1이라는 숫자가 있다. TG 635편이 경유하는 도시는?

① HKG   ② TPE   ③ DPS   ④ HAN

02 TG 635편의 운항정보 (경유지/터미널/운항시간 등) 를 조회할 수 있는 명령어와 해당 운항시간을 적으시오.

명령어 :

TOTAL JOURNEY TIME :

※ 다음의 사항을 입력하여 AA항공사 여정의BOOKING FILE을 만드시오.

탑승객 (각3점)	[ADT] 본인 [CHD] PAK/이름 MSTR*P-C10
여정 (각3점)	▶ 10월 18일 ICN – DALLAS FORT WORTH AA 280편 ARNK ▶ 10월 24일 ORD – ICN AA 328편 / AA281편
클래스 (각1점)	Y 클래스
Phone Field	학교 전화번호 (2점) 본인 핸드폰 번호 (2점) 본인 이메일 주소 (2점)
티켓팅 사항	5월 15일 (1점)
수신자 사항	탑승객 본인 (1점)

저장 후 갈릴레오 예약 번호를 적으시오.

AA 항공사의 예약 번호를 적으시오.

※ 아래 요청사항들을 위에서 생성한 PNR 안에 저장하시오.

01 Note Pad를 이용하여 NFKRW550000 TAX150000 TTL 700000 를 입력하시오.

02 Vendor remark 사항으로 AA항공사로 CTCM 10 3210 2350 이라는 내용을 입력하시오.

03 OSI 사항에 모든 항공사로 메시지를 입력하는 형식으로 아래 내용을 입력하시오.

> ▶ CTCM 82-10-1234-5678

04 1번 승객에 아래 여권정보와 체류지정보(주소)를 입력하시오.

DOCA−1087 Market Street, Chicago, IL , 94103

DOCS−국적&발행국: KR, 여권번호: JR456777, 여권만료일: 2022년 1월 16일
생년월일 − 본인생일입력

※ 위의 PNR을 이용하여 아래 문제에 답 하시오.(PNR에 저장금지. 글로 써주세요) (각2점)

01 실제 만든 PNR의 Phone 필드에 입력되어 있는 메일주소를 삭제하는 명령어를 적으시오

   ● 명령어 :

02 실제 만든 PNR의 OSI 사항에 입력되어 있는 전화번호를 삭제하는 명령어를 쓰시오.

   ● 명령어:

03 1번 손님의 전여정에 VEGETARIAN VEGAN MEAL 을 신청하는 명령어를 쓰시오.

   ● 명령어:

04 1번 손님의 3번 여정에 Non--smoking Window seat 을 지정하는 명령어를 쓰시오.

   ● 명령어:

05 1번 여정의 부대서비스 (식사제공여부,기내서비스 등)를 확인하는 명령어를 쓰시오.

   ● 명령어:

06 PNR의 정보를 축약된 부분 없이 모두 Display 하는 명령어를 쓰시오.

   ● 명령어:

※ 아래의 질문에 답하시오.

01 아래의 Availability 에서 명령어: N1Y1 을 입력하여 탑승객 1명에 대한 좌석을 예약 하려하자 다음과 같은 에러 메세지가 발생하였다. 이유와 해결 방안을 적으시오. (3점)

```
WED 20JUN18    SEOUL       /BRISBANE                    *QF
** QANTAS AIRWAYS  - SN **                61 WE 20JUN 0000
1 ICN SYD   20/2000#0730 @QF 368 J2 C1 D0 I0 Y9 B9 H9 K9 M9#77LC*E
2     BNE 21/0930 1100  QF 514 J2 C1 D0 I0 Y9 B9 H9 K9 M9#73HC*E
>N1Y1
SELL OF COMPLETE TRAVEL OPTIONS REQUIRED
```

● 에러 메세지가 발생한 이유:

● 좌석 예약을 위해 입력해야 하는 옳은 명령어:

02 해당 조건에 맞게 타임테이블을 조회하는 명령어를 쓰시오.

조건 : 11월13일 인천(ICN) 출발, 런던(LON)목적지로 홍콩(HKG)을 경유해서 가는 CX 항공의 타임테이블 조회

● 명령어:

03 PNR 저장 시 다음과 같은 메세지가 발생되었다. 해결을 위한 명령어는?

```
1.1GALILEO/MSTEST
 1. UA   892 Y  30OCT ICNJFK HS1  1715    2248  0      E SA
       PLANE CHANGE AT SFO
 2. UA 7116 Y   31OCT JFKDTW HS1  0600    0939   0      ESU
       OPERATED BY UNITED   EXPRESS/ATLANTIC
       PLANE CHANGE AT IAD
 3. UA   893 Y  20NOV JFKICN HS1  0600   #1620  0      E SA
       PLANE CHANGE AT SFO
>E
CHECK CONTINUITY SEGMENT 03
```

① A#   ② T.T   ③ R.P   ④ Y

04 PNR 저장 시 다음과 같은 메세지가 발생되었다. 해결을 위한 명령어는?

```
1.1LIM/JAEBUNMR   2.1CHOI/YOUNGJAEMR
 1. KE    123 Y  09JUN ICNBNE HS2  2005   #0645  0      E SA
 2. KE    124 Y  19JUN BNEICN HS1  0825    1735  0      E TU
FONE-SELT*02-3210-2350   GAL
RCVD-P
TKTG-T*
>E
CHECK NUMBER IN PARTY AGAINST ITINERARY SEGMENT 02
```

① @1/1   ② @A/1   ③ @2/2   ④ R.P

05 PNR 생성 후, 3번 승객의 NAME REMARK 사항을 P-C10 으로 변경하는 명령어는?

① N.P3@P-C10

② N.P3@ 엔터 후, N.성/이름*CHD 8YRS 로 다시 넣어준다.

③ N.P3@*P-C10

④ N.성/이름* P-C10 재입력

※ 10월 22일 INCHEON- PARIS 구간의 AF 항공의 스케줄을 보고 아래의 질문에 답하시오.

```
MON 22OCT18 SEOUL        /PARIS  AREA                    *AF
** AIR FRANCE - SN **                      185 MO 22OCT 0000
1 ICN CDG 0905 1400  AF 267 J9 C9   D9 I9 Z9 O9 W9 S9 A9 Y9#77WC*E
2 ICN CDG 1320 1830 @AF5093 J9 C9 D9 I9 Z9 O9 Y9 B9 M9 U9#388C*E
```

01 위의 Availability 화면에서 2번 라인의 AF5093 왼쪽에 @ 표시가 있다. 의미와 Operating 항공사가 맞게 연결된 것은?

① @는 AF를 잘 팔기 위해서 표기한 것이며, AF항공사로 운항된다.

② @는 공동운항편을 의미한 것이며, 대한항공으로 운항된다.

③ @는 중간경유지가 있다는 표시이며, 아시아나항공으로 운항된다.

④ @는 공동운항편을 의미한 것이며, 아시아나항공으로 운항된다.

02 AF 항공사 모드 – Availability를 조회 후 해당 화면에서 다음 시간대 스케줄을 조회하는 명령어는?

① AM*AF   ② TT*AF   ③ A*   ④ AM*

※ 아래 질문에 답하시오.

01 갈릴레오 PNR 생성이 된 후, 반드시 확인해야 할 2가지 사항을 쓰시오.(예약사항이 CONFIRM(확약) 이라고 인정할 수 있는 사항 2가지)

1:

2:

02 CX 항공의 예약을 다음과 같이 완료하였으나 승객의 이름이 여권 영문명과 틀렸다고 가정할 때 LEE/HYEONSUNMS로 CX 항공에 Name Change AUTH 를 넣는 명령어와 항공사에서 들어온 AUTH 메시지를 확인하는 명령어를 적으시오.

```
1.1LEE/HYUNSUNMS
1. CX    417 Y  17OCT ICNHKG HK1  1015      1305  0*        E FR
**   VENDOR LOCATOR DATA EXISTS **          >*VL
**   VENDOR REMARKS DATA EXISTS **          >*VR
```

• 항공사에 변경 허용 AUTH 요청 명령어:

• 항공사로부터 들어온 AUTH 메시지 확인명령어:

03 PNR에 배정한 모든 사전 좌석 정보(Seat Data)를 삭제하는 명령어는?
① S.*
② S.@
③ *SI
④ *SD

04 LIM/JAEBUM 이름으로 예약된 갈릴레오의 모든 PNR을 찾는 명령어를 쓰시오.

• 명령어:

05 여정 1번과 여정 3번 만을 캔슬하는 명령어는?

① X1-3   ② X1.3   ③ X1/3   ④ X1/2/3

06 1번 승객의 마일리지 번호를 삭제하는 명령어를 쓰시오.

• 명령어:

07 NOTEPAD 사항에 세번째로 입력되어 있는 사항을 삭제하는 명령어를 쓰시오.

• 명령어:

08 아래의 PNR에서 각각의 여정 상태코드를 한꺼번에 정리할 수 있는 명령어는?

```
1.1GALILEO/JINHEETEST
1. LH  713 B    30OCT ICNFRA KL1  1435     1825  O*   E FR    1
2. LH 4742 B  30OCT FRALHR TK1  2015   2050   O*   E FR    1
3  ARNK
4. LH  712 B    20NOV FRAICN UC1  1800    #1235  O*      E FR
```

① @1HK   ② @4XK   ③ @ALL   ④ *ALL

09 PNR 을 조회한 후 PNR 상의 1번 여정의 항공편 정보 (출도착 터미널, 비행시간, 경유지 등)를 조회하는 명령어는?

① *ALL   ② TTB1   ③ TTL1   ④ *R

참고문헌

1. 토파스여행정보(주) 예약. 2017년

2. 아시아나 애바카스(주). 예약. 2017년

3. 항공관광업무론 . 명경사. 허희영. 유용재 저 . 2014년

4. 항공예약발권1. 한국방송통신대학교재. 아시아나세이버. 장호찬 공저. 2016년

5. RESERVATION GALILEO360 FARE

참고자료

1. http://www.topasweb.com/

2. http://www.asianasabre.co.kr/

3. http://www.google.co.kr

4. http://www.naver.co.kr

5. http://www.galileo.co.kr

저자 소개

정호진 .... ○

경희대학교 호텔관광대학 관광경영학 석사
전) 대한항공 서울여객지점 발권과 근무
　　아시아나 세이버 CRS 예약, 발권 교육강사
　　CATHAY PACIFIC 공항지점 근무
현) 우노여행사 부장
　　백석예술대학교 항공서비스과 겸임교수
　　한국방송통신대학교 관광과 강사

박인실 .... ○

경기대학교관광전문대학 관광학 박사
전) (주)일본항공한국지점 발권과 근무
현) 백석예술대학교 항공서비스학부 교수

항공예약 실무

초판 1쇄 발행 2016년 8월 10일
2 판 1쇄 발행 2018년 8월 10일
3 판 1쇄 발행 2020년 9월 5일

저　　자　정 호 진 · 박 인 실
펴 낸 이　임 순 재
펴 낸 곳　(주)한올출판사
등　　록　제11-403호
주　　소　서울시 마포구 모래내로 83(성산동, 한올빌딩 3층)
전　　화　(02)376-4298(대표)
팩　　스　(02)302-8073
홈 페 이 지　www.hanol.co.kr
e - 메 일　hanol@hanol.co.kr
ISBN 979-11-5685-987-1